超大城市中心城区社区巡察实践与探索

——以成都市武侯区为例

编委会
主　任：沈　翔
副主任：黄永忠
成　员：沈　瑜　汪峻锋　黄蓉鹏　吴　涛

主　　编：黄蓉鹏　吴　涛
参编人员：张　杰　陈　丹　杨　敏　冯仕东　陈　识
　　　　　周建国　宁　敏　王　冬　李静静　张涵禧

四川大学出版社
SICHUAN UNIVERSITY PRESS

图书在版编目（CIP）数据

超大城市中心城区社区巡察实践与探索 ：以成都市武侯区为例 / 黄蓉鹃，吴涛主编． -- 成都 ：四川大学出版社，2024. 12. -- ISBN 978-7-5690-7475-8

Ⅰ. D669.3

中国国家版本馆 CIP 数据核字第 2025KE7171 号

书　　名：超大城市中心城区社区巡察实践与探索：以成都市武侯区为例
Chaoda Chengshi Zhongxin Chengqu Shequ Xuncha Shijian yu Tansuo: Yi Chengdu Shi Wuhou Qu Weili
主　　编：黄蓉鹃　吴　涛

选题策划：徐丹红　李　胜
责任编辑：曹雪敏
责任校对：李　胜
装帧设计：墨创文化
责任印制：李金兰

出版发行：四川大学出版社有限责任公司
地址：成都市一环路南一段 24 号（610065）
电话：（028）85408311（发行部）、85400276（总编室）
电子邮箱：scupress@vip.163.com
网址：https://press.scu.edu.cn
印前制作：四川胜翔数码印务设计有限公司
印刷装订：四川煤田地质制图印务有限责任公司

成品尺寸：170mm×240mm
印　　张：21
字　　数：367 千字

扫码获取数字资源

版　　次：2025 年 3 月 第 1 版
印　　次：2025 年 3 月 第 1 次印刷
定　　价：58.00 元

四川大学出版社
微信公众号

PRE

序言

习近平总书记作出“要把巡视利剑磨得更光更亮”“坚持党组织建立到哪里，巡视巡察就跟进到哪里”“推进政治监督具体化、精准化、常态化”等一系列重要指示，为新时代巡视巡察工作高质量发展指明了方向。《中央巡视工作规划（2023—2027 年）》中明确提出了“巡视向下延伸”的战略部署，特别是向村（社区）的延伸，新修订的《中国共产党巡视工作条例》（2024 年修订）更是进一步细化了县（市、区、旗）党委的巡察范围，包括党委工作部门领导班子，县一级国家机关部门、人民团体党组（党委），县（市、区、旗）管理的国有企业、事业单位党组织，所辖的乡镇（街道）、村（社区）党组织，明确了对村（社区）党组织的巡察全覆盖。成都市武侯区委充分利用承担四川省对村（社区）巡察试点工作任务契机，紧紧围绕“四聚焦”①，立足“四有”② 和“六巡”③ 要求，紧密结合超大城市中心城区社区特征深入实践，紧盯群众身边的不正之风和腐败问题，高位推进社区巡察，初步构建了城市社区巡察的“武侯模式”。

---

① “四聚焦”，即聚焦党中央决策部署在基层落实情况、群众身边不正之风和腐败问题、基层党组织和党员队伍建设情况、巡察整改和成果运用情况。

② “四有”，即有谋划、有方法、有标准、有结论。

③ “六巡”，即巡政治、巡责任、巡重点人员、巡事和权、巡制度、巡作风。

武侯区于 2022 年 12 月被四川省委巡视工作领导小组确定为四川省对村（社区）巡察 5 个试点县（市、区）之一。试点工作开展以来，在四川省委巡视办和成都市委巡察办的精心组织和有力指导下，武侯区委深入学习贯彻党的二十大精神和习近平总书记关于巡视巡察工作的重要论述，认真落实中央政治局常委、中央巡视工作领导小组组长李希同志对村（社区）巡察工作讲话精神，抓实刘金国同志、王鸿津同志关于对村（社区）巡察具体工作要求，深刻把握对社区巡察的重要意义，坚决扛牢政治责任，综合运用实践研究法、调查研究法、比较研究法等方法积极探索社区巡察，以实际行动和新成效践行人民立场，进一步巩固党执政的政治基础和群众基础。坚持“在实践中总结、在总结中再深入实践”，围绕分类巡察，探索解决“巡不准”的问题；围绕基层“权力清单、责任清单、政策清单”，探索解决“巡不深、巡不透”的问题；围绕简化流程、减少环节，探索解决“上下一般粗”、切实为基层减负的问题；围绕“六必谈”“十必访”“八进八多”，探索解决群众知晓率低、参与度不高的问题；围绕“六改”“双评”，探索解决群众“急难愁盼”“痛点堵点”及“巡察整改不落实”等问题。通过流程再造、发动群众、闭环整改，进一步推动各类监督在基层的贯通融合，全面提升人民群众的获得感、幸福感、安全感，取得了实实在在的成效，赢得了群众的广泛赞扬。

通过编撰本书对社区巡察试点成果进行总结再现，不仅可以深化和细化武侯区自身社区巡察工作，将社区巡察工作做得更深、更细、更实，更期待该书能为成都市、四川省乃至全国开展社区巡察提供可借鉴、可复制、可推广的点滴经验和做法，助推社区巡察高质量发展，从而全面落实对村（社区）巡察工作推进座谈会精神。

鉴于本书所阐述的试点成果尚需进一步深化实践、优化提炼，我们深知书中难免存在不足之处。在此，我们诚挚地邀请各位领导、专家及同行们不吝赐教，对本书提出宝贵的批评与指正意见，以便我们能够不断完善与提升。

编写组

2024 年 12 月

目　录

第一章　城市社区特征和巡察问题

要扎实开展社区巡察，必须先全面了解社区的概况，掌握社区的特征，明确以前社区巡察存在的问题和不足，才能有针对性地精准实施社区巡察。

第一节　城市社区概况

社区是城市社会治理的基本单元，社区的范围一般是指居民委员会辖区，大多数居民从事工商业和其他非农业劳动，人口聚居程度高，社会结构和社会关系错综复杂，文化异质性较强。武侯区在统筹推进省市两级对社区巡察试点过程中，由成都市对村（社区）巡察蹲点调研组对社区和村的差异性进行了比较分析，全面认识、准确把握社区和村的不同特点，有助于将社区巡察工作与社区党组织职责及社区的社情民意紧密结合，推动巡察监督重点内容更加具体化和精准化，促使社区巡察监督发现问题更加精准高效，真正以高质量社区巡察监督助推基层治理效能提升，促进完善基层治理体系。

一、城市社区规模较大

从全国基层自治组织情况来看，社区的数量少于村数量。截至 2021 年底，全国共有 11.7 万个社区居委会，49 万个村民委员会。从近十年来，随着城镇化进程加快，部分农村实施“村改居”转型为涉农社区或城市社区。从成都市基层自治组织情况来看，社区数量多于村的数量，截至 2022 年底，成都市共有 3046 个村（居）委会，其中村民委员会 1294 个，社区居委会 1751 个，社区数量占总数的 57.5%。其中，武侯区作为成都市中心城区之一，因蜚声中外的武侯祠而得名，是国务院定位的“高科技文化区”。武侯区位于成都市中心城区西南部，所辖面积 75.36 平方公里，下辖 11 个街道、72 个社区。

二、城市社区资源富集度较高

城市社区普遍存在资源较集中、富集度高。以武侯区为例。一是区域文化资源丰富。武侯区不仅有穿越千年历史烟云的武侯祠、蜀风雅韵的锦里古街、静谧清幽的望江楼公园、中西合璧的华西坝建筑群、转型蝶变的白药厂，近年来，武侯区又深挖历史文化资源禀赋打造了天府芙蓉园、音乐坊、梵木Flying国际文创公园等一批文商旅体融合项目，成功获评四川省天府旅游名县、省级全域旅游示范区。二是区域科教资源富集。武侯区聚集了四川大学等知名高校10余所，科研机构250余家，高新技术企业1300余家，拥有近100个省级以上重点实验室、工程技术研究中心等创新平台，获评国家科技进步示范区、国家知识产权强县建设示范县。

三、城市社区经济结构较复杂

城市社区经济体量大，结构较复杂，居民收入多元，区域发展强势。以武侯区为例。一是区域发展势头强劲。这里有130余家世界500强企业，数量居全成都市前列；民营经济综合实力曾连续12年保持全省第一；2022年，全区地区生产总值1372.7亿元，受到省委、省政府通报表扬，获评全国县域经济发展百强区；2023年获评“赛迪全国百强区”。二是社区居民收入多元。在城市社区，居民收入以工资性收入为主，以经营收入及股票、基金、租金等财产性收入为有力补充，收入水平高于农村居民（见图1-1），成都市城镇居民2021年人均可支配收入为52633元。三是集体经济较复杂。不少城市社区集体资金、资产、资源（即，“三资”）较多。城市社区有铺面、厂房、企业、停车场等集体资产和资金，特别是城中和城郊的“村改居”社区资产资金和集体经济组织更多。如，武侯区簇桥街道龙井社区拥有集体资金1.2亿元，拥有集体商业用房总面积约6万平方米，资产规模市场预估值已超3亿元，有龙井村委大楼、广场物业、千盛大楼、龙锦大厦、簇锦古镇、红豆山公墓、龙井记忆馆等体量较大的资产；经联社成立后，龙井集体经济组织大力开拓市场，先后购置了梦魔方、林荫中街8号等资产。在中心城市社区，一些社区居委会通过建立社区企业来盘活辖区资源，创新发展社区商业。如，武侯区簧门街社区2018年成立了成都首个社会企业“四川簧门宜邻居民服务有限公司”。一些社区创办社会企业，解决一般企业不愿意进入的领域，用盈利反哺社区。如武侯区锦城社区2020年成立了成都市第二个社会企业“四川云中锦书科技公司”。

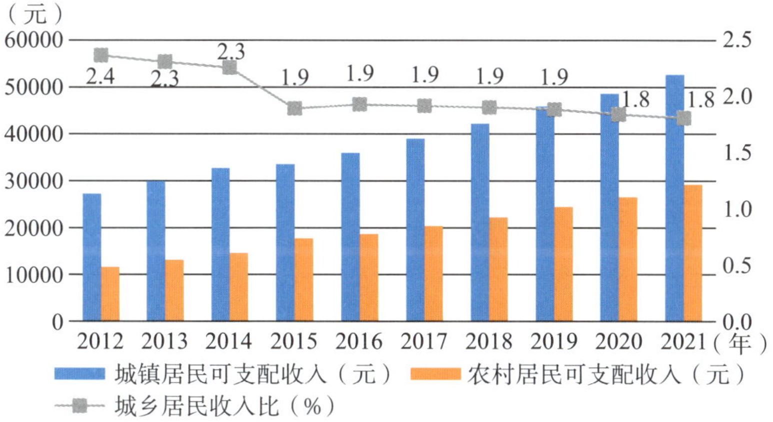

图 1-1　近 10 年成都市城乡居民可支配收入变动情况[①]

四、城市社区治理融合度较低

我国城市基层治理体制机制是党组织领导下的居民自治，居民自治组织在社区党组织的领导下组织居民依法通过民主协商、民主决策、民主选举、民主管理、民主监督开展自我教育、自我服务、自我管理，居民（代表）会议、居民议事会和居务监督委员会履行决策和监督作用。但在实践中普遍存在以下情况：一是社区治理监督力量较弱。基层社区“两委”高度合一，特别是社区党组织书记、居委会主任“一肩挑”后，进一步强化了社区党组织的领导，社区“两委”形成一个高度整合的服务管理团队，而与此相对应的，基层监督力量匹配不足、监督质效没有跟上，居民（代表）会议、居民议事会和居务监督委员会“不会”“不愿”和“不敢”监督的现象较突出。二是居民融入社区治理参与度低。城市社区具有“陌生人社会”特征，人口流动频繁，邻里关系的亲密程度低。有研究发现：在超大城市，品质越高的社区，邻里关系越冷漠；中低档社区中，居民与周围邻居关系“非常了解，关系非常好，常来往”的比例高于中高档社区。总体来看，除了少部分厂矿、企业家属区、机关家属区改制的城市社区外，在大多数因商品房小区建设聚集组成的城市社区，居民因缺少利益和情感联系，邻里之间相见不相识，互动交流不多。这些居民对社区“两委”工作不关心、不了解、不接触，更不会融

① 资料来源：《成都统计年鉴 2022》。

入社区治理的深度监督。

第二节　城市社区特征

城市社区在政治、经济、社会、文化等方面有着鲜明的特征。以武侯区为例，既面临城市转型发展中的人口高度集聚、社会结构深刻变动、群众对美好生活向往日益增长等共性问题，也面对涉外机构人员众多、西部门户开放枢纽外部风险输入等个性难题，特别是有的社区基层党组织虚化弱化、偏离主责主业，相关部门条块分割、资源分散，社会参与动力不足、机制不畅，为城市社区发展提出一系列新课题①。

只有把握住社区的特征，才能有针对性地开展社区巡察，才能做到“真发现问题、发现真问题”。经过对近 70 个社区调查分析，发现城市社区呈现“三多三大”特征（见图 1—2）。

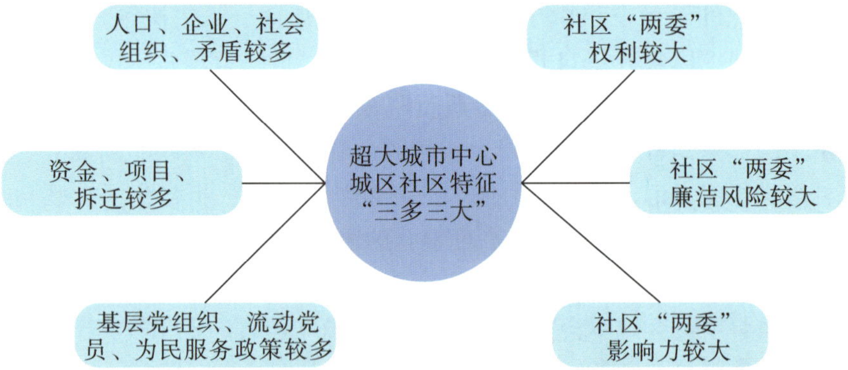

图 1－2　超大城市中心城区社区特征

一、社区人口、企业、社会组织、矛盾较多

城市社区因人口规模大、人口密度高、人口流动性较大，外来租住人口普遍较多，存在较高的治理负荷。成都市 2021 年常住人口 2140.3 万人，其

① 资料来源：成都市对村（社区）巡察蹲点调研组分析结论。

中城镇常住人口 1722.9 万人（占比 80.5%）。以武侯区为例，2021 年常住人口约 122 万人，平均每个社区常住人口近 2 万人、流动人口近 1 万人，平均每个社区有市场主体 5800 余家、社会组织 150 余个，陌生社会明显，社区内物业纠纷、拆迁安置、工资报酬、小区院落等矛盾错综复杂，社区年信访量较大。

社区面积、人口、地域特色也存在较大差异。一是从社区面积来看不均衡。部分社区幅员较广，如武侯区华兴街道平均每个社区 3.09 平方公里，是玉林街道社区平均面积的 6.5 倍。二是从人口数量来看，差异大。武侯区的簇锦街道、红牌楼街道和簇桥街道平均每个社区的常住人口超过 2 万人，明显高于金花桥街道和玉林街道社区平均 1.26 万人和 1.34 万人。如，武侯区玉林街道簧门街社区辖区面积仅 0.7 平方千米，常住居民 6328 户 1.8 万余人，外来登记流动人口 0.5 万余人，每天流动人口 10 万余人，是成都市南一环路内侧城市人口密集区。又如，武侯区玉林东路社区位于一环路外侧，人民南路以西，辖区面积仅 0.39 平方公里，有居民 6500 户，常住人口 1.8 万人，社区有老旧院落 45 个，商品小区 5 个。三是从社区区域特色看，各有千秋。城市社区逐渐呈现“一社区一特色”。如，簧门街社区是成都市规划“两轴四片”高端商务楼宇中心区、发展总部经济和打造高端商务楼宇核心区，是成都市医学科教事业发源地，也是集聚了四川大学华西医院等 4 所以上三级甲等医院和大批高端医疗体的医疗资源集中区。辖区本土居民高度密集、优质医疗资源高度聚集、外来人口快速流动，环境秩序、道路交通、社会治安、生活服务、公共管理等面临严峻挑战。又如，玉林东路社区是 20 世纪 80 年代中国最早引入摇滚音乐的地方，是成都多元艺术的大本营，是青年人的时尚消费场，代表性地体现了老成都的市井烟火气，也是“最成都”生活方式的浓缩。现在，玉林东路社区覆盖 3 街 4 路 5 巷，纵横交错间镶嵌了 50 多家传统美食和 110 间咖啡、酒吧等独立小店，犹如珍珠般串联起玉林人的生活日常。四是从物业管理看，良莠不齐。武侯区现有物业管理小区 720 余个，老旧院落、拆迁安置集中居住区和机关事业单位宿舍等 910 余个，基层治理“最后 100 米”出现不少组织空白和工作盲区，物业矛盾纠纷较多。老旧院落居民对改善生活环境和物业服务诉求较为强烈。

二、社区资金、项目、拆迁较多

城市社区经济体量大、资金密度高、工程项目多。2023 年成都市仅 5 个中心城区和四川天府新区、成都高新区（以下简称“5+2”城区）的社区自有或承接上级工程项目就高达 3600 余个，涉及社区发展治理专项保障资金、工程项目资金、集体“三资”等约 56.3 亿元。[①] 城市社区运行不仅涉及的资金较多，而且社区公共服务涉及的项目较多，城市有机更新涉及的拆迁体量大、资金多。以武侯区为例，全区农村集体资产约 18.1 亿元，货币资金约 11 亿元，集体土地 30381 亩；涉农区域社区平均拥有集体“三资”约 9000 万元，城市有机更新区域社区较多，平均更新面积约 8000 亩，涉及拆迁资金量极大；社区项目运行不规范，深层次利益链较复杂。平均每个社区专项惠民资金每年约 200 万元。

图 1-3　四川省和成都市纪委监委主要领导调研武侯社区巡察工作

社区资金、资产、资源的管理是基层群众关注的热点和焦点，也是容易滋生腐败的重点领域。省市纪委领导多次调研（见图 1－3），发现不少社区存在违规发放津补贴、公款吃喝等问题，财务制度缺失或不完善、不执行，监管缺位。部分社区集体资产经营、管理、处置存在问题，部分社区“三务”[②] 公开未严格落实。如，武侯区金花桥街道江安河社区现有集体资金 4000 余万元，资产近 1800 万元，包含武兴路办公室、映月西街幼儿园、社区消防站、运动广场等，其资产、资金的管理成为社区居民重点关注的问题。

① 资料来源：《关于开展巡察工作监督调研发现基层治理共性和典型性问题的分析和思考》，成都市委巡察办。

② “三务”，即党务、居务、财务。

三、社区基层党组织、流动党员、为民服务政策较多

城市社区的主要职能之一就是在党组织领导下抓实社区发展、做好自治管理、做实社区治理，强化居民公共服务。城市社区党组织、党员数量远远高于农村，为民服务事项也较多。以武侯区为例，现有党组织2282个，平均每个社区有约30个党支部、300名党员，下沉社区为民服务事项60余项。城市社区有着以各类驻区企事业单位、社会精英为代表的丰富社会资源，社区党组织可以通过区域化党建整合社区资源，实现共建共治共享。但社区党组织建设和引领作用发展不平衡。主要表现在：一是社区党建资源整合难，城市社区党建涉及各层级、各领域、各单位、各行业，不同程度存在条块难有效融合，存在"社区搞社区的、机关搞机关的、企业搞企业"的情况，社区党组织对驻区单位可以共享的有效资源动态清单底数不够清，驻区单位党组织共驻共建意识不够强，思维有局限；二是党员教育管理不力，社区党组织普遍存在"重业务轻党建"，抓党建主责主业有差距，对基础党建工作抓得不够实，"三会一课"流于形式，党费收缴不规范，对党员的教育管理浮于表面，党员的先锋模范作用难以发挥，对违纪党员的教育未跟上，对"两企三新"① 党组织指导不力，流动党员缺乏归属感；三是社区为民服务不精准，不同程度存在搞突击式、运动式服务，与群众需求有差距，一定程度存在形式主义，群众往往参与度不高，部分社区的服务活动成了"蜻蜓点水""隔靴搔痒"，居民认同度较低。如，调查发现部分社区党组织政治站位不高，思想消极懈怠，"干事创业"积极性不高、氛围不浓，主动深入小区院落了解居民的"操心事、烦心事、揪心事"较少，为民服务政策方面还存在工作机制不够清晰、不够顺畅；部分社区"两委"成员为民服务不够深入、不够精准，工作中推诿扯皮，不同程度存在"走过场""走形式"甚至造假，有的官僚习气重，直接影响社区的工作效率和政治生态，影响公信力。

四、社区"两委"权力较大

社区管理范围广，街道和职能部门委托事项多，主要围绕党建、民政、

① "两企三新"，指混合所有制企业、非公有制企业及新经济组织、新社会组织、新就业群体。

就业、老龄、文化等领域，提供养老服务、就业登记、证照初审、志愿活动、特殊群体帮扶、公共场地搭建、城市有机更新等政务服务和民生保障。经梳理，社区自治事项就有 40 余项，民政局、人社局、住建局、农业农村和水务局、司法局、市场监督管理局等相关职能部门和街道委托事项多达 70 余项。村（社区）作为落实中央和省市决策部署的“最后一公里”，需要执行的各种惠民利民、安民富民等政策多而杂。

社区党组织和居委会权力较大。经过梳理，社区有财政分配权、公共资源分配权、行政执行权等涉及协助的公权力 100 余项（见附录：社区小微权力概要简化清单），党的各项惠民利民政策都通过社区来具体落实，直接关系到社区居民的切身利益。调查发现[①]，大部分社区书记工作经验丰富，能够较好履行职责，在社区中把准方向、带好队伍、促进发展，但部分社区党组织存在落实“民主集中制”不到位、不同程度存在“一言堂”，社区议事和决策制度机制不健全，社区事务权责划分不清等问题。武侯区在社区巡察中明确将“社区党组织主要负责人缺乏民主集中制观念，不遵守决策程序，存在‘家长制’作风、‘一言堂’现象”作为社区巡察监督重点共性清单内容。

五、社区“两委”廉洁风险较大

社区“两委”成员直接与资金、项目打交道，缺乏日常监督和制度规范，缺乏底线意识，以权谋私等“微腐败”风险大。一是制度机制不健全导致风险大。社区集体企业以及集体资产管理和使用制度不完善、不明晰，存在廉政风险点。调查发现[②]，在很多居民眼中，社区领导也是“官”，在很多“两委”成员看来，自己拥有“亦官亦民”双重身份，由此带来的职业身份认识错位成为社区廉政风险点之一。部分群众认为社区工作人员在廉洁用权和服务群众的态度上存在一定问题。如，部分社区涉及协助拆迁区域补偿款及拆除房屋、平场、打围、建渣清运、空地管护等每年资金数十亿元。二是基层监督难落实导致风险大。监督难也是可能导致社区廉政风险的一大诱因。调

① 资料来源：《成都市城市社区政治生态研究——以武侯区为范本》，成都市武侯区纪委监委、成都大学马克思主义学院。

② 资料来源：《成都市城市社区政治生态研究——以武侯区为范本》，成都市武侯区纪委监委、成都大学马克思主义学院。

查发现[1]，社区虽然设立了党风政风监督员，但普遍缺乏专业知识，无法有效地发现和处理问题；社区纪委书记又身兼多职，个别纪委书记甚至搞不清楚社区纪委的职责，加上社区一级的监督机制不完善，纪委书记不知道哪些工作需要纪委牵头、哪些工作需要纪委配合，没有确切划分，发现问题也处理不了，导致基层监督难以有效实现，可能引发廉政风险。三是社区“微腐败”高发。城市社区每年都有大量的公共资金投入，居民参与公共事务的积极性普遍较低，可能会使有限的公共资源被无效或者低效使用，而且容易滋生“微腐败”。如，有的社区在低保、临时救助、医疗救助、住房保障等民生政策的对象认定方面弄虚作假、吃拿卡要；虚报冒领、贪污侵占征地拆迁、棚户区改造补偿款；利用工程建设项目或社区服务购买项目为本人或特定关系人谋取利益；虚造工作人员名单、虚开费用；违规经营、处置社区资产，截留社区资产收益等。据中央纪委国家监委通报，2024 年 1 月至 9 月全国纪检监察机关立案现任或原任村（社区）党组织书记、村（居）委会主任 7.7 万人。从近几年成都巡察出的基层领导干部问题线索看，城市社区的“三资”管理、工程建设、社区服务购买、征地拆迁等领域违规违纪违法行为时有发生，2023 年成都“5+2”城区共巡察社区党组织 147 个，仅在社区项目资金方面就发现问题 413 个，移交问题线索 64 条，立案 32 人[2]。

六、社区“两委”影响力较大

城市社区作为城市治理的基本单元，肩负着服务社区群众、协助城市管理、密切党群干群关系、维护社会稳定等重要职能。城市社区党组织和居民委员会履职的好坏，直接影响着城市社区职能的实现程度，也直接影响到党的形象和执政根基。社区党组织落实上级决策部署不到位，特别是惠民利民政策落实存在偏差，直接影响到居民的切实利益，影响到城市的稳定，影响到基层群众对党组织的信任、好感程度。调查发现部分社区在工作中形式主义问题较严重，工作制度难以落到实处，敷衍应付不同程度存在，部分“两委”成员官僚习气较重，工作方式简单粗暴，作风建设没有跟上，直接影响到居民的认可度。如，调查发现，社区“两委”成员对群众反映强烈的“补

① 资料来源：《成都市城市社区政治生态研究——以武侯区为范本》，成都市武侯区纪委监委、成都大学马克思主义学院。

② 资料来源：成都市委巡察办。

贴发放不及时”“出行难”“办事难”等民生诉求，不同程度存在不作为、慢作为现象，对一些群众“急难愁盼”问题“视而不见，听而不闻”，对惠民利民政策宣传不及时，覆盖面不广，核对低保救助、高龄津贴不严，出现应享未享、虚报冒领情况，对群众影响极大。

第三节 社区巡察问题

深入 60 余个社区对试点以前社区巡察情况进行调研和分析，并认真审读以前的巡察街道党工委的情况报告和社区巡察发现的问题及整改情况，发现之前社区巡察存在群众参与度不高、精准发现问题难度大、问题整改难度大、对社区工作推进不明显等问题，巡不准、巡不深、巡不实、改不力等情况较为明显（见图 1-4），发现群众身边的蝇贪蚁腐不力，推进社区发展和治理效果不够见效。

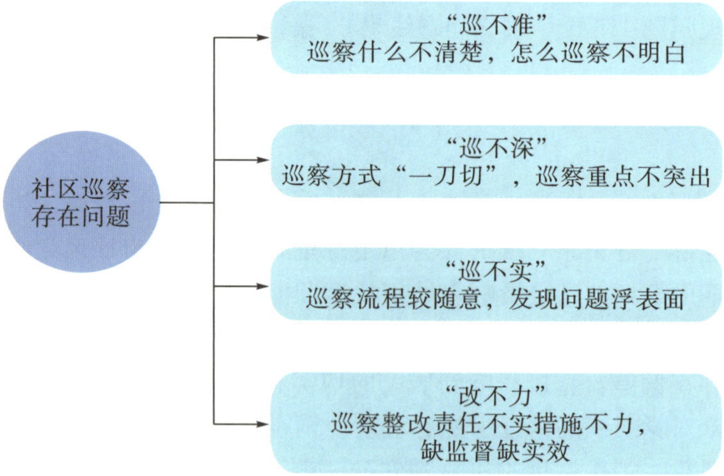

图 1-4 社区巡察存在的问题

一、社区巡察重点不够突出

之前社区巡察存在“巡什么”不够清晰，“巡察重点”不够突出，仍然按照巡察区级部门和街道的巡察监督重点去巡察社区，结合社区特征不紧密，结合群众“急难愁盼”问题不深入，关注民生、关注安全、关注和谐稳定的重点不突出，存在“下大包围”的情况，对社区集体经济组织和集体公司以及从事公共服务的社会组织缺乏监督。据调查显示，党员群众希望社区巡察关注的重点主要有：民生领域问题占 23%，惠民政策落实占 31%，社区干部作风和腐败问题占 33%，管理和服务问题占 9%，党组织建设问题占 4%。

二、社区巡察方式较单一

之前社区巡察“怎么巡”不明白，“巡察方式”较为单一。据统计，无论什么样的社区，90%的社区都是以“巡街道带社区”单一形式进行，10%的社区以“拆迁”“违建”“民生补贴”等某个点开展“专项巡察”。社区“巡察流程”也较随意，大多数时候就是几个人去点个卯，社区巡察仅实现“有形”全覆盖。

三、社区巡察质效不够高

武侯区委巡察办主任带队深入社区了解巡察问题（见图 1-5），发现之前社区巡察发现的问题较少，一般一个社区发现几个问题，基本上都是面上的共性问题，缺乏从政治高度分析、查找问题。如，学习新思想新理论不深入、联系实际学习不紧密，开展主题教育不扎实，管党治党不严格，党员教育管理不到位，财务管理不规范等问题，没有结合社区发展定位、社区服务职能、社区个体特征去发现问题，发现群众身边的不正之风和腐败问题不够，很少“以下看上”，很少找制度、机制问题，也很少化解社区矛盾、信访问题，整体质效不够高。发现的线索少，如，未深入发现多数社区项目实施不规范，可能存在明标暗定、申报虚

图 1-5　武侯区委巡察办主任带队深入社区了解巡察问题

拟项目套现，化整为零、规避采购、围标、串标、陪标、低价中标高价结算等问题，未深入发现社区小微项目“建而不管”、“偷工减料”、社区项目“两委”成员承接等弄虚作假、优亲厚友问题。

四、社区巡察群众参与度较低

城市社区虽然人口多，但之前社区巡察宣传力度未跟上，深入群众也不够，导致社区居民参与巡察较少，居民不够了解巡察，对巡察的认同度也较低。社区居民认为巡察与自己缺乏直接的利益联结，由于巡察人员进入社区的时间与居民上班时间重叠，巡察人员与社区居民“面对面”交流、“点对点”的沟通几乎很少，加上社区原住居民“熟人”现象明显，导致这些居民“不愿讲真话、不便讲真话、不敢讲真话”。多数购买商品房的社区居民对社区资源的需求度也较低，对社区服务几乎无要求，对社区共建共治共享参与度也低。

五、社区巡察整改落差较大

之前社区巡察整改缺落实，未压实街道和社区的责任，缺乏有效的日常监督，销号和评价制度未建立，社区居民不了解巡察发现了哪些问题，也很少参与整改和监督整改，导致社区巡察整改多数是浮于表面，停留在纸面，未深入开展整改。有的是改后又犯、边改边犯，有的是用合法的形式掩盖非法的利益，有的面上的共性问题也缺乏让相关区级部门牵头改，更难做到举一反三、以点带面，标本兼治。群众对巡察整改的知晓率低、监督率低、满意度也较低。如，调查发现，上一轮巡察社区指出的“有的社区集体经济组织运营、管理、监督不够规范，存在廉洁风险”问题，未落实整改，依然不规范，表现在：有的社区挂两三个企业牌子，自成立之日未真正运营，长期零营收，这些集体企业成为社区“两委”成员的“自留地”，长期领取工资、发补贴和奖金，报电话费、加油费、餐费等，甚至购买烟酒用于招待。

第二章 城市社区巡察试点概述

要做好社区巡察试点工作，必须区委高度重视，做好总体谋划，制定实施办法强化科学指引，压实各方责任，才能确保试点深入推进。

第一节　总体谋划

在四川省委巡视工作领导小组确定武侯区为省级社区巡察试点区后（见图 2-1），武侯区委高度重视试点工作，把对社区巡察试点工作作为重大政治任务，明确提出“努力创造在全省做示范、在全国打得响的试点经验”目标要求，从总体上深入谋划。

图 2-1　中央巡视办调研指导武侯社区巡察试点工作

一、制定社区巡察试点工作方案

根据四川省委巡视办《对村（社区）巡察试点工作方案》和成都市委巡察办《对村（社区）巡察试点工作的实施方案》有关要求，结合武侯区社区巡察工作实际，制定翔实试点实施方案。

（一）总体要求

1. 指导思想

深入学习贯彻党的二十大精神，坚持以习近平新时代中国特色社会主义

图 2-2　四川省委巡视办主任调研指导武侯社区巡察试点工作

思想为指导，贯彻落实习近平总书记关于巡视工作重要论述和党中央决策部署，以高质量推进社区巡察全覆盖为突破口，不断深化政治巡察、强化政治监督，把“两个维护”作为根本任务，突出“四个聚焦”，按照“六巡”要求，紧盯社区“两委”班子成员这个“关键少数”，紧扣社区党组织职能责任，深入查找政治偏差，推动党中央和省委、市委、区委决策部署在基层贯彻落实（见图 2-2），不断满足人民日益增长的美好生活需要；推动解决群众身边的不正之风和腐败问题，坚决纠正损害群众利益的行为，着力解决人民群众“急难愁盼”问题，切实提升人民群众的获得感、幸福感、安全感；强化基层党组织政治功能，推动解决基层党组织弱化、虚化、边缘化问题，把社区党组织建设成为实现党的领导的坚强战斗堡垒，增强基层治理能力，提升基层治理水平。

2. 基本原则

（1）统一领导、整体推进。在区委统一领导下，把巡察社区党组织纳入巡察整体规划，建立“区委统一领导、巡察办牵头抓总、巡察组具体推进、部门联合协同、街道社区配合实施”的领导体制和工作机制，系统谋划、统筹推进，确保一届党委任期内对社区党组织巡察全覆盖（见图 2-3）。

（2）因地制宜、分类施策。坚持问题导向、效果导向，根据社区实际情况、不同特点等，因地制宜、分类实施，创新巡察组织形式和工作机制，不搞“一刀切”，确保有形覆盖与有效覆盖相统一，以巡察监督的实际成效提升群众的满意度。

（3）贯通融合、创新方法。发挥社区巡察综合监督作用和联系群众纽带功能，创新工作方法，优化社区巡察程序，避免流于形式，做到精准发现问题、如实报告问题、推动解决问题。

3. 工作目标

（1）围绕中心、服务大局。深入贯彻落实习近平总书记“党组织建立到哪里，巡视巡察就跟进到哪里”重要指示精神，坚持“大抓基层的鲜明导向”，把对社区巡察试点工作作为了解基层情况、发现问题和解决问题的过程。突出社区党组织职能责任和功能定位，紧扣建设践行新发展理念公园城市示范区和社区发展治理目标任务，结合武侯社区特点，确定兼顾政治巡察共性要点与社区政治生态个性特点的巡察重点，以“标配+选配”组合做到巡察重点差别化，不断提升社区巡察针对性、精准性。

图 2-3　武侯区委专题部署社区巡察试点工作

（2）有序推进、全面覆盖。对标对表中央、省、市试点工作领导小组工作要求，结合武侯区对社区巡察工作实践经验，坚持有形覆盖和有效覆盖相统一，把握社区巡察力度和节奏，稳妥安排任务和进度，结合年度巡察工作计划灵活确定社区巡察方式，综合运用“常规直巡社区”“街道社区一体巡”“专项巡察社区”“巡部门带社区”“回头看社区”等，做到巡察方式灵活多样，实现一届党委任期内对 72 个社区党组织巡察有效全覆盖。

（3）以巡促改、以巡促建、以巡促治。强化系统思维，发挥巡察治本功能，把社区巡察整改与服务保障中心工作结合起来，聚焦社区发展治理、城市有机更新、产业转型升级等中心工作，研究提出推动社区巡察高质量发展的意见建议，探索形成可复制可推广的制度规范、方式方法、工作流程，推动问题整改可视化、项目化，以“可呈现、有感受”的整改成效确保巡察整改“助推有效”，为超大城市中心城区社区巡察提供“武侯借鉴”。

（二）主要任务

1. 建立社区科学分类工作规范

综合考量社区经济体量、人口规模、资源禀赋、组织建设、综合治理、信访维稳、案件查处、巡察问题等因素，会同街道及武侯区纪委监委、区委组织部、区委政法委、区委社会工作部、区民政局、区统计局、区信访局等单位，通过沟通联络、收集基础数据、构建分类模型、联席研讨会商对所辖 72 个社区进行分类，明确数量规模、比例构成等。探索建立社区科学分类工作规范，内容主要包括分类流程、决策部门、考量指标、分类模型、动态调整等。

牵头单位：武侯区委巡察办。责任单位：区纪委监委、区委组织部、区委政法委、区委社会工作部、区民政局、区财政局、区农业农村和水务局、区市场监管局、区统计局、区行政审批局、区信访局、各街道。

2. 合理匹配社区巡察全覆盖组织形式

根据社区分类结果，严格遵循“两个原则”(即：一届党委任期内对一个社区只巡察一次；对街道开展常规巡察时，其所属社区党组织原则上全部同期巡完)，针对如何科学匹配对社区党组织“常规直巡”“街道社区一体巡”“专项巡察”“巡部门带社区”等方式开展探索，重点研究每种方式安排的对象比例、现场巡察时长、工作方法、成果运用方式等，形成更为完善的社区巡察全覆盖工作计划。

牵头单位：武侯区委巡察办。责任单位：区委各巡察组。

3. 细化社区巡察监督重点

紧贴超大城市中心城区社区特点，紧盯社区党组织履行“执政职能、服务职能、形象职能”情况，围绕“四个聚焦”细化社区巡察监督重点，梳理形成社区巡察监督重点清单库。社区巡察实践中，注重共性与个性相结合，采取“基础化派单+个性化加单+特色化点单”的方式(即巡察办根据巡察任务从清单库中提取监督重点，巡察组根据被巡察社区特点增加个性化监督重点，最后再利用其他渠道收集基层群众关注点丰富完善监督重点)，形成针对性强、操作性强的社区巡察监督重点清单。

牵头单位：武侯区委巡察办。责任单位：区委各巡察组(负责提供已经开展或正在开展的社区巡察监督重点清单)。

4. 规范社区巡察工作流程

针对“常规直巡社区”“街道社区一体巡”“巡部门带社区”“专项巡察社区”等不同巡察方式，结合实践探索经验，在既遵循巡察工作基本规律、基本流程，又兼顾社区巡察特殊性的基础上，分别梳理形成标准化、易操作、全流程工作指南(主要包含准备环节、了解环节、报告环节、反馈环节、移交环节)。重点研究社区巡察“简明化”工作流程、“有效性”方式方法、“台账式”问题报告、“同步式”反馈方式。

牵头单位：武侯区委巡察办。责任单位：区委各巡察组。

5. 完善社区巡察整改手册

充分利用区委在巡察整改和成果运用方面成果经验，结合基层社区特点，研究制定社区巡察整改工作手册。进一步明确社区巡察整改主体责任、整改监督责任、成果运用责任、统筹督促责任等，充分调动群众监督巡察整改的积极性，加快构建社区巡察“立行立改”、反馈移交、整改落实、成效评估、整改公开等全流程整改闭环链条，并将整改手册纳入社区巡察工作指南。

牵头单位：武侯区委巡察办。责任单位：区纪委监委、区委组织部、区委各巡察组。

6. 强化社区巡察的组织保障

结合社区巡察全覆盖任务数量和现有巡察力量配备，探索巡察社区力量配置来源、专业构成、数量规模。建立社区巡察人才库，用好用活社会监督资源，特别是街道社区监督力量深度参与社区巡察。充分利用巡察监督贯通融合联席会议资源汇集优势，打通信息共享渠道，运用好“金纪三期”“巡察在线网络平台”等，为社区巡察提供全流程数据支撑。

牵头单位：武侯区委巡察办。责任单位：区纪委监委、区委组织部。

（三）实施步骤

1. 前期准备阶段（2022 年 12 月上旬）

（1）在四川省委、成都市委试点工作领导小组领导下，成立武侯区委试点工作领导小组，领导小组办公室设在区委巡察办，下设综合协调组、信息调研组、资料汇编组，配合省市巡视巡察机构下沉调研、研究会商等各项工作，统筹推进各项试点工作任务，做好综合协调、资料收集、实地调研、文稿拟制、后勤保障等相关工作（见图 2-4）。

图 2-4 武侯区纪委监委主要领导、区委巡察工作领导小组常务副组长研究分析社区巡察试点准备情况

（2）根据试点工作要求，细化制定对社区巡察试点工作方案，合理安排各轮各批次巡察工作方案。

（3）收集党中央、省委、市委社区巡察有关制度文件，形成制度资料汇编。

（4）梳理总结武侯区以前巡察

社区有关经验做法，向街道和相关职能部门收集相关资料，汇总整理后为试点工作提供参考借鉴。

2. 组织实施阶段（2022 年 12 月中旬至 2023 年 3 月下旬）

（1）筹备并召开市委巡察机构蹲点调研组进驻见面会，汇报武侯区社区巡察试点工作准备及开展情况；做好省委巡视办和市委蹲点调研组与区委书记、区委巡察工作领导小组副组长及成员、巡察机构负责同志、街道和有关部门负责人、社区党员干部等进行个别访谈和集体座谈的协调保障工作。

（2）根据武侯区社区实际情况，充分征求街道党工委的意见建议，综合运用上届区委巡察社区发现问题、基层党组织建设情况、社区发展治理情况、第三方调查统计结果、12345 政务服务便民热线受理市民反映情况等，对社区类型开展精准分类，明确分类指标体系、数量规模、比例构成，形成本届党委社区巡察全覆盖工作计划。

（3）依托本届区委第二轮第二批次对社区巡察安排，配合蹲点调研任务，分别细化“常规直巡社区”“街道社区一体巡”和“专项巡察社区”等监督重点和工作流程。

（4）召开武侯区委巡察监督贯通融合联席会议，会同成员单位共同研究全覆盖组织形式、发现问题方式、推进整改和成果运用方式。

（5）深入基层社区，实地向社区“两委”成员、社区居民了解情况，收集困难问题，听取意见建议，形成工作报告。

3. 总结提炼阶段（2023 年 4 月上旬至 5 月上旬）

（1）根据试点工作成效，撰写武侯区对社区巡察试点工作情况报告报送市委巡察办。

（2）充分利用高校科研院所前沿研究优势，推动形成 1 至 2 项有深度、有分量的关于社区巡察课题研究成果。

（3）深度挖掘“巡审结合”“巡调结合”等工作模式，形成具有武侯特色的社区巡察经验做法。

（4）探索社区巡察广泛发动群众的方式方法，总结提炼“巡察在线网络平台”、社区微信群、社区公众号在社区巡察工作的功能作用，提升巡察知晓度、透明度和影响力。

（5）根据试点工作总结的经验做法、工作流程、制度机制等，制定区委《关于高质量开展对全区社区党组织巡察工作的实施细则》等规范化制度，汇编形成社区巡察制度体系和工作手册。

4. 区域推广应用、完善阶段（2023年5月中旬至2024年9月下旬）

（1）将总结出的流程、方式方法等在全区各巡察组巡察社区时全面推广应用，并不断完善。

（2）深入探索、不断创新社区巡察方法路径，逐步形成可复制、可推广的社区巡察制度机制。

（四）保障措施

1. 加强组织领导

成立武侯区委社区巡察试点工作领导小组，加强对试点工作的组织领导、统筹协调，全力推动试点工作各项任务落地落实。区委切实履行对社区党组织巡察试点工作的主体责任。区委巡察办认真履行“统筹协调、指导督导、服务保障”职能，将社区巡察工作开展情况纳入年度巡察计划，高质量推进对社区的巡察工作，并按要求向市委巡察办和市委蹲点调研组每周报送试点工作开展情况，重点事项随时报告。区委各巡察组、各街道和区级有关部门要根据对社区巡察工作任务安排科学统筹推进，增强工作合力，切实形成各司其职、各尽其责、协同推进的工作局面。

2. 密切协作配合

开展试点工作面对时间紧、任务重、涉及面广等特点，参与试点单位要在试点工作领导小组坚强领导下，明确一名联络员，加强同区委巡察办沟通衔接。建立巡察与纪检、组织、宣传、政法、社工、民政、财政、城市更新等职能部门工作联席机制，定期收集职能部门日常监督、职能监督既有成果，找准基层治理、社区党组织建设以及服务民生保障等领域的薄弱环节，信息共享、借力借智、成果共用，实现有的放矢、精准点穴、直击要害。推动人大代表、政协委员全面参与、深度协作，做实巡前提供信息、巡中了解情况、巡后监督整改等工作。

3. 做好工作保障

加大对社区巡察人才库建设力度，夯实社区巡察队伍基础。根据社区党组织巡察工作特点和任务需要，统筹调配好巡察工作力量，注重选派全区各单位信念坚、能力强、业务精、情况熟、素质优的骨干参加社区巡察，并建立新提拔干部参与社区巡察工作机制。用活用好社区人员力量，探索抽调社区"两委"班子成员、人大代表、政协委员等了解社区实际、熟悉社区工作、掌握社区情况的基层党员参与巡察工作，提供信息支持。全力配合好省、市调研组开展工作，做好相应工作保障。

4. 严肃作风纪律

坚持实事求是，力戒形式主义，切实为基层减负，突出问题导向，大胆探索，勇于开拓，提高试点科学性和精准性，力求试点成效经得起实践检验。开展试点工作期间，严格遵守保密、宣传工作要求，严控知悉范围。

二、突出"四个导向"狠抓落实

武侯区在对社区巡察试点过程中，始终坚持在试点方案的引领下，突出"四个导向"，狠抓社区巡察试点落实落地、高质高效。

（一）突出"责任导向"，坚持高位推进

武侯区委坚持把试点工作作为"一把手工程"，成立由区委书记任组长，区纪委书记和区委组织部部长为副组长的试点工作领导小组，对试点任务进行统筹谋划，并纳入区委八届五次全会、区纪委八届三次全会工作安排重点内容，高标准推动落实（见图 2-5）。区委主要领导扛牢"第一责任人"责任，严格落实"四个亲自"要求，坚持全过程领导，先后 8 次主持召开专题会议，审定试点工作实施方案、社区分类实施办法等制度机制，对试点工作作出全面动员和安排部署，每两周听取一次进展情况汇报，及时推动解决重要问题。

图 2-5 武侯区委主要领导专题研究社区巡察试点工作

（二）突出"实践导向"，坚持探索推进

抓住"社区分类"这个基础，聚焦"组织方式"这个关键，把试点创新与实践运用相结合，将试点内容分解细化成 13 项具体工作 40 个项目清单，通过区委巡察办牵头、街道党工委参与、相关区级部门协同配合，研究确定

社区分类工作流程和评判标准，确保分类精准、“因社施巡”。按照组办协作方式开展案头调研，区分不同巡察方式开展推演，合理拟制工作流程。按照常规巡察街道同期探索多种巡察方式覆盖所辖社区的要求，安排 3 个巡察组分别对 1 街道及所辖 4 个社区开展“街道社区一体巡”、对 2 个社区开展“常规直巡”、对 4 个社区开展“三资”管理“专项巡察”，通过实践检验，健全完善了社区巡察工作指南。探索社区监督贯通融合，形成《新时代自我革命视域下城市社区巡察监督与群众监督贯通机制创新研究》理论研究成果，探索社区巡察工作与“微网实格”治理机制有效融合路径，形成《创新社区巡察方式 提升“末端”治理效能》理论研究成果。

（三）突出“效能导向”，坚持协同推进

建立省、市、区三级巡视巡察机构常态化沟通和会商研判机制，充分利用省委巡视办调研指导、市委巡察机构蹲点调研等契机（见图 2-6），对共同关注的重点内容、创新制度机制开展研讨交流，不断校正试点工作方向。举全区之力推进试点工作，在人、财、物等各方面提供全方位保障，从全区抽调业务骨干 12 人，成立试点工作专班，协调推进试点任务；建好用好社区巡察人才库，抽调 10 名离任（职级）干部参与试点任务，调动多方力量参与社区巡察工作；在年度财政预算中专门给予经费保障，在办公用房等方面全力支持。

图 2-6　四川省委巡视办、成都市委巡察办调研指导武侯试点工作

（四）突出“成果导向”，坚持常态推进

着眼固化试点成果，坚持边实践边总结，在建章立制、提炼成果上下功夫。形成以《关于高质量开展对社区党组织巡察工作的实施办法》为主干，涵盖工作规范、巡察整改、队伍建设、协作配合等方面的制度机制，特别是与 14 家区级部门建立协作配合机制，有效整合了基层监督资源。制定《区委巡察干部抽调和激励办法》，明确“将新提拔干部、优秀年轻干部放到巡察一线‘淬火’”“将抽调巡察干部作为参加区委重点工作纳入单独考核计划，考核优秀比例按照 25%予以倾斜”“年度目标绩效在区委巡察办和原单位之间按

照就高原则执行”等激励机制，有效解决了社区巡察高质量全覆盖力量不足的问题。

第二节　科学指引

研究制定《成都市武侯区社区巡察工作指引》，明确分类施策、重点清单、简化环节、细化流程、规范文书、创新方法、贯通融合、信息赋能、整改实效、队伍选配等具体工作指引。

一、制定高质量开展社区巡察的实施办法

明确组织统筹、科学分类、精心准备、全面发动、精准了解、求实报告、分层反馈、夯实整改、综合评估等总体要求。

（一）总则

1. 政策依据

为深入贯彻落实党的二十大精神和习近平总书记“党组织建立到哪里，巡视巡察就跟进到哪里”的重要指示精神，牢固树立大抓基层鲜明导向，高质量推进对社区党组织的巡察监督，着力打通全面从严治党“最后一米”，根据中共中央办公厅《关于加强巡视巡察上下联动的意见》、中共四川省委巡视工作领导小组《关于加强对村（社区）党组织巡察工作的指导意见》和中共成都市委巡察工作领导小组《关于高质量开展对全市村（社区）党组织巡察工作的指导意见》等要求，结合武侯区巡察工作实际，制定实施办法并适时召开试点工作推进会（见图 2-7）。

图 2-7　武侯区社区巡察试点工作推进会现场

2. 总体要求

坚持以习近平新时代中国特色社会主义思想为指导，全面贯彻中央巡视工作方针，牢牢把握政治巡察定位，把“两个维护”作为根本任务，准确把握建设践行新发展理念公园城市示范城区和社区发展治理的目标任务，准确把握超大城市中心城区社区党组织的职能责任和功能定位，紧盯党的路线方针政策落实，紧盯社区治理中的痛点、难点，紧盯群众身边的不正之风和腐败问题，充分发挥党内监督利剑和密切联系群众纽带作用，巡政治、巡责任、巡重点人员、巡事和权、巡制度、巡作风，着力推动社区党组织补齐领导基层治理的短板，以巡察实际成效厚植党执政的政治基础和群众基础，为全面建设社会主义现代化“新武侯”提供坚强政治保障。

3. 工作原则

（1）坚持统一领导、整体推进。把社区巡察全覆盖纳入区委巡察五年规划统筹安排，整体谋划、系统推进，确保一届区委任期内社区巡察高质量完成。

（2）坚持科学分类、精准施策。根据社区实际情况、不同特点，分类组织实施，确保“有形覆盖”与“有效覆盖”相统一。

（3）坚持靶向监督、精简高效。围绕“四个聚焦”，结合被巡察社区特点，突出监督重点，创新方法、精准发力，优化流程、提高效率。

（4）坚持贯通融合、系统施治。发挥巡察综合监督作用和联系群众纽带功能，整合各方力量，精准发现社区问题、如实报告问题、推动解决社区问题。

（5）坚持主动汇报、接受指导。主动向省委巡视办和市委巡察办汇报试点工作开展情况，接受调研指导（见图 2-8）。

图 2-8　成都市委巡察办蹲点调研武侯区社区巡察试点工作

（二）明确监督重点

1. 建立监督重点清单库

以中央巡视办巡察村（社区）级党组织监督重点清单为参考，结合城市社区特点，制定社区巡察监督重点“共性清单”；紧贴城市社区党组织“执政职能、服务职能、形象职能”，针对不同社区的资源禀赋、任务重点、区域特点等，梳理若干监督重点“个性清单”，构建“1+N”监督重点清单库，着力实现共性与个性互补、全面和实用结合。

2. 监督重点“共性清单”

聚焦党中央各项决策部署在基层的落实情况，重点了解社区党组织在学习贯彻党的二十大精神、习近平新时代中国特色社会主义思想以及习近平总书记对四川及成都重要指示批示精神落实情况；全面贯彻新发展理念、贯彻落实防范化解重大风险、环境保护、安全生产、扫黑除恶等上级重大决策部署落实情况等。聚焦群众身边的不正之风和腐败问题，重点了解社区党组织负责人党风廉政建设情况；在落实党中央惠民政策、服务群众过程中滥用职权问题；公共（集体）资金、资产、资源管理，服务外包和项目建设过程中的违规问题；损害党群干群关系的作风问题；民生领域和群众关心的突出问题等。聚焦基层党组织和党员队伍建设情况，重点了解社区党组织落实党建主体责任、发挥政治功能等情况；基层党组织建设情况；党建引领、社区发展治理、居民自治等基层治理情况；基层党组织换届选举情况；党员的教育管理情况等。聚焦巡察整改和成果运用情况，重点了解巡察整改主体责任、监督责任、巡察整改的具体落实情况；审计及各类监督检查发现问题整改落实情况等。

3. 监督重点“个性清单”

紧紧围绕社区党组织作用发挥、基层治理作用发挥、服务职能作用发挥，紧盯社区“两委”议事权、人事权、监督权、财政分配权、行政执行权、公共资源分配权等社区“微权力”，坚持问题导向，突出差异化、针对性、实效性，确定不同情形社区的监督重点。

4. 健全完善清单库

武侯区委巡察机构采取“共性派单+个性点单+特色加单”的方式，从监督重点清单库选取社区巡察监督重点内容。依托巡察监督贯通联席会议平台，定期专题分析社区巡察的形势任务、监督重点、工作要求，坚持边巡察、边总结、边补充、边完善，集中研判社区巡察发现的新问题，对社区巡察监督重点清单库进行动态更新、有机迭代，实现社区巡察监督重点“常巡常新”。

（三）科学精准分类

1. 分类方式

按照“实事求是、综合评估、利于巡察”原则，综合考虑组织建设、社区治理、考核考评、党风廉政、信访维稳、民生事务、安全工作等方面因素，采取“量化评分”的方式，将全区社区划分为“重点类”和“一般类”两个类别。

2. 分类实施

社区分类由区委巡察办牵头，区级有关部门和各街道共同参与，通常在研究制定区委巡察工作五年规划前集中组织开展，结合年度巡察工作新要求、每轮社区巡察发现新情况和社区发展新进展，可视情况对社区分类指标、评判项目、类别划定等进行动态调整，报经区委巡察工作领导小组审定后组织实施。

（四）分类组织巡察

1. 巡察方式

根据社区分类，科学运用“常规直巡社区”“街道社区一体巡”“专项巡察社区”“巡部门带社区”等方式，高质量推进社区巡察全覆盖。

（1）“常规直巡社区”。对重点类社区开展直接巡察，原则上在巡察街道党工委时同期进行，特殊情况下也可单独进行，每个社区巡察时间不少于 15 天。

（2）“街道社区一体巡”。在巡察街道党工委时，在组内成立小组，对该街道所属一般类社区同期开展巡察，每个社区巡察时间不少于 5 天（见图 2-9）。

图 2-9 “街道社区一体巡”见面沟通会现场

（3）“专项巡察社区”。对社区群众反映强烈、问题矛盾突出、重点专项领域工作开展不力的社区，按程序报批后开展专项巡察。专项巡察根据巡察任务灵活确定巡察对象和巡察时间。

（4）“巡部门带社区”。在巡察区级有关部门时，根据工作需要，对涉及该部门有关业务工作，成立小组下沉相关社区了解情况，通过“以下看上”了解被巡察部门指导和监督责任落实情况，通过“以上看下”了解社区贯彻落实情况，具体时间根据巡察任务确定。

2. 工作流程

总体分为巡察准备、现场巡察、巡察报告、巡察反馈、巡察移交和巡察整改共六个阶段。

（1）巡察准备阶段。主要包含组建巡察社区队伍、收集社区情况反映、制定社区巡察实施方案、细化社区巡察监督重点、沟通协调联络等环节。

（2）现场巡察阶段。主要包含见面沟通、进驻动员、发布公告、宣传发动、查阅资料、听取汇报、受理信访、个别谈话、基层走访、“立行立改”、信息录入、梳理台账、撰写报告（含巡察报告、线索报告和专题报告）等环节。

（3）巡察报告阶段。主要包含向区委巡察工作领导小组会、书记专题会、区委常委会汇报巡察社区情况等环节。

（4）巡察反馈阶段。主要包含制定反馈方案，组织集中反馈、公布反馈信息、通报反馈情况、开展巡察后评估等环节。

（5）巡察移交阶段。主要包含巡察问题通报、问题线索移交、意见建议抄送、资料归档移交等环节。

（6）巡察整改阶段。主要包含推进社区巡察反馈问题整改、报送整改落实情况、妥善做好巡察整改“双公开”、加强巡察整改日常监督、全面深化巡察成果运用、强化巡察整改成效评估等环节。

社区巡察实践中，坚持精简高效、务实管用的原则，综合考虑巡察时长、任务体量等因素，对不同社区巡察方式的工作流程进行优化简化，具体制定《巡察社区党组织工作流程指引》。

（五）巡察整改和成果运用

1. 巡察整改

街道党工委承担社区巡察整改主体责任，制定整改工作方案，建立整改总台账，统筹督促指导被巡察社区抓好问题整改。街道党工委联系社区领导切实履行“一岗双责”，具体负责督促指导巡察反馈问题整改。被巡察社区党组织承担问题整改直接责任，建立整改责任清单，制定务实管用的措施，对账销号。

自签收反馈意见5个月内，街道党工委针对“常规直巡社区”形成整改进展情况报告；针对“街道社区一体巡”“巡部门带社区”“专项巡察社区”形成整改进展情况综合报告，并附各社区整改落实台账。整改报告经街道党工委主要负责同志审定后，按程序报送区纪委监委机关，抄送区委组织部和区委巡察办；区纪委监委机关反馈审核意见后，街道党工委和社区分别向党内和社会公开。持续整改情况视情报告。

对巡察整改成效不明显、有重大问题反映的已被巡察社区，开展巡察“回头看”，对组织领导巡察整改不力，落实巡察整改要求敷衍应付、消极整改、虚假整改、变通整改等问题，严肃追责问责。

2. 日常监督

武侯区纪委监委机关、区委组织部按照职能职责加强对社区巡察整改的日常监督，相关职能部门要加强督促，形成整改监督合力。街道纪工委和街道从事组织人事工作的内设机构承担对社区党组织巡察整改的日常监督责任，加强跟踪督促。社区纪委和居务监督委员会要积极履行监督专责，督促推动问题真改实改。

区委组织部要将巡察反馈了解和整改情况作为加强基层党组织建设，考核考察被巡察社区所在街道党工委领导班子及其成员的重要参考。

3. 成果运用

对巡察社区发现的共性问题，区委巡察机构通报相关街道党工委推动全面整改。对巡察发现的系统性、突出性问题，区委巡察机构向相关职能部门进行通报，有关部门要认真分析研判，深化系统治理、加强日常监管（见图2-10）。对街道党工委、社区党组织自身难以解决的问题，区委巡察机构向区委提出意见建议，统筹推动区委、区政

图2-10　武侯区委组织部主要领导、巡察工作领导小组副组长深入社区调研

府从制度机制上整改。被巡察社区坚持边巡边改、立行立改，举一反三、建章立制，持续推动整改落实落地。

4. 巡察评估

建立社区巡察整改成效评估机制和巡察反馈问题销号机制，科学设置评估指标、明确销号标准。区委巡察办会同相关部门，对被巡察社区所在街道党工委提请销号的整改事项进行审核评估。对评估销号中发现的突出问题，督促街道党工委指导被巡察社区限期整改。探索运用“党内评估＋群众满意度评价”相结合的方式，鼓励群众参与整改、监督整改、评价整改，确保整改成果真实、群众满意度高。

二、将社区巡察纳入区委巡察工作规划

制定《成都市武侯区第八届委员会巡察工作规划（2022—2026 年）》，将社区巡察全覆盖纳入区委巡察任务。

（一）准确把握对社区巡察的部署要求

武侯区按照党中央推动市县巡察向基层延伸的决策部署，把实现社区巡察有效全覆盖作为重点任务全力推进。坚持突出监督重点，把党全面领导基层治理制度、治理能力建设等落实情况作为巡察重点监督内容，以社区巡察推动基层全面建设；坚持分类施策，根据各社区党组织建设、经济基础、社情特点，结合街道党工委履行主体责任情况，摸清底数、因社施策，有针对性地开展“常规直巡社区”“街道社区一体巡”“专项巡察社区”和“巡部门带社区”；坚持深入群众发现问题，采取符合群众生产生活实际、贴近群众语言习惯的方式，最大范围让群众知晓参与，倾听百姓呼声、重视群众诉求，赢得群众信任和支持；坚持边巡边改，及时有效“短平快”推动解决问题，体现巡察推动即知即改、立行立改的政治优势；对反映具体、可查性强的问题线索，迅速移交办理。坚持标本兼治，综合运用社区巡察成果，采取巡察宣讲、印发典型案例、公开通报等形式，推动以案促改、未巡先改，对巡察发现的普遍性、倾向性问题，推动建章立制，堵塞漏洞，不断增强社区治理实效。

（二）高质量推进社区巡察全覆盖

加强统筹谋划，扎实推进、注重实效，全面完成 11 个街道及 72 个社区巡察全覆盖。开展“街道社区一体巡”原则上为一个半月（根据社区数量适当调整），“常规直巡社区”原则上为 15 天，“专项巡察社区”原则上为 10 天，“巡察部门带社区”原则上为 1 至 3 天，巡察时长经区委巡察工作领导小组批准后可适当缩减或延长。

第三节　压实责任

制定《成都市武侯区关于做好社区巡察试点工作的意见》，明确社区巡察“党委主导、巡察办主推、巡察组主责”工作机制，细化区委、区委巡察工作领导小组、区委巡察办及区委巡察组的试点任务，压实各方责任，形成试点工作合力（见图 2-11）。

一、强化区委“主体责任”和区委书记“第一责任人”责任

图 2-11　武侯区委召开巡察工作领导小组专题会压实试点各方责任

加强对社区巡察工作的组织领导，系统谋划社区巡察全覆盖工作，把社区巡察纳入区委巡察五年规划。区委常委会定期听取社区巡察综合情况和整改落实情况报告，研究决定社区巡察的重要事项。区委书记履行好把握政治方向、加强组织领导、听取社区巡察工作汇报、抓实社区巡察整改、配好社区巡察队伍关键职责，做到重要工作亲自部署、重大事项亲自过问、重要环节亲自协调、重要问题亲自督办。区委书记专题会及时听取每轮社区巡察情况汇报，对重点人、重点事、重点问题和整改工作提出意见。其他班子成员要重视支

持社区巡察工作，结合分管（联系）街道和部门的职能职责，做好社区巡察巡前情况调研通报、人员力量支持、专业协助提供等工作。

二、强化区委巡察工作领导小组组织实施责任

武侯区委巡察工作领导小组承担社区巡察组织实施责任，统筹各项工作任务，全面理清社区巡察脉络，定准社区巡察重点内容，及时听取社区巡察汇报、巡察整改和成果运用情况汇报，研究解决制约社区巡察工作开展的问题。按照《市县党委巡察工作领导小组组成人员主要职责》要求，常务副组长做到“一肩挑两职”，一手抓纪检监察工作，一手抓巡察工作，认真研究谋划和组织实施社区巡察工作，加强对社区巡察工作的领导和指导督导，统筹推动社区巡察整改落实。副组长积极主动协助做好领导小组有关工作、主动抓好区委组织部对社区巡察整改日常监督、加强社区巡察干部队伍建设。联系巡察工作的区纪委副书记和区委组织部常务副部长作为领导小组成员，负责做好领导小组有关工作的组织实施，协调落实办理社区巡察有关事项。

三、强化区委巡察办、巡察组具体落实责任

武侯区委巡察办准确把握“统筹协调、指导督导、服务保障”职能定位，承担区委和领导小组日常办事机构职能，协助区委履行社区巡察工作主体责任，做到统筹有方、协调有序、指导有效、督导有力、服务有质、保障有为。区委巡察组自觉接受区委巡察工作领导小组的领导，坚持依规依纪依法深入开展社区巡察工作，坚守“两不”① 原则，强化“两职”② 观念，严格落实巡察报告底稿制度，遵循“事实清楚、内容真实、手续齐备、材料完整、结论严谨”原则，做好社区巡察档案资料拟制签审、保密管理、整理移交全流程管控工作，切实担负起社区巡察任务落地见效的直接责任。

四、强化巡察监督贯通融合联席会成员单位参与责任

依托巡察监督贯通融合联席会议平台，畅通巡察与纪检监察、组织、社

---

① “两不”，即不干预被巡察单位正常工作、不履行审查调查职责。

② “两职”，即应当发现的问题没有发现，就是失职；发现了问题不如实报告，就是渎职。

工、宣传、政法、信访、财政、审计、民政、农业农村等部门及街道的信息沟通和协作配合渠道，借助“微网实格”工作体系和“智慧蓉城武侯数据资源平台”，全方位收集被巡察社区党组织有关情况，针对性制定巡察工作方案，加强巡前信息共享；依托业务联络、巡审结合、第三方调查等制度体系，广泛收集联席会成员单位意见，为巡察工作提供政策、法规、社会工作等专业支持，加强巡中指导协作；纪检监察、组织等部门根据自身职能责任，加强巡后合力监督，全过程推动社区巡察整改常治长效。

第三章 社区巡察分类

做细社区巡察，前提是在科学量化的基础上精准分类，根据不同类别社区特点采取差异化方式开展巡察，解决社区巡察“一刀切”问题。

第一节 社区分类流程

按照“一届区委原则上对所有社区全覆盖巡察一遍”的工作要求，社区分类通常在研究制定每届区委“对社区巡察全覆盖工作计划”前组织实施，原则上每五年组织一次。也可结合每年度巡察工作新要求、每轮社区巡察发现的新情况和社区发展新进展，对社区分类进行动态微调，但需报请区委巡察工作领导小组审定。

社区分类的具体工作流程，通常按照“收集资料、确定指标、对标评判、综合排位、分类审定”的流程组织实施，具体参考“社区精准分类工作流程”示意图（见图3—1）。

图3－1 社区精准分类工作流程

一、收集资料

由武侯区委巡察办负责，针对区委相关部委、区级相关部门有关职责，采取线上数据比对、线下发函了解、实地走访、现场调研等方式，全面收集汇总社区分类参考指标。主要包括党组织建设、社区发展治理、年度考核、党风廉政建设、信访举报、安全生产、“三资”规模、民生事务落实及个性突出特征等方面内容。

二、确定指标

由武侯区委巡察办负责，围绕本届区委党代会五年工作部署，结合上一届区委在巡察社区时反馈的问题，组织区纪委监委机关、区委组织部、区委政法委、区委社会工作部、区民政局、区农业农村和水务局、区应急局、区信访局等单位和各街道党工委召开专题会议，研究确定社区分类方式，明确分类参考指标并逐项审定指标的量化评判项目。

分类指标确定时，特别突出城市特征选定指标。把握城市社区人口基数大、专项基金多、群众诉求多元等特点，收集整理参考指标 32 项并逐项分析研究，选取社区党组织建设、集体资产总额、人口规模、惠民政策落实、安全生产、网络理政投诉量等 11 项指标作为社区分类评分项目（见表 3－1），既确保社区分类符合实际，又通过社区分类这一过程实现对社区情况的通盘掌握。

表 3－1　社区分类 11 项指标

指标类别	履行“执政职能”类				履行“服务职能”类			履行“形象职能”类			
具体指标	社区党组织评先定级	年度综合考核	社区集体经济发展	安全工作	常住人口规模	社区发展治理	惠民政策落实	党纪政务处分	信访举报	12345 网络理政投诉	上一届社区巡察反馈情况

三、对标评判

由武侯区委巡察办牵头，各街道党工委对照指标类别和评判项目，准确填写所属社区各类指标的评判结果。区委巡察办梳理归类所有社区指标评判结果，对部分重点指标与相关部门提供的数据进行比对，确保重点指标评判结果客观真实、准确无误。

四、综合排位

由武侯区委巡察办牵头，各街道党工委配合，研究确定分类指标评判标准，对社区进行量化评分、综合排位和初步分类，征求区委相关部委、区级相关部门和各街道党工委对社区分类的意见建议，对有异议的及时进行核准并视情调整。

五、分类审定

由武侯区委巡察办负责，汇总社区分类情况，纳入区委对社区巡察全覆盖工作计划，报区委巡察工作领导小组和区委审定（见图 3-2）。

按照上述工作流程，既让相关部门和街道党组织深度参与到社区分类工作中，以保证分类的科学性、普适性和精准性，同时又充分借鉴相关部门和街道已有的考核、考评及工作成果，确保社区分类的简便、易操作。

图 3-2　武侯区委巡察工作领导小组常务副组长组织社区分类指标评判

第二节　采集基础数据

把做好社区分类作为全面掌握社区情况、优化调整巡察力量的基础性工作，打破原有无差别社区巡察方式，按照“重点”社区和“一般”社区分类匹配巡察方式，确保巡察资源利用最大化、巡察工作重心更明确。

一、摸排社区情况

武侯区委巡察办负责，根据区委相关部委、区级相关部门的职能职责，采取发函了解、实地走访、现场调研等方式（见图 3-3），针对武侯区城市社区人口基数大、专项基金多、群众诉求多元等特点，收集整理参考指标 32 项并逐项分析研究，最终确定“客观情形”类指标有 3 项，分别为常住人口规模情况、社区经济发展情况、惠民政策落实情况。“问题导向”类指标有 8 项，具体为社区党组织评先定级、年度综合考核、社区发展治理质效、信访举报、上一届党委巡察社区发现问题情况、12345 网络理政投诉情况、发生生产生活类安全事故情况、党纪政务处分情况，根据数量多少按一定标准进行评分。

图 3-3　武侯区委巡察办主任深入社区摸排情况

二、填报基础数据

武侯区委巡察办牵头，各街道党工委和区级相关部门对照指标类别和评判项目，准确填写所属社区各类指标的评判结果和数据。形成《社区分类指标评判基础数据表》（32 项指标，见表 3-2）。

表 3-2　社区分类指标评判基础数据表（例表）

序号	指标类别		数据统计说明	浆洗街街道								
				七道堰社区	锦里社区	洗面桥社区	百花社区	楠欣社区	少陵社区	蜀汉街社区	广福桥社区	双楠社区
	评判指标反映突出的情况：①党组织建设偏软；②社区治理质效较差；③年度考核排名靠后；④违纪违规问题突出；⑤信访举报数量较多；⑥矛盾纠纷数量较多；⑦集体资产规模较大；⑧安全类问题多发；⑨人口规模较大					③⑤⑥	②③⑤⑥		②③⑥⑧⑨		②④⑤	
1	党组织建设类	社区党组织建设（街道自评）	各街道党工委对所属社区近 3 年党组织建设情况的综合评价	好	好	较好	较好	好	好	较好	好	较好
2	党组织建设类	社区党组织评先定级（街道初评）	区委组织部开展评先定级的情况，按 5A、4A、3A 等进行评定	5A	4A	3A	3A	3A	3A	4A	3A	无
3	社区发展治理类	示范社区创建情况	区委社会工作部牵头开展“双示范”建设情况，按照“百佳”社区、示范社区等次划分	百佳	无	示范	无	示范	无	示范	无	示范
4	社区发展治理类	社区发展治理资金绩效评价情况	2021 年度绩效评价在 96 分（含）以上为好、72—95 分为较好、72 分以下为一般	好	好	好	好	好	好	好	好	好
5	年度考核类	近 3 年街道年度综合考核情况	以各街道党工委近 3 年年度考核排名情况，按好、较好、一般等次划分	好	较好	一般	一般	较好	一般	好	较好	一般

续表

序号	指标类别		数据统计说明	浆洗街街道								
				七道堰社区	锦里社区	洗面桥社区	百花社区	楠欣社区	少陵社区	蜀汉街社区	广福桥社区	双楠社区
6	党风廉政类	近3年区纪委监委立案审查调查数量（单位：人，下同）	区纪委监委提供的近3年被立案审查调查的社区“两委”及工作人员数量	0	0	0	0	1	1	0	4	0
7	党风廉政类	近3年社区“两委”成员及工作人员受组织处理数量	区纪委监委提供的近3年受组织处理的社区“两委”及工作人员数量	1	0	0	0	0	1	0	1	1
8	党风廉政类	近3年党风政风监督发现违纪人员数量	区纪委监委提供的近3年发现有违纪情况的社区“两委”及工作人员数量	2	0	1	0	1	1	1	0	1
9	党风廉政类	上一届党委巡察社区发现问题数量	按反馈问题数量/线索数量表示	9/1	0	0	0	3/0	6/1	1/1	3/1	0
10	信访举报类	近3年进京上访数量	按人数/次数进行表示	0	0	0	1/1	1/1	0	0	0	0
11	信访举报类	近3年赴省到市集访数量	按人数/次数进行表示	0	0	0	0	0	0	0	1/1	0
12	信访举报类	近3年区纪委监委收到涉及社区的信访举报数量（单位：件，下同）	区纪委监委提供的近3年收到社区信访举报的数量	3	27	8	3	30	5	8	19	6
13	安全工作类	近3年发生生产类安全事故数量	按次数/伤亡人数进行表示	1/0	0	0	0	0	0	0	0	0
14	安全工作类	近3年发生生活类安全事故数量	按次数进行表示	6	0	1	0	0	14	0	5	0
15	安全工作类	近3年发生涉稳类问题数量	按次数进行表示	0	0	4	0	0	4	0	0	0

续表

序号	指标类别		数据统计说明	浆洗街街道								
				七道堰社区	锦里社区	洗面桥社区	百花社区	楠欣社区	少陵社区	蜀汉街社区	广福桥社区	双楠社区
16	『三资』规模类	社区集体资产总额（单位：元，下同）	由区农业农村和水务局提供2021年底全国集体资产数据交汇平台导出数据	0	0	0	0	0	0	0	0	0
17		集体经济组织年收入总额	由各街道党工委提供2021年集体经济组织年收入总额数据	0	0	0	0	0	0	0	0	0
18	民生事务类	近3年临时救助发放金额	由各街道党工委提供近3年所辖社区临时救助金发放总额数据	500	34320	5740	75000	12432	3000	57200	44596	82400
19		高龄津贴发放金额	由各街道党工委提供截至2022年11月底发放总额数据	666420	252420	842180	830040	301060	609840	858480	383340	40620
20		困难残疾人生活补贴发放金额	由各街道党工委提供截至2022年11月底发放总额数据	42420	54220	22220	57181	60280	343266	126740	47630	52940
21		重度残疾人护理补贴发放金额	由各街道党工委提供截至2022年11月底发放总额数据	97480	108330	75080	84020	92240	23400	135430	57190	97990

续表

序号	指标类别		数据统计说明	浆洗街街道								
				七道堰社区	锦里社区	洗面桥社区	百花社区	楠欣社区	少陵社区	蜀汉街社区	广福桥社区	双楠社区
22	个性情况类	境外驻点机构数量（单位：个，下同）	由各街道党工委提供截至 2022 年 11 月数据	0	0	0	0	0	0	0	0	0
23		外籍人士相对集中居住小区数量	由各街道党工委提供截至 2022 年 11 月数据	0	0	0	0	0	0	1	0	0
24		少数民族人员相对集中居住小区数量	由各街道党工委提供截至 2022 年 11 月数据	2	0	5	0	0	0	50	3	0
25		常住人口数量（单位：人）	由各街道党工委提供截至 2022 年 11 月数据	18738	22601	11902	12975	11661	23249	20828	14423	18312
26		近 3 年 12345 网络理政投诉数量（单位：件，下同）	由各街道党工委提供近 3 年投诉数量汇总数据	813	418	799	666	552	820	1006	2450	239
27		近 3 年矛盾纠纷排解数量	由各街道党工委提供近 3 年社区矛盾纠纷排解数量汇总数据	39	46	26	28	32	184	193	9	100
28		社区涉及老旧院落改造数量（单位：个，下同）	由各街道党工委提供截至 2022 年全年已完成和正在实施的点位数据	11	1	5	6	2	0	31	1	5
29		社区涉及拆迁点位数量	由各街道党工委提供截至 2022 年全年已完成和正在实施的点位数据	0	1	1	0	0	0	0	0	5

续表

序号	指标类别		数据统计说明	浆洗街街道								
				七道堰社区	锦里社区	洗面桥社区	百花社区	楠欣社区	少陵社区	蜀汉街社区	广福桥社区	双楠社区
30	个性情况类	社区涉及拆违点位数量	由各街道党工委提供截至2022年全年已完成和正在实施的点位数据	31	8	17	5	36	4	1	22	5
31		社区开办企业数量	由区委社会工作部提供截至2022年11月社区开办企业数据	1	0	0	0	0	0	0	0	1
32		社区采购服务金额（单位：元）	由各街道党工委提供截至2022年11月数据	528000	815365	502444	398996	370000	639000	820000	465000	481200

三、核实校准数据

武侯区委巡察办在梳理归类所有社区指标评判结果的基础上，对部分重点指标与相关部门提供的数据进行核准，保证重点指标评判结果客观真实、准确无误。

第三节　提取指标量化

图 3-4　四川省委巡视办调研指导武侯试点工作

社区分类方式是“社区巡察实施办法”的核心。按照成都市委巡察办蹲点调研组现场指导、会商评审和四川省委巡视办工作组座谈调研所提的相关要求（见图 3-4），综合考量社区工作运转实际，武侯区采取“量化评分”的方式，将所有社区划分为“重点类”社区和“一般类”社区两个类别。通过深入研究，根据社区党组织履行“执政职能、服务职能、形象职能”情况（见图 3-5），分类指标综合考虑基层党组织建设、社区治理、考核考评等因素，建立 3 类 11 项指标，以百分制进行赋分，并同步研究制定了《社区精准分类指标评判标准》，细化具体的评分方式，每个评判项目设置 3 个评分等次，以保证对社区分类的精准性。

下面重点介绍社区分类指标赋分。

一、履行“执政职能”类指标赋分

1.“社区党组织评先定级”指标，共 20 分

以武侯区委组织部开展基层党组织评先定级结果作为评分依据，

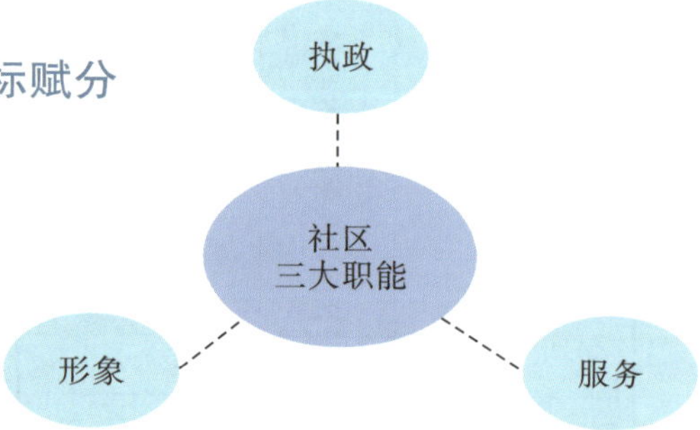

图 3-5　社区三大职能

按照20分、14分、8分三个等次评分。该项指标重点反映社区党组织建设情况，以突出政治巡察这个核心。评判结果以区委组织部组织评先定级情况为依据，各街道党工委按照成都市“社区党组织评先定级评分标准”进行评判，该“标准”包括对社区党组织基本教育、基本建设、基本队伍、基本制度、基本保障、工作业绩、群众反映、激励加分8个方面，能够真实反映社区党组织全面建设情况。

2.“年度综合考核”指标，共20分

以街道党工委近3年对社区年度综合考核结果作为评分依据，按照20分、14分、8分三个等次评分。该项指标反映街道对社区工作的综合评价，以各街道近3年年度综合考核的平均分作为量化评判项目，是对社区全面建设的综合考评。

3.“社区集体经济发展”指标，共10分

以武侯区农业农村和水务局提供的集体经济组织资产规模作为评分依据，按照10分、5分、1分三个等次评分。该项指标反映社区集体经济组织资产规模、资产监督和财务管理存在风险等情况，以区农业农村和水务局提供的集体经济组织资产规模数量作为量化评判项目。目前，武侯区20个社区有集体资产，其中资产上亿的有5个，3000万元以上的7个，3000万元以下的有8个。

4.“安全工作”指标，共5分

以武侯区应急局和各街道提供的近3年来社区发生生产、生活类安全事故数量作为评分依据，按照5分、3分、1分三个等次评分。该项指标反映社区抓安全生产工作、开展安全工作宣传教育管理等情况，以区应急局、各街道提供的近3年来社区发生的生产、生活类安全事故数据作为量化评判项目。

二、履行“服务职能”类指标赋分

1.“常住人口规模”指标，共10分

以武侯区统计局提供的社区常住人口数量作为评分依据，按照10分、5分、1分三个等次评分。该项指标反映社区服务工作体量、日常工作难易复杂程度等情况，以区统计局提供的2022年各社区常住人口数量作为量化评判项目。常住人口在4万以上的社区1个（望江街道棕东社区43100余人），常住人口在3万至4万的有3个，常住人口2万至3万的社区有13个，1万人以下的社区有 6 个，最少的是金花桥街道陆坝社区，仅有 6300 余人。

2.“社区发展治理”指标，共 10 分

以武侯区委社会工作部开展百佳（示范）社区评选结果作为评分依据，按照 10 分、5 分、1 分三个等次评分。该项指标重点反映社区发展治理方面情况，以突出成都市社区治理这个特色。评判结果以区委社会工作部 2019 年以来组织开展百佳社区、示范社区评选结果为依据，百佳/示范社区评选包括“社区党组织组织力强、党的‘三个覆盖’根基强、党组织资源整合能力强、基层人才骨干队伍强、党建引领共建共治共享能力强”5 项标准，并对党群服务中心建设、党组织覆盖、资源管理、人才培育明确具体标准，能够全面反映社区发展治理质效。

3.“惠民政策落实”指标，共 5 分

以武侯区民政局提供的近 3 年来社区临时救助、高龄津贴发放金额作为评分依据，按照 5 分、3 分、1 分三个等次评分。该项指标反映社区民生事务办理的情况和为民服务质效情况，以近 3 年来临时救助审核、高龄津贴审核等作为量化评判项目。

三、履行“形象职能”类指标赋分

1.“党纪政务处分”指标，共 5 分

以武侯区纪委监委机关提供的近 3 年来社区立案审查调查人员数量和受组织处理人员数量作为评分依据，按照 5 分、3 分、1 分三个等次评分。该项指标以区纪委监委掌握的立案审查调查人员数量和受组织处理人员数量作为量化评判项目，反映社区“两委”成员及工作人员有无违法行为等情况。

2.“信访举报”指标，共 5 分

以近 3 年来武侯区纪委监委机关接收的群众信访举报数作为评分依据，按照 5 分、3 分、1 分三个等次评分。该项指标以近 3 年来区纪委监委接收的群众信访举报数作为量化评判项目，反映群众利益诉求、社区“两委”问题线索等情况。

3.“12345 网络理政投诉”指标，共 5 分

以武侯区各街道党工委提供的近 3 年来社区受理 12345 网络理政投诉的总量作为评分依据，按照 5 分、3 分、1 分三个等次评分。该项指标以近 3 年来 12345 网络理政投诉的总量作为量化评判项目，反映社区居民对辖区各类问题的

投诉情况。

4. “上一届社区巡察反馈情况”指标，共 5 分

以武侯区委巡察办掌握的上一届区委巡察发现的社区问题数和线索数作为评分依据，按照 5 分、3 分、1 分三个等次评分。该项指标以区委巡察办提供的上一届区委巡察发现的问题数和线索数作为量化评判项目，反映上一轮社区巡察有关情况和社区落实巡察整改等情况。

第四节　加权赋分分类

一、确定加权比例及评分标准

兼顾社区个性特征，武侯区将 11 项指标按百分制进行权重赋分，其中“基层党组织建设”“街道对社区年度综合考核”各占 20%，“集体资产总额”“常住人口数量”“社区发展治理质效”各占 10%，其余 6 项指标各占 5%，确保社区分类分值权重符合社区发展治理实际（见表 3-3）。

表 3-3　社区精准分类指标评判标准

序号	指标类别	评判指标	分值	量化评判项目及反映的具体工作	评判标准	数据来源
1	履行『执政职能』类	社区党组织评先定级	20	依据区委组织部《关于开展社区党组织评先定级和软弱涣散整顿提升工作的通知》要求，目前已开展街道初评工作，反映了各街道对所属社区党组织进行的分类定级	街道初评为 5A 的社区得 20 分，初评为 3A 和 4A 的社区得 14 分，初评为 3A 以下的社区得 8 分	区委组织部各街道
2		年度综合考核	20	反映街道对社区各项业务工作的综合评价，以各街道近 3 年年度综合考核的平均分作为量化评判项目	按照街道对社区年度考核排名情况，划分好中差三个档次，好的档次得 20 分，中间档次得 14 分，差的档次得 8 分	各街道
3		社区集体经济发展	10	反映社区集体经济组织资产规模、资产监督和财务管理存在风险等情况，以集体经济组织资产规模数量作为量化评判项目	无集体资产的得 10 分，3000 万元（不含）以下的得 5 分，3000 万元（含）以上的得 1 分	区农业农村和水务局

续表

序号	指标类别	评判指标	分值	量化评判项目及反映的具体工作	评判标准	数据来源
4	履行「服务职能」类	安全工作	5	反映社区抓安全生产工作、开展安全工作宣传教育管理等相关情况，以近3年来社区发生生产、生活类安全事故数据作为量化评判项目	未发生安全事故的得5分，1～9起生活类安全事故的得3分，1起生产类安全事故或10起及以上生活类安全事故的得1分	区应急局各街道
5		常住人口规模	10	反映社区服务工作体量、日常工作难易复杂程度等情况，以社区常住人口数量作为量化评判项目	社区常住人口数量在1万人（含）以下的得10分，1万～2万人的得5分，2万人（含）以上的得1分	区统计局
6		社区发展治理	10	反映社区党组织服务群众、社区居民素质提升、社区和院落生态环境整治、社区总体营造等社区公共服务和社区发展治理方面的工作开展情况，以社区是否被评为百佳社区、示范社区作为量化评判项目	被评为百佳社区的得10分，被评为示范社区的得5分，未获评的得1分	区委社会工作部
7		惠民政策落实	5	反映社区民生事务办理的情况和为民服务质效情况，以近3年来临时救助审核、高龄津贴审核等作为量化评判项目	两个项目的总金额在60万元（含）以上的得5分，20万～60万元的得3分，20万元（含）以下的得1分	区民政局各街道
8	履行「形象职能」类	党纪政务处分	5	反映社区“两委”及工作人员有无违法行为等情况，以近3年来区纪委监委掌握的立案审查调查人员数量和受组织处理人员数量作为量化评判项目	无立案审查调查和受组织处理的得5分，审查调查和受处理人数在1～2人的得3分，在3人以上的得1分	区纪委监委机关
9		信访举报	5	反映涉及社区“两委”等相关人员各类问题线索等情况，以近3年来区纪委监委接收的群众信访举报数作为量化评判项目	无信访举报的得5分，信访举报1～9条的得3分，10条以上的得1分	区纪委监委机关
10		12345网络理政投诉	5	反映辖区居民利益诉求、关心关注的各类问题等情况，以近3年来社区受理12345网络理政投诉的总量作为量化评判项目	网络理政投诉量在100条（含）以下的得5分，101～499条的得3分，500条（含）以上的得1分	各街道
11		上一届社区巡察反馈情况	5	以上一届区委巡察发现的问题数和线索数作为量化评判项目，反映上一轮社区巡察有关情况和社区落实巡察整改等情况	无线索的得5分，1～10条问题和1条线索的得3分，11条以上问题和2条以上线索的得1分	区委巡察办

二、综合统分排位

由武侯区委巡察办负责，各街道党工委配合，对全区各社区综合统分，根据社区分值进行排位和初步分类。按照“直接认定”与“评分认定”相结合的方式，“直接认定”是根据“三资”、违建及人口等特征认定，“评分认定”是按统分排名认定，分街道组织对社区分类结果进行核准和统一意见。形成《社区精准分类评判指标综合得分统计及分类表》（见表 3－4）。

表 3－4　社区精准分类评判指标综合得分统计及分类表（例表）

序号	指标类别	评判项目	评判分值	火车南站街道						…
				长寿苑社区	得胜社区	高攀桥社区	锦官社区	南站社区	桐梓林社区	…
社区类别：1. 评判指标综合得分在 60 分以下的城市社区为重点社区，以“★”标识；2. 其他社区为一般社区，共 45 个								★		
评判指标反映突出的情况：①党组织建设偏软；②社区治理质效较差；③年度考核排名靠后；④违纪违规问题突出；⑤信访举报数量较多；⑥民生事务办理较少；⑦集体资产规模较大；⑧安全类问题多发；⑨人口规模较大								② ③		
序号	得分汇总		100	83	66	66	64	58	79	…
1	履行“执政职能”类	社区党组织评先定级	20	20	14	14	14	14	14	…
2		年度综合考核	20	20	14	14	14	8	20	…
3		社区集体经济规模	10	10	10	10	10	10	10	…
4		安全工作	5	1	1	1	1	3	3	…
5	履行“服务职能”类	常住人口规模	10	5	5	5	5	5	5	…
6		社区发展治理	10	10	5	5	5	1	10	…
7		惠民政策落实	5	3	3	5	3	5	3	…
8	履行“形象职能”类	党纪政务处分	5	3	5	3	5	3	3	…
19		信访举报	5	3	3	1	3	3	1	…
10		12345 网络理政投诉	5	5	5	5	3	3	5	…
11		上一届社区巡察反馈情况	5	3	1	3	1	3	5	…

三、逐级审核审定

由武侯区委巡察办负责，将社区分类汇总情况经集体研究后，报请区委巡察工作领导小组审核和区委审定，纳入本届区委对社区巡察全覆盖工作计划。

四、确定社区类别

武侯区坚持“党建主导、注重特征、问题导向、科学分类、利于巡察”的原则，围绕社区党组织领导社区工作和基层社会治理的政治功能，突出社区所处地理位置及区域特征，紧盯集体“三资”规模，结合城市化进程等实际情况，区委巡察办采取“两分法”与“评分法”相结合的方式，将全区所属社区划分为“重点类”社区和“一般类”社区两个类别。

（一）重点类社区

一是按照“直接认定”法。对集体“三资”较多、外籍人士和少数民族人员常住小区较多、拆违点位在100个以上的社区确定为重点类社区。二是按照“评分认定”法。综合得分在60分（不含）以下的社区确定为重点类社区。主要表现：集体“三资”规模较大、外籍人士和少数民族人员相对集中居住小区较多、违章建筑拆除点位数量较大和基层党组织建设偏软、社区治理短板突出、社区“两委”成员和工作人员存在违法违纪行为、信访举报问题多发、安全生产及维稳压力较大等方面。

（二）一般类社区

按照“评分认定”法，综合得分在60分以上的社区。主要表现：无或较少有集体“三资”、违章建筑拆除点位数量不多和基层党组织建设相对较强、社区治理比较规范、信访举报不多、

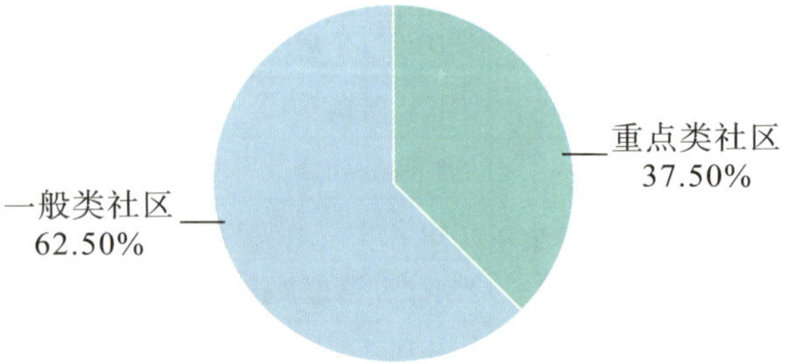

图3-6　社区分类比例

安全生产及维稳压力比较小等方面。

按照上述分类方式，武侯区 72 个社区划分出重点类社区 27 个、占比为 37.5％，一般类社区 45 个、占比为 62.5％（见图 3－6）。

第四章 社区巡察重点

做准社区巡察，关键是紧扣“四个聚焦”和社区执政、服务、形象“三大职能”，找准社区巡察监督重点、校准方向，着力解决“巡什么”的问题，实现“对党中央负责”和“对人民负责”有机统一。

第一节　梳理“基础清单”定向

从政策、责任、权力3个维度（见图4－1），武侯区梳理中央和省、市、区关于社区工作的法律法规和政策，形成全国、省、市和区4个层面14项内容的“政策清单”（见清单4－1）；梳理社区党组织、居委会、居民议事会等权责关系，形成10类38项的“责任清单”（见清单4－2）；梳理社区财政分配权、公共资源分配权、行政执行权等公权力事项，形成6类104项的“微权力清单”（见清单4－3），为社区巡察定向。

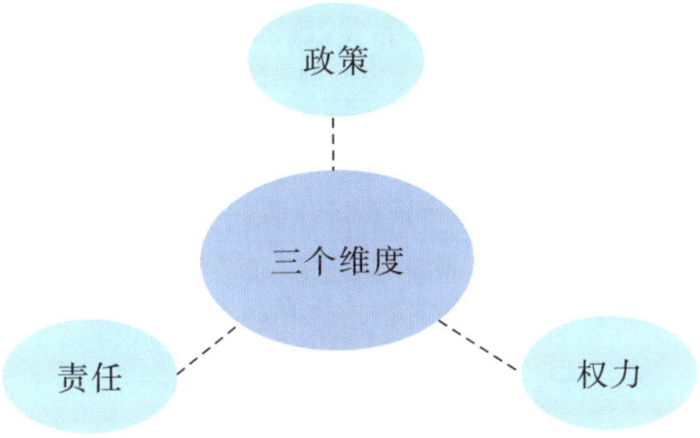

图4－1　社区清单三个维度

一、梳理形成社区工作“政策清单”

【清单4－1】社区工作政策清单（14项，仅供参考）

序号	政策名称	制发单位	施行时间	实施对象	备注
1	《中华人民共和国城市居民委员会组织法》	十三届全国人大常委会第七次会议通过	2018年12月	社区居委会	

续表

序号	政策名称	制发单位	施行时间	实施对象	备注
2	《四川省〈中华人民共和国城市民居委员会组织法〉实施办法》	四川省人大常委会	2020年6月修订	居民委员会	
3	《四川省村（居）务公开条例》	四川省人大常委会	2009年7月	居民委员会	
4	《关于建立城乡社区工作事项准入备案制度的指导意见》	四川省民政厅 四川省委组织部 四川省财政厅 四川省农业农村厅	2021年3月	社区“两委”	
5	《四川省社区党组织工作规则（试行）》	四川省委办公厅	2022年1月	社区党组织	
6	《关于深化完善城市社区治理机制的意见》	成都市委 成都市人民政府	2016年4月	社区党组织、居委会	
7	《关于进一步推动全面从严治党责任向基层延伸的实施意见》	成都市纪委	2018年12月	社区党组织	
8	《加强和完善城市社区党组织对社区居民议事会领导的办法》	成都市委组织部	2019年7月	社区党组织	
9	《成都市城市社区居民议事会组织规则》	成都市委组织部 成都市委社治委 成都市民政局	2019年7月	居民议事会	
10	《成都市城市社区居民议事会议事导则》	成都市委组织部 成都市委社治委 成都市民政局	2019年7月	居民议事会	
11	《成都市城市社区居民委员会工作导则》	成都市委组织部 成都市委社治委 成都市民政局	2019年7月	居民委员会	
12	《关于社区居委会下设环境和物业管理委员会的指导意见》	成都市委城乡发展治理委员会 成都市房管局 成都市民政局	2018年12月	社区居委会	
13	《关于印发社区“两委”职责清单的通知》	武侯区委组织部 武侯区委社会工作部 武侯区民政局	2019年2月	社区“两委”	
14	《关于修订与完善社区居民公约的通知》	武侯区民政局	2019年2月	社区居委会	

二、梳理形成社区工作“责任清单”

【清单 4—2】社区组织运行责任清单（38 项，仅供参考）

序号	组织名称	组成人员	成员产生	议事范围	权责关系	召开频次	备注
1	社区党组织党员大会	社区党组织党员		1. 研究制定贯彻落实党中央和上级党组织决策部署的具体措施，监督社区党组织委员会和下辖党组织抓好贯彻执行 2. 听取和审查社区党组织委员会的工作报告，对党组织委员会的工作进行监督 3. 按照规定开展党组织选举工作，推荐出席上级党代表大会的代表候选人，选举出席上级党代表大会的代表，增补和撤销社区党组织委员会委员 4. 讨论和表决接收预备党员、预备党员转正、延长预备期或者取消预备党员资格 5. 讨论决定对党员的表彰表扬、组织处置和纪律处分 6. 研究讨论社区重要事项以及与群众利益密切相关的事项 7. 完成上级党组织交办的其他任务	是社区党组织的议事决策机构	一般每季度召开一次	社区党组织包括党委、党总支和党支部

续表

序号	组织名称	组成人员	成员产生	议事范围	权责关系	召开频次	备注
2	社区党的基层委员会	社区党委委员	由党员大会或党员代表大会选举产生	1. 宣传执行党中央和上级党组织决策部署以及社区党组织党员大会决议、决定，向社区党组织党员大会和街道党工委（乡镇党委）报告工作 2. 决定召开社区党组织党员大会，并对提请党员大会审议事项先行审议、提出意见 3. 处理社区党组织日常事务，对社区党组织重要工作进行讨论并作出决定 4. 积极推动党的组织和工作覆盖，加强对党员的教育、管理、监督和服务，做好发展党员工作，严格党的组织生活，加强社区专职工作者和社区治理人才队伍建设 5. 加强对社区治理的领导，组织、发动社区各类组织和党员、群众参与社区建设、社区治理 6. 组织、宣传、凝聚群众，整合各方资源做好服务群众工作 7. 完成上级党组织交办的其他任务	是社区党组织日常工作的领导机构，受街道党工委领导，向社区党组织党员大会和街道党工委报告工作	一般每月召开一次，根据需要可以随时召开	
3	居民会议	全体居民		讨论决定社区重要事项以及与群众利益密切相关的事项		每月或每季度召开一次	重要议题经社区党组织党员大会审议通过后，按照有关规定由社区居民会议或居民代表会议进行讨论表决，并形成书面决议

续表

序号	组织名称	组成人员	成员产生	议事范围	权责关系	召开频次	备注
4	居民代表会议	全体居民代表	由小组居民推选产生	1. 审议居民委员会年度工作计划、工作报告，讨论本社区建设的发展规划 2. 审议社区年度经费开支情况、经费预算 3. 制定、修改居民自治章程、居民公约 4. 评议居民委员会成员的工作，评议居民委员会成员履职情况，参与社区党组织成员履职情况评议 5. 罢免、补选居民委员会成员 6. 改变和撤销社区居民委员会不适当的决定 7. 讨论决定涉及社区居民共同关心的其他事务	社区实行民主管理权力的组织形式，向推选户负责，接受居民监督	每半年至少召开一次	重要议题经社区党组织党员大会审议通过后，按照有关规定由社区居民会议或居民代表会议进行讨论表决，并形成书面决议
5	居民议事会	居民议事会成员（不少于21人，由社区“两委”、居民小组代表、驻区单位代表组成）	成员的产生、罢免和补选，在社区党委领导下进行	在居民会议授权范围内，讨论决定社区日常自治事务。居民会议可将以下决策权授予居民议事会： 1. 审议一定金额内上级政府及部门财政支持本社区开展的事项的建设方案和资金开支方案 2. 审议授权范围内的社区项目建设方案 3. 审议本社区保障资金的使用方案 4. 评议低保、五保、临时困难救助等受助人家庭经济状况 5. 居民会议认为应当授权的其他事项	受社区党委领导，对居民会议负责	一般每季度召开一次	召集人由社区党委书记担任
6	社区居委会	社区居委会委员	全体社区居民选举产生	居民委员会是居民自我管理、自我教育、自我服务的基层群众性自治组织，执行居民会议及居民议事会在居民会议授权范围内相关事宜的决定	定期向社区党委、居民会议报告工作		

续表

序号	组织名称	组成人员	成员产生	议事范围	权责关系	召开频次	备注
7	居民小组会议	小组居民（小组长由居民小组推选）		讨论决定居民小组重要事项以及与群众利益密切相关的事项。属于居民会议职权范围但不需要表决通过的有关事项，可由居民小组召集居民讨论			
8	居民小组代表会议	小组居民户代表		讨论决定居民小组重要事项以及与群众利益密切相关的事项			
9	居民小组议事会	居民小组议事会成员（不少于3人）	由本小组有选举权的居民户代表选举产生	在居民小组会议授权范围内，讨论决定居民小组日常自治事务	受社区党委领导，对居民小组会议负责		
10	社区居务监督委员会	本社区登记参加选举的居民中推选（主任一般是社区纪委书记）	在新一届居民委员会产生后10日内，召开居民大会或居民代表会议推选居务监督委员会成员	监督居务公开民主管理等制度的落实，对居委会执行居民会议、居民议事会决策情况进行监督。 1. 监督党和政府在社区的各项方针政策、决策部署的贯彻落实情况 2. 监督居民（代表）会议或居民议事会决议、决定和居民自治章程、居民公约的执行情况 3. 监督居务、财务等公开情况 4. 监督社区集体资金、资产、资源管理使用情况 5. 监督对群众反映问题的落实办理情况 6. 监督社区“两委”成员廉洁自律情况 7. 居民（代表）会议授权的其他监督职责	对居民会议负责，定期向社区党委报告工作	一般每月召开一次	

三、梳理形成社区工作“微权力清单”

【清单 4－3】社区“微权力”清单（104 项，仅供参考）

序号	职权名称	职权内容	风险描述
1	议事权	1. 社区重大事项决策 2. 社区党组织领导社区居民自治组织，支持和保证其依法依规行使职权 3. 社区党组织对居民议事会、社区群众组织的领导，支持和保证其依照各自章程开展工作 4. 社区居委会领导和支持居民小组（院落自治管理小组）开展工作 5. 社区居委会召集和主持居民（代表）会议，执行居民（代表）会议、居民议事会议的决定和决议，定期向其汇报工作 6. 社区党组织、居委会换届选举	1. 社区重要事项以及与群众利益密切相关的重大事项不按照“四议两公开”程序进行决策，未按程序征求党员群众意见，未经党员大会审议，未按有关规定通过居民议事会、居民会议或者居民代表会议进行讨论表决 2. 违反换届纪律，拉帮结派、团团伙伙、拉票贿选、干扰影响选举；违反程序组织、参与选举，或者伪造选票、虚报票数、篡改选举结果；采取暴力、威胁、欺骗、贿选等不正当手段参选或者妨害选民依法行使选举权 3. 小区（院落）、网格自治管理工作中徇私偏袒或不履职
2	人事权	1. 社区“两委”人员分工 2. 社区专职网格员等劳务外包人员、社区聘用人员等人事安排	1. 人员分工不合理、不公平 2. 干预专职网格员等外包人员、社区聘用人员正常人事安排 3. 在社区临时用工选聘及管理中，程序不规范，不公平公正公开，优亲厚友
3	监督权	1. 社区党组织领导社区居务监督委员会开展工作，监督居务公开及各项民主管理等民主制度的落实，并对居民委员会执行居民（代表）会议、居民议事会决策情况进行监督 2. 社区居委会按业主需求指导、监督本社区的业主大会、业主委员会、物业服务企业等组织开展工作，维护社区居民合法权益 3. 党务、居务、财务、事务公开	1. 党务、居务、财务、事务未通过公示栏、公示牌、召开会议、在基层公开综合服务监管平台等多种形式进行公布，社区居民不了解社区各项事务；公开内容不全、弄虚作假；对群众点题公开的不及时受理，或对公开内容避重就轻 2. 社区居务监督委员会对居务公开及各项民主管理制度落实情况、居委会执行居民（代表）会议、居民议事会决策落实情况存在监督缺位、错位、滞后；社区纪委监督缺位 3. 在物业管理区域内，未按业主需求指导、监督业主委员会依法履行自治管理职责，未充分发挥对物业的监督、协调作用，未能引导居民合理合法维护自身权益、依法理性解决物业纠纷，在处理协调、处理纠纷中，存在偏袒一方，导致群众矛盾激化

续表

序号	职权名称	职权内容	风险描述
4	财政分配权	1. 财务管理 2. 集体资产处置 3. 项目建设	1. 财务管理不规范，财务管理制度不完善，使用流程不规范，存在原始凭证用自制付款凭证或普通收据入账，甚至白条列支费用、无人签字领款等问题，未严格按照程序使用大额资金 2. 社区公共资产管理不规范，截留、侵占、挪用公共收益，未根据规定程序处理固定资产 3. 私设“小金库”，或通过发放劳务费、办公费、加班费，工程费、假发票套取等方式，虚列支出，侵吞、截留、挪用公款，损公肥私 4. 工程不公开招标，违规转包、分包、变更、不合理大额预支等问题
5	公共资源分配权	社区发展治理专项保障资金、各类政府专项资金或社区自有、自收资金的使用	1. 在使用社区发展治理专项保障资金、各类政府专项资金或社区自有、自收资金购买服务时，程序不规范，未按程序讨论研究、挤占挪用、超范围使用 2. 对购买服务的指导、监督工作缺失，搞暗箱操作、利益输送、损公肥私 3. 在对政府拨付和社会捐助的各类救灾救助、补贴补助资金、物资的分配、发放过程中，存在违规操作、挪用、侵占，或者弄虚作假、优亲厚友
6	行政执行权 卫计	1. 计划生育药具管理发放 2. 办理《流动人口婚育证明》初审（流出人员） 3. 低保家庭和零星就业家庭独生子女父母奖励金申报、登记和发放工作及独生子女父母光荣证遗失等补办的初审 4. 办理计划生育家庭奖励扶助金、计划生育家庭特别扶助金的申报、登记和发放工作 5. 组织已婚育龄妇女参加生殖健康普查及办理免费孕前优生健康服务卡 6. 计划生育“三结合”户帮扶工作 7. 流动人口计生信息采集、录入工作 8. 计划生育统计工作 9. 办理病残儿鉴定初审 10. 艾滋病、狂犬病、结核病等重点疾病防治宣传 11. 常住居民死亡线索信息采集（社区采集常住居民死亡线索信息，提供辖区卫生服务中心进行死因登记）	1. 落实上级各类惠民政策不到位，政策宣传不积极、信息发布不及时、宣传覆盖面不广、宣传方式单一，居民群众知晓率低；政策标准把握不准确、执行不精准，导致群众应享未享，利益受损 2. 在办理居民具体民生事项中，存在不作为、慢作为、乱作为，优亲厚友、弄虚作假，“张冠李戴”造假冒领，或将不符合条件的居民和亲友对象纳入低保、救助对象等

续表

序号	职权名称		职权内容	风险描述
6	行政执行权	民政	1. 办理低保的初审 2. 办理医疗救助的初审 3. 办理临时救助的初审 4. 受理低收入家庭申请及初审 5. 办理特困人员初审 6. 建立困难群众主动发现机制 7. 办理部分参战参核人员的申请 8. 60岁以上农村籍退伍义务兵的初审工作 9. 60岁以上低保老年人居家养老补贴和护理补贴初审工作 10. 高龄津贴初审工作 11. 空巢老人管理服务 12. 老年人基础数据统计和动态管理 13. 高龄津贴信息管理 14. 办理《困难残疾人生活补贴》初审（资料受理转报） 15. 办理《重度残疾人护理补贴》初审（资料受理转报） 16. 办理《贫困重度残疾人护理补贴》初审（资料受理转报） 17. 社区公共服务综合信息平台建设	3. 利用掌握审核权、盖章权的便利，在出具有关证明材料时牟取私利，吃拿卡要 4. 人员信息动态管理不到位，存在不作为、慢作为现象，信息调查核实走过场或不如实报告，人员死亡后不及时上报，谎报、瞒报；死亡后家属继续领取养老金，套取社保；对家庭经济条件发生变化的低保户未适时增减等 5. 工作人员工作作风懈怠、推诿扯皮、态度恶劣，造成不良影响的
		人力资源和社会保障	1. 办理用人单位（个人）招聘推荐服务录入系统 2. 办理个人求职登记与职业介绍录入系统 3. 创业培训报名受理 4. 职业技能培训服务报名 5. 灵活就业社会保险补贴服务初审 6. 就业困难人员援助服务初审 7. 协助做好创业担保贷款申请工作 8. 协助做好就业困难人员认定 9. 就业实名制动态管理服务 10. 办理空岗信息收集与发布系统录入 11. 创业后续服务 12. 办理《就业失业登记证》初审 13. 劳动监管网格动态监控，采集和维护用人单位基本信息 14. 城镇职工养老保险和城乡居民养老保险待遇领取资格认证	1. 落实上级各类惠民政策不到位，政策宣传不积极、信息发布不及时、宣传覆盖面不广、宣传方式单一，居民群众知晓率低；政策标准把握不准确、执行不精准，导致群众应享未享，利益受损 2. 在办理居民具体民生事项中，存在不作为、慢作为、乱作为，优亲厚友、弄虚作假，“张冠李戴”造假冒领，或将不符合条件的居民和亲友对象纳入救助对象等 3. 在办理居民民生事项的申请、初审过程中，利用掌握审核权、盖章权的便利，在出具有关证明材料时牟取私利，吃拿卡要

续表

序号	职权名称		职权内容	风险描述
6	行政执行权	人力资源和社会保障	15. 个人参保信息查询、打印 16. 城乡居民基本医疗保险和大病医疗互助补充保险参保登记 17. 领取失业金人员签到	4. 人员信息动态管理不到位，存在不作为、慢作为现象，信息调查核实走过场或不如实报告，人员死亡后不及时上报，谎报、瞒报；死亡后家属继续领取养老金，套取社保等 5. 工作人员工作作风懈怠、推诿扯皮、态度恶劣，造成不良影响的
		残联	1. 办理《残疾人证》申请（资料受理转报） 2. 办理《残疾人自强助学金》初审（资料受理转报） 3. 办理《残疾人参加城乡基本医疗保险》初审（资料受理转报） 4. 办理《残疾人参加大病医疗互助补充保险》初审（资料受理转报） 5. 办理《残疾人个体工商户养老保险补贴》初审（资料受理转报） 6. 办理《16 岁以上的城乡重度残疾人购买养老保险》初审（资料受理转报） 7. 办理《困难残疾人家庭居家生活设施补助》初审（资料受理转报） 8. 办理《80 岁以上老年残疾人居家护理补贴》初审（资料受理转报） 9. 办理《贫困重性精神病患者“阳光补助”补贴》初审（资料受理转报） 10. 办理《肢体残疾人社区康复医疗救助券》初审（资料受理转报） 11. 办理《残疾人基本型辅助器具（含心智障碍人士防走失产品、7 岁以下听力残疾儿童人工耳蜗植入手术）》初审（资料受理转报） 12. 办理《残疾人机动轮椅车燃油补贴》初审（资料受理转报） 13. 办理《残疾人居家无障碍改造服务》初审（资料受理转报） 14. 办理《贫困残疾人特殊困难紧急救助》初审（资料受理转报） 15. 承担为残疾人提供“量体裁衣”式个性化服务的入户调研、制定个性化服务方案、跟踪落实个性化服务，并录入省级《成都市残疾人个性化服务信息平台》	1. 落实上级各类惠民政策不到位，政策宣传不积极、信息发布不及时、宣传覆盖面不广、宣传方式单一，居民群众知晓率低；政策标准把握不准确、执行不精准，导致群众应享未享，利益受损 2. 在办理居民具体民生事项中，存在不作为、慢作为、乱作为，优亲厚友、弄虚作假，“张冠李戴”造假冒领，或将不符合条件的居民和亲友对象纳入救助对象等 3. 在办理居民民生事项的申请、初审过程中，利用掌握审核权、盖章权的便利，在出具有关证明材料时牟取私利，吃拿卡要

续表

序号	职权名称		职权内容	风险描述
6	行政执行权	残联	16. 办理《成都市残疾儿童康复救助》初审（资料受理转报） 17. 办理《残疾人居家灵活就业（创业）直补项目》初审（资料受理转报） 18. 办理《精神残疾人服药补贴》初审（资料受理转报） 19. 办理《重度残疾人护理补贴》申请初审（资料受理转报） 20. 受理《居家安养护理补贴》政策宣传，协助街道做好申请人情况核对工作	4. 人员信息动态管理不到位，存在不作为、慢作为现象，信息调查核实走过场或不如实报告，人员死亡后不及时上报，谎报、瞒报；死亡后家属继续领取养老金，套取社保等 5. 工作人员工作作风懈怠、推诿扯皮、态度恶劣，造成不良影响的
		教育	1.《市民终身学习卡》办理申请审查、登记发放和管理 2. 开展社区教育工作	落实上级各类惠民政策不到位，政策宣传不积极、信息发布不及时、宣传覆盖面不广、宣传方式单一，居民群众知晓率低，导致群众应享未享，利益受损
		文体	1. 开展网吧巡查 2. 配合完成文化惠民活动 3. 对健身路径的日常巡查和管理 4. 对文体地标、不可移动文物保护点的日常巡查和管理 5. 组织社区居民开展各种健康向上的文化体育娱乐活动 6. 社区设有综合性文化服务中心，建有固定放映点，公共文化设施为残障人士配有无障碍设施。认真开展读书看报、观看影视、文体活动、数字文化服务，流动服务、免费开放、特殊群体服务等公共文化服务活动	工作人员履职不到位，工作作风懈怠、不作为、慢作为、乱作为，造成不良影响
		房管	1. 经济适用住房申购初审 2. 公共租赁住房租赁补贴申请 3. 廉租租金标准的公共租赁住房初审 4. 廉租标准公共租赁住房年审、公共租赁住房租赁补贴年审、公共租赁住房年审 5. 住房保障情况入户跟踪服务 6. 关于住房保障的各类信访调查、回复 7. 公共租赁住房审核	1. 落实上级各类惠民政策不到位，政策宣传不积极、信息发布不及时、宣传覆盖面不广、宣传方式单一，居民群众知晓率低；政策标准把握不准确、执行不精准，导致群众应享未享，利益受损 2. 在办理居民具体民生事项中，存在不作为、慢作为、乱作为，优亲厚友、弄虚作假，“张冠李戴”造假冒领，或将不符合条件的居民和亲友对象纳入救助对象等 3. 利用掌握审核权、盖章权的便利，在出具有关证明材料时牟取私利，吃拿卡要 4. 工作人员工作作风懈怠，接待群众来电、来信、来访态度生硬、推诿扯皮，造成不良影响的

续表

序号	职权名称		职权内容	风险描述
6	行政执行权	城管	1. 环境卫生检查（问题发现） 2. 居民自治院落绿化养护管理（问题发现） 3. 生活垃圾分类日常管理及督查	工作人员履职不到位，工作作风懈怠、不作为、慢作为、乱作为，造成不良影响
		司法	1. 社区矫正辅助工作 2. 开展法制宣传教育活动 3. 法制宣传教育工作资料收集及归档 4. 刑释人员帮教	1. 工作人员履职不到位，工作作风懈怠、不作为、慢作为、乱作为，造成不良影响 2. 在社区戒毒（康复）工作中，收受管理服务对象钱款
		安监	协助开展安全生产基础工作	1. 工作人员履职不到位，工作作风懈怠、不作为、慢作为、乱作为 2. 对安全生产违法行为和安全风险隐患排查不深入、报告不及时，推动相关责任主体落实治安防范、安全生产等责任不到位，督导协助隐患整改不到位，辖区安全事故频发
		公安	协助做好暂住人口、流动人口信息登记	工作人员履职不到位，工作作风懈怠、不作为、慢作为、乱作为，造成不良影响

第二节　构建“重点清单”定准

对标中央巡视办对村（社区）党组织巡察监督“四个聚焦”细化清单，武侯区形成“1+N”监督重点清单库（见图4—2），为社区巡察定准。具体为：围绕党组织建设、惠民利民政策落实、社区治理、作风问题等，形成包含36项问题表现形式的1个“共性清单”（见清单4—4）；针对“三资”管理、老旧院落、商务楼宇、产业园区集中度等10个方面，分别制定N个“个性清单”（见清单4—5至4—14）。

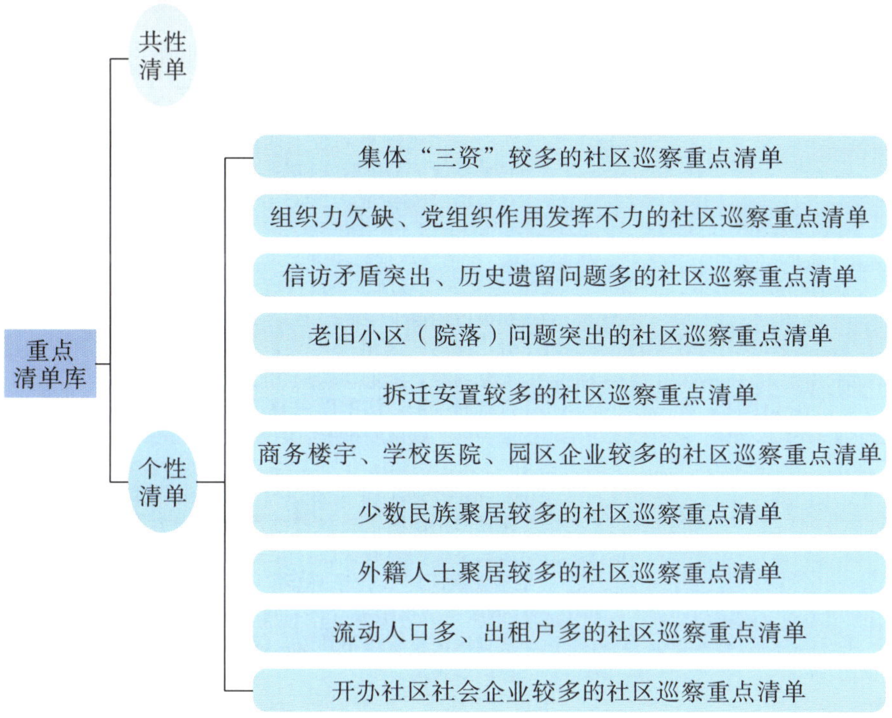

图 4-2 社区巡察重点清单库

一、社区巡察重点“共性清单”

【清单 4-4】社区巡察监督重点“共性清单”（36 项，仅供参考）

监督重点		问题主要表现形式（共 36 项）
聚焦党中央决策部署在基层落实情况	重点了解学习贯彻习近平新时代中国特色社会主义思想以及习近平总书记关于本地区重要讲话和指示精神，做到“两个维护”情况	1. 对习近平新时代中国特色社会主义思想和党的二十大精神、习近平总书记对四川工作系列重要指示精神以及省、市、区全会精神不学习、不传达；在领导社区发展治理、社会综合治理、推动改革发展方面成效不明显，执行政策生搬硬套，制定的工作举措不符合社区实际和群众需求，群众反映较大
		2. 意识形态工作观念淡薄、责任缺失、管控不力。对非法宗教活动排查发现不到位、上报不及时；对党员散布违背党的理论和路线方针政策的言论不制止；对社区微信公众号、社区活动场所等线上、线下阵地建设和管理不力，作用发挥不充分；“两委”成员对辖区内突发事件处理能力不足，应对不及时、处理方式不专业等导致出现群体性事件或负面舆情

续表

监督重点		问题主要表现形式（共 36 项）
聚焦党中央决策部署在基层落实情况	重点了解落实上级重大决策部署情况	1. 调动多元主体参与市域社会治理成效不明显，矛盾纠纷多元化解不到位，处理群众矛盾纠纷简单粗暴，导致矛盾上交，群众越级上访、反复上访，存在较大社会稳定风险
		2. 安全发展理念不牢，对辖区小区（院落）群租房、“三合一”场所、违章搭建、私改水电气、消防通道长期被占用等安全隐患放任不管，未及时发现、上报处置；推动问题解决不够，未深入思考辖区消防问题、安全问题，未主动联动街道、业主单位和其他资源进行维修维护，协助隐患整改不到位，导致风险隐患长期挂账，辖区安全事故频发
		3. 落实污染防治要求执行不坚决、不严格，对上级环保督察指出的需社区协助整改的问题落实不到位，搞形式主义、虚假整改，处置手段简单粗暴；社区整体环境差，群众关于环保问题的投诉居高不下，社区“两委”成员消极应付，问题长期未得到有效解决；落实社区河长责任不到位，存在“任务式巡河”“过场式巡河”现象
		4. 推进文明城市创建工作不力，对文明城市建设工作搞突击创建、做表面工作，问题整治不彻底，群众满意度不高；落实文明典范城市复评各项指标、督察整改、入户调查等工作不到位，在国检（含复检）期间发生重大失分项
		5. 推进城乡社区发展治理工作不力，未完成“示范（产业）社区”“示范小区”“社区微更新项目”、信托制物业推广等示范建设重点工作；优化社区服务和深化社区治理不到位，未完成上级下达的社区商业示范消费新场景打造、社区美空间打造、示范性社区社会企业任务打造等；社区保障资金绩效评价排名靠后被上级督查通报扣分
		6. 落实上级各类惠民利民政策不力，对低保、临时救助、特困、残疾人补贴、灵活就业补贴等政策宣传方式单一，宣传不及时、不到位，覆盖面不广，群众知晓率低；政策标准把握不准确、执行不精准，导致群众应享未享，损害群众利益
		7. 对常态化开展扫黑除恶斗争不重视、不积极，对本社区黑恶势力和宗族势力存在不摸排、不制止、不上报，甚至充当保护伞等问题

续表

<table>
<tr><th colspan="2">监督重点</th><th>问题主要表现形式（共 36 项）</th></tr>
<tr><td>聚焦党中央决策部署在基层落实情况</td><td>重点了解社区党组织领导作用发挥情况</td><td>社区党组织对居民委员会、社区集体经济组织、社区集体企业的领导作用是否发挥；社区党组织引领社区发展是否有力；社区党组织是否支持全面落实社区居委会实现居民自治管理</td></tr>
<tr><td rowspan="6">聚焦群众身边不正之风和腐败问题</td><td rowspan="2">重点了解依法廉洁用权，整治侵害群众利益问题情况</td><td>1. 在政府拨付的各类救灾救助、补贴补助资金、征地拆迁补偿费、物资使用分发中，存在造假冒领、截留私分、挤占挪用等问题；在办理低保、临时救助、特困、残疾人补贴等民生事项申请和初审中，与民争利、优亲厚友、吃拿卡要；惠民资金初审不严，受助对象信息动态管理不到位，导致错发漏发多发，或超时发放，致使群众利益受损；违规申报、骗取、套取专项资金，虚列账目，挪用截留财政资金</td></tr>
<tr><td>2. 利用职务便利或影响力“吃拿卡要”，以借为名占用管理、服务对象财物，或向辖区居民、企业、商家乱集资、乱摊派、乱收费</td></tr>
<tr><td rowspan="4">重点了解在公共（集体）资金、资产、资源管理，服务外包和项目建设过程中的廉洁情况</td><td>1. 社区公共资产管理不规范。未建立完善公共资产管理台账，对代管的公建配套资产、闲置资源未按相关规定管理；私设“小金库”，将隐匿收取的自管院落代管物业费、铺面租金、停车费、共助共建捐助等费用，通过发放劳务费、加班费、假发票入账等方式套取并虚列支出</td></tr>
<tr><td>2. 使用上级财政部门支持的资金或社区自有、自收资金购买服务时，未按相关规定和程序采购，存在搞暗箱操作、利益输送等问题；对承接购买服务的第三方“一包了之”，存在实施过程中跟踪监管缺位、未按规定履约验收、绩效评价质量不高、评价结果应用机制不健全，购买服务质量和效益不高等问题</td></tr>
<tr><td>3. 财务管理制度执行不规范，存在原始凭证用自制付款凭证或普通收据入账，甚至白条列支费用、虚列账目、违规使用专项资金等问题；固定资产的保管、使用、大修、集体资产折旧、租赁、报废等不规范</td></tr>
<tr><td>4. 不按资金使用办法实施招投标，存在搞内幕交易、围标串标、明标暗定、搞“量身定做”等虚假招投标，使“关系户”中标，形成“关系工程”；对工程项目建设和采购监管不力，未经集体研究决策，随意增加预算、擅改规划；社区“两委”成员利用职权或影响力干预或操纵项目招投标、资金使用、资源分配等事项，搞内幕交易、权钱交易，牟取私利</td></tr>
</table>

续表

监督重点		问题主要表现形式（共 36 项）
聚焦群众身边不正之风和腐败问题	重点了解改进作风、担当尽责、为民服务，解决群众“急难愁盼”问题情况	1. 对辖区基础设施、水电、通信、管线老化、环境卫生等方面存在的问题发现上报不及时；对辖区内安全、教育、医疗、养老、社会保障、电梯加装等群众反映突出的热点、难点问题无动于衷、消极应付；对群众提出的合理诉求推诿扯皮、冷硬横推，对群众态度简单粗暴、颐指气使，激化群众矛盾；社区活动场所、日间照料中心等便民惠民场所长期闲置或挪作他用，影响居民正常活动使用
		2. 社区“两委”成员“官僚”作风明显，深入基层、联系群众不多，对辖区情况掌握不全面、不客观，对困难群众、弱势群体现状不了解、不清楚，关心帮扶不到位，问题解决不及时；办理群众来信、来电、来访、网络投诉件等，敷衍了事，回应诉求不及时、不到位；政绩观有偏差，不顾实际情况，打造盆景工程、面子工程、形象工程
		3. 党务、居务、财务、事务未按要求进行公开，存在公开不规范、形式单一、更新不及时、设置地点不科学，公示内容不全面、弄虚作假等问题，未有效保障社区居民知情权、参与权、监督权等相关权利；对群众点题公开的不及时受理，或对公开内容避重就轻
		4. 违反中央八项规定精神及实施细则，巧立名目滥发津贴、补贴、奖金或其他费用，违规使用党费发放补贴福利，超标准、超范围使用工会会费发放慰问品、慰问金；虚报冒领志愿者补贴、加班值班补贴等；用公款支付或者报销应由个人承担的费用；违规以考察学习、培训研讨等名义变相公款旅游、公款消费等；社区“两委”成员违规大操大办婚丧喜庆、乔迁等事宜，借机敛财
聚焦基层党组织和党员队伍建设	重点了解落实党建主体责任、发挥政治功能情况	1. 社区党组织主要负责人政治站位不高、思路不宽、能力不强，在党员群众中缺乏威信；党组织书记党建第一责任人意识不强，未将党建工作放在首要位置，缺少研究、推动不力，党建工作虚化弱化边缘化；党组织主要负责人缺乏民主集中制观念，不遵守决策程序，存在“家长制”作风、“一言堂”现象
		2. 社区“两委”班子凝聚力战斗力不强，内部运转不畅，甚至严重失和，在工作中各行其是、推诿扯皮，对上级党组织部署的重点工作，行动少落实差、敷衍塞责；“两委”班子结构不合理，后备力量储备不足，存在党组织换届和调整充实不规范、不及时、青黄不接等问题；社区“两委”成员离职、离任后，未及时增补，影响工作正常运转；“两委”职责不明确，分工不合理，缺乏“老带新、传帮带”的意识，整体向心力差；社区党务工作者能力素质不能适应工作需要，不愿抓、不会抓

续表

监督重点		问题主要表现形式（共 36 项）
聚焦基层党组织和党员队伍建设	重点了解落实党建主体责任、发挥政治功能情况	3. 落实管党治党政治责任不到位，对“两委”成员、社区聘用人员、劳务外包人员等日常教育监督管理宽松软，对苗头性、倾向性问题“睁一只眼闭一只眼”。社区“两委”成员和社区党员纪律观念淡薄，甚至带头违规违纪，群众认可度不高；对已处理的违规违纪问题不公开、不通报，未作为典型案例纳入警示教育内容，未达到“处理一人、教育一片”的效果；社区纪委书记身份意识不强、职责意识不清，不同程度存在不懂监督、不愿监督、不会监督现象
	重点了解基层党组织规范化建设情况	1. 对社区下级党组织指导不力，下级党组织存在换届选举、党费收缴不规范，班子不健全、组织制度形同虚设，甚至工作停滞、空壳化党支部等问题，未充分发挥基层党组织战斗堡垒作用；推进“两个覆盖”不力，未完成上级“两个覆盖”攻坚任务，落实区域化党建联席会议、“三张清单”等制度不力，推动“两企三新”党建从有形覆盖到有效覆盖还有差距；统筹推进驻辖区单位党建、行业党建、“两企三新”党建互联互动、共驻共建成效不佳
		2. 党内政治生活缺乏严肃性、纪律性，“三会一课”、组织生活会、谈心谈话、党日活动、民主评议党员等制度落实不力、走过场，没有实际效果
		3. 党员先锋模范作用发挥不充分，选树先进典型工作缺失，党员群众参与社区发展治理、联系服务群众、志愿服务等积极性创造性不高；党员教育工作习惯于老办法，沿用“满堂灌”“填鸭式”等照本宣科的老模式，党员积极性不高，且未考虑党员年龄结构、文化结构、工作生活环境差异，存在“一刀切、一锅煮”，致使党员教育工作大打折扣
		4. 党建工作缺乏政治性、严肃性、规范性，将党内文稿起草、党组织会议和党建活动组织、党建计划和总结、党员教育管理、党建活动阵地管理等事项，采取购买服务或其他委托方式外包给中介咨询公司、旅行公司、文化传播公司；购买党组织履职所需辅助性服务时，存在审核把关不严、“一包了之”“撒手不管”等问题；非党员从事党务工作、党组织活动有偿化

续表

监督重点		问题主要表现形式（共 36 项）
聚焦基层党组织和党员队伍建设	重点了解党建引领社区治理情况	1. 推动党建引领物业管理不到位，未按业主需求指导和监督本社区的业主大会、业主委员会、物业服务企业等组织开展工作，未维护社区居民合法权益；整合多方资源，提供满足居民多元化、个性化、专业化需求服务的能力还不足
		2. 落实“微网实格”运行管理机制不力，统筹指导一般网格和微网格开展工作不到位，网格化管理水平不高；未建立网格党建联席会议制度，网格党组织与各类组织协调联动不够，共治共建不充分；组织驻辖区单位、群众参与微网格和小区（院落）自治效果不佳；未明确网格管理服务事项，专职网格员、微网格长（楼栋长）职责不清，对专职网格员、微网格长（楼栋长）等社区治理队伍履职能力培训指导不够、管理不到位，导致其工作质效不高
		3. 领导居民自治工作水平不高，社区居民（代表）会议、居民议事会和居民小组会议（居民小组议事会）权责边界不清，居民自治章程不健全，社区居民（代表）会议、居民议事会和居民小组会议（居民小组议事会）运行不规范，未形成有效的社区党组织领导、议事会（代表大会）决策、居委会执行、居务监督委员会监督的基层群众自治运行机制
		4. 党组织领导居务监督委员会作用发挥不力。居务监督委员会对居务公开及各项民主管理制度落实情况、居委会执行居民（代表）会议、居民议事会决策落实情况存在监督缺位、错位、滞后；落实“四议两公开一监督”制度大打折扣，在社区重要事项以及与群众利益密切相关的重大事项决策中，以社区党委会、碰头会代替党员大会、居民（代表）会议、居民议事会，未按程序征求党员群众意见
	重点了解基层党组织换届选举情况	违反换届纪律，拉帮结派、拉票贿选、干扰影响选举。社区党组织主要负责人搞“近亲繁殖”，违反组织纪律私下运作，形成“家族支部”；违反程序组织、参与选举，或者参选人学历造假、简历造假、伪造选票、虚报票数、篡改选举结果；采取暴力、威胁、欺骗、贿赂等不正当手段参选或者妨害选民依法行使选举权、被选举权；利用宗教、宗族、家族势力或者黑恶势力干扰、操纵、破坏选举

续表

监督重点		问题主要表现形式（共 36 项）
聚焦巡察整改和成果运用	重点了解社区党组织扛牢整改责任情况	社区党组织主要负责人是否扛牢整改“第一责任人”责任、班子成员是否落实整改“一岗双责”，是否将整改扛在肩上、抓在手上，是否存在不重视整改或敷衍整改情况
	重点了解社区党组织整改落实情况	社区党组织是否根据问题台账逐项逐一落实整改，是否达到“事要了结、人要处理、制度机制要建立”的销号要求，是否举一反三，是否边改边犯、改后又犯，是否存在虚假整改、数字整改。落实整改公开要求不到位，存在应公开不公开，或选择性公开，群众对整改情况不了解、不满意等问题
	重点了解制度机制建立及落实情况	社区党组织对出现问题的领域制度、机制是否建立健全，已建立的制度机制是否运用和落实，是否推进工作、促进发展
	重点了解审计及各类监督检查发现问题整改落实情况	对审计及各类监督检查发现的问题整改不落实、不到位，未建立长效机制，没有将整改与日常工作、与本社区具体实际工作结合起来，已整改的问题反弹回潮

二、社区巡察重点“个性清单”

【清单 4—5】集体“三资”较多的社区巡察监督重点“个性清单”（22 项，仅供参考）

监督类别	主要表现形式（共 22 项）
重点了解社区党组织对“三资”管理及集体经济发展领导作用发挥情况	1. 社区党组织不重视社区集体经济发展，未按要求经常召开会议研究“三资”相关事项，未深入研究如何管好用好“三资”，未做到资产保值增值
	2. 社区党组织对集体经济高质量发展谋划能力不强、发展思路不清、措施不多，集体资产经营管理效益不高，未多渠道统筹社区公司经济活动，拓宽集体经济增收渠道办法不多
	3. 在“三资”管理中未充分发挥社区党组织战斗堡垒作用，存在利益小团体，未坚决同违规行为作斗争；维护全体集体成员的利益不力，存在对损害群众利益行为置之不理情况
重点了解社区党组织及集体经济组织落实上级“三资”决策部署情况	1. 对中央、省、市、区“三资”管理文件学习不到位、未制定落实措施，真抓实干不到位
	2. 未成立经联社或运行不好，经联社资产资金未按规定剥离；未落实政企分账、分离资产和经营

续表

监督类别	主要表现形式（共22项）
重点了解集体经济组织制度机制建设情况	1. 集体“三资”使用管理民主决策意识不强，决策事项调查不深入、论证不充分，导致决策严重失误
	2. 未按程序规范成立理事会及监事会，未按要求召开成员大会、理事会及监事会，未落实民主决策、民主管理
	3. 监事会未落实责任、未认真监督到位，平时监督中未指出“三资”管理中不规范等问题
	4. 未制定规范适用的章程，未制定资产经营、财务管理、收益分配等规章制度，未及时根据上级要求调整和修改，未切实维护集体成员利益
	5. 未按“三资”管理制度执行，存在执行走样，用制度掩盖小集体利益
重点了解集体经济组织程序规范情况	1. 未合法合规使用资金、资金使用程序不规范、存在违规使用、转移资金或者套取现金，财务管理不规范、账目混乱、票据不规范、审核把关不严，实际支出不明
	2. 资产、资源出租程序不规范，未公开透明，价格不合理，收益未按时收回
	3. 资产台账不完整、不一致，存在账外资产
	4. 未按时及时逐笔公开财务账目，公开的范围不符合要求，群众知晓率不高；会计履职不到位，未按要求监督票据规范和完整，存在虚假报销
重点了解在集体“三资”管理中违纪违规情况	1. 集体资产处置流程不规范、未经评估、未公开
	2. 项目未公开招标或拆分项目规避招投标（比选），承接公司不规范，经费支出不规范，项目价格不客观真实，存在利益输送
	3. 存在截留挪用集体资金、违规转移支付集体资金；随意出借集体资金、长期未收回集体资金
	4. 集体厂房、铺面、住房存在违规出售，违规低价出租，违规出借集体资产，租金收益未上账
	5. 社区“两委”及公司管理层存在变相占用资金、公私不分，采用多种方式虚报套取集体资金用于个人开支，违规在公司领取补贴，存在吃空饷
	6. 社区“两委”及公司管理层存在非法侵占集体资产、以联合出资修建为名无偿转移、占有集体资产

续表

监督类别	主要表现形式（共22项）
重点了解集体公司运行情况	集体公司长期未开展任何业务，主要表现为公司资金用于支付吃喝及发工资；违规报销大量接待、差旅费，违规支付其他费用，涉嫌套取现金
重点了解街道和区级部门对“三资”指导监督落实情况	街道未按照文件要求落实指导监督，监督指导不经常、不到位、平时指导未发现问题；区农业农村和水务局未落实指导监管责任，未按检查文件落实监督，未深入社区指导，监管存在缺失

【清单4—6】组织力欠缺、党组织作用发挥不力的社区巡察监督重点“个性清单”（10项，仅供参考）

监督重点	问题主要表现形式（共10项）
重点了解发挥党组织战斗堡垒作用情况	1. 党组织书记长期缺职、工作处于停滞状态；党组织书记不能胜任现职、工作不在状态；“两委”班子不团结、内耗严重、工作不能正常开展
	2. 党组织不健全、不规范、党组织应建未建，组织制度形同虚设、不开展党组织活动；3年未发展党员或者培养入党积极分子；党员的教育管理不到位，先锋模范作用发挥不明显
	3. 以拉票贿选等不正当手段干扰、影响、控制社区“两委”换届选举行为；“两委”成员以唆使、裹挟群众等方式阻挠、破坏社区各项改革发展工作
	4. “两委”成员不作为、乱作为，存在办事不公、优亲厚友、损害群众利益；“两委”成员有违纪违法行为，或党组织被上级通报批评、问责
重点了解加强基层治理情况	1. 宗族宗教和黑恶势力干扰渗透严重，社会治安问题和信访矛盾纠纷突出
	2. 社区居民与物业矛盾突出，社区物业投诉较多，矛盾纠纷尖锐对立，群众反映强烈
	3. 信访量较大、信访处置不规范；民生落实不到位、安全稳定风险较大，存在引发区域社会稳定事件
	4. 党务、居务、财务管理混乱，落实“四议两公开”、党务、财务、居务、事务公开制度不到位
重点了解服务群众能力情况	1. 社区组织活动场所利用不充分、作用发挥不好；社区居民活动场所空置或者发挥作用较少
	2. 社区“两委”成员为民服务不深入、不落实，服务意识差、服务能力弱，解决群众“急难愁盼”问题不及时，群众意见大

【清单 4－7】信访矛盾突出、历史遗留问题多的社区巡察监督重点“个性清单”（11 项，仅供参考）

监督重点	问题主要表现形式（共 11 项）
重点了解发挥党组织战斗堡垒作用情况	1. 社区党组织发挥组织领导作用不明显，贯彻落实化解居民矛盾、维护区域和谐相关政策不力
	2. 社区党组织凝心聚力办法不多、措施不力，联系居民不紧密，形式主义、官僚主义不同程度存在
	3. 党员先锋模范作用发挥不够，“两委”成员带头违规违纪，鼓动群众闹事、上访，给社区工作带来难度
重点了解社区治理情况	1. 落实“四议两公开”制度执行不到位，社区重大事项的协商情况、决策情况、办理情况未公开透明，在资产、资源处置上，存在利益输送，损公肥私，导致集体资产流失，损害群众切身利益，导致群众矛盾激化
	2. 对群众的矛盾纠纷、民生诉求掌握不及时、排查不到位，对历史遗留、侵害群众利益等问题推诿扯皮、处理不当，处理方式简单，导致群众矛盾上交、越级上访、反复上访，存在较大社会稳定风险
	3. 在集体经济、处理拆迁安置和土地流转等工作中急躁冒进，违规以集体名义对外担保、拆借资金、非法集资、举债，导致债务风险不断增加、隐患突出，造成严重后果等
	4. 发挥网格员的作用不充分，收集、处置社情民意信息不及时，网格员的宣传作用未落实
重点了解损害党群干群关系的作风问题	1. 工作作风散漫，服务群众不上心，对群众合理诉求推诿扯皮、冷硬横推
	2. 落实民生政策“优亲厚友”，落实惠民补贴时“吃拿卡要”，为民办事需要“请客送礼”
	3. 对上访户通过违规办理低保或发放补贴形式维护稳定，存在“花钱买稳定”等问题
	4. 社区党组织解决历史遗留问题不用心，存在“新官不理旧账”，认为与自己无关，问题和矛盾层层上交，习惯于“打太极”

【清单 4－8】老旧小区（院落）问题突出的社区巡察监督重点“个性清单”（11 项，仅供参考）

监督重点	问题主要表现形式（共 11 项）
重点了解基层治理情况	1. 面对老旧院落小区人口密度大、基础配套破旧、环境卫生和安全隐患突出等问题，社区“两委”成员存在“守摊子”思想，未积极引导社会组织、志愿者组织、社会企业等参与院落服务和管理，党员骨干、居民群众、志愿者等参与院落自治管理、自我服务积极性不高
	2. 对老旧小区（院落）群租房、“三合一”场所、私改水电气、消防通道长期被占用等安全隐患放任不管，未及时发现、上报处置；针对消防问题、安全问题等未深入思考，未主动联动街道、业主单位和其他资源进行维修维护，推动问题解决不够，协助隐患整改不到位，导致风险隐患长期挂账，辖区安全事故频发，造成损失或重大社会影响
	3. 在推动老旧小区（院落）违法建设减存量等积弊攻坚克难上有畏难情绪，存在发现不及时、上报不到位，辖区内违建存量居高不下，新增违建未得到根本遏制等问题
	4. 推动为老旧院落居民提升公共服务事项、提升便民举措不力，存在“老大难”问题
重点了解民生领域和群众关心的突出问题	1. 民生诉求收集不充分，老旧院落改造等未充分听取群众意见，群众对改造效果不满意
	2. 民生服务不精准，对群众关心关注的停车位紧张、电梯安装等问题和诉求收集不及时、不上心，群众满意度不高
	3. 推动人居环境改善效果不佳，日常管理中存有“死角”“盲区”，院落环卫设施破损、环境卫生脏乱差等问题发现上报不及时，生活垃圾分类日常管理和督查不到位
	4. 对老旧小区“一老一小”、残疾人等特殊家庭关注和关心不够，底数不清、情况不明，用心用情服务不够
重点了解党组织发挥作用情况	1. 老旧小区院落党组织未建立，党组织未发挥引领院落自治的作用，了解院落的突出问题，配合业委会和业主提升院落整治不力
	2. 党群服务中心、老年活动中心等阵地规模小，布局不规范，缺少管理，利用率低
	3. 对老旧小区的党员失管失察，党员身份意识不强，作用未发挥

【清单 4—9】涉及拆迁安置较多的社区巡察监督重点“个性清单”（16 项，仅供参考）

监督重点	问题主要表现形式（共 16 项）
重点了解落实上级政策情况	1. 征地拆迁、补偿安置等政策宣传不力、解释不到位，执行政策不公开透明，导致群众利益受损
	2. 落实拆迁政策时，征求群众意见不充分，群众合理诉求和意愿得不到表达，对群众权益维护不力
重点了解在落实拆迁政策中滥用职权情况	1. 在拆迁安置补偿、旧房改造中以权谋私、优亲厚友，损害群众利益
	2. 在危房改造、征地拆迁补偿等各项管理服务工作中，利用审核、盖章等便利牟取私利，甚至直接索要好处
	3. 社区“两委”成员利用职权，为自己房屋拆迁多计面积、多算附着物、提高标准等，骗取拆迁补贴
	4. 社区“两委”成员对集体资产拆迁时，通过各种方式将部分补偿款占为己有
	5. 社区“两委”成员伙同租地、购地企业和住户，提高赔偿金额，直接收取大额好处费
	6. 社区党员干部办理假结婚证用于拆迁，侵吞集体财产，违规获得安置房
	7. 社区“两委”成员利用职务之便，承接社区拆迁地块房屋拆除、建渣清运、打围等，虚报单价、面积和方量，骗取财政资金
	8. 对辖区已征空地监督管理不到位，私自出租已征空地牟取私利或非法转让出租集体土地、空旷场地等情况
	9. 对拆迁监督不力，存在“抢建抢搭”违建按拆迁房屋补偿标准补偿，存在补偿后不倒房屋二次补偿情况
	10. 社区“两委”成员存在私分拆迁工作经费情况，存在拆迁费中报销大量餐费等情况
重点了解损害党群干群关系的作风问题	1. 在土地流转服务管理及流转补助金的分配，集体土地征用征收租用补偿费及集体收益分配使用中，未体现公平公正
	2. 社区“两委”成员参与社区事务的积极性不高，有的忙于自身发展，将个人私活当主业，社区的工作当副业，只想带头富，不想带领富
	3. 对群众迫切关心的青苗费、过渡费发放和人居环境整治等问题协调解决不及时，推动落实不到位
	4. 对安置小区的服务和管理存在缺失，人户分离存在“推诿扯皮”

【清单 4—10】商务楼宇、学校医院、园区企业较多的社区巡察监督重点“个性清单”（6 项，仅供参考）

监督重点	问题主要表现形式（共 6 项）
重点了解社区党组织作用发挥情况	1. 未建立完善党建引领多元共治机制，未落实区域化党建联席会议、“三张清单”等制度，未推动学校、医院、园区企业、楼宇企业等形成多元主体参与的党建联合体，发动多元社会主体参与社区治理能力不强，共建共治共享效果不佳
	2. 对社区“两企三新”组织党建工作指导不经常、不到位，党课资源共享落实不力
	3. 推动“社区＋园区”“社区＋企业”“社区＋学校”“社区＋医院”资源整合、党建融合、治理联动落实不力，共创“平安社区”“平安学校”“平安医院”“平安企业”效果不佳
重点了解服务落实情况	1. 落实优化营商环境主动服务意识不强，未定期深入辖区企业进行沟通、服务，对辖区企业底数不清，对企业周边环境整治需求不明；对企业合理诉求、困难问题等上报不及时、回应不及时
	2. 主动服务学校师生较缺失，未定期深入辖区学校进行沟通、服务，对辖区学校具体状况不清，协助推进学校周边环境整治不力，学校周边上学放学拥堵及脏乱差整治不力；对学校周边安全隐患发现和上报不及时，网格信息不精准
	3. 主动服务医院不够，未定期深入辖区医院进行沟通，对辖区医院周边“医串串”及安全隐患了解不多，对医院发展合理诉求（解决停车难、乱停乱放多等）上报不及时

【清单 4—11】少数民族聚居较多的社区巡察监督重点“个性清单”（5 项，仅供参考）

监督重点	问题主要表现形式（共 5 项）
重点了解落实党的民族政策情况	1. 不尊重少数民族的民风民俗，宣传内容盲目搞“一刀切”，宣传阵地疏于维护，未能正确引导各族群众树立正确的国家观、历史观、民族观、文化观、宗教观
	2. 落实“民族大团结”政策不深入，对党的民族政策宣传力度不够，执行效果不好，各族群众合法权益未得到有效保障
重点了解基层治理情况	1. 培养少数民族群众法治观念不力，禁毒、防邪等工作宣传不到位，少数民族群众法制观念淡薄、学法知法守法用法意识不强，黄、赌、毒及酒驾等现象突出
	2. 社区“两委”成员解决民族问题、做好民族工作的能力和水平不够，防范和化解民族分裂、宗教极端主义、封建迷信等风险能力不强，隐患排查不到位、上报不及时
	3. 引导区域内各民族充分发挥自身民族特长和特色不力，构建共建共治共享“和谐大家庭”不深入，增进民族交往和友谊、促进共同发展效果不佳

【清单 4—12】外籍人士聚居较多的社区巡察监督重点“个性清单”（3 项，仅供参考）

监督重点	问题主要表现形式（共 3 项）
重点了解加强国际化社区建设和治理情况	1. 在提供社区服务方面，未考虑社区人员构成多元、居民需求多样，未充分调动各类社会资源，为外国人提供急需的服务，其在华陷入各种生存性的风险，易引发社会风险
	2. 在促进社区族群融合方面，未积极搭建各类平台，增进中外居民相互交流了解举措不多，化解矛盾纠纷办法不多，涉外社区居民归属感不强，社区存在族群封闭和隔离，易引发治理风险
重点了解舆情处置能力建设情况	“两委”成员对辖区内突发事件处理能力不足，处理方式不专业，导致出现群体性事件或社会舆情，容易被境内外敌对势力利用挑动，进而对意识形态、国家安全、社会稳定造成威胁

【清单 4—13】流动人口、出租户多的社区巡察监督重点“个性清单”（13 项，仅供参考）

监督重点	问题主要表现形式（共 13 项）
重点了解落实上级政策情况	1. 对低保、救助、高龄津贴等惠民政策宣传不积极、不主动，群众知晓率不高
	2. 执行兜底保障等不精准，存在政策未讲透、标准未说明就让签字的情况
	3. 对创业培训、职业技能培训、灵活就业补贴、就业困难人员援助等宣传不到位
重点了解在落实惠民政策、服务群众生产生活中滥用职权问题	1. 在各类救灾救助、补贴补助资金、物资使用分发过程中，存在挪用侵占、截留私分、优亲厚友的情况
	2. 未按程序和政策条件对低保户、困难群体进行评审，将不符合条件的居民和亲友对象纳入低保、救助对象享受相关补贴等情况
	3. 利用掌握初审权、盖章权的便利，在办理公共租赁住房申请、灵活就业补贴、低保、救助等民生服务事项中，牟取私利索要好处。
	4. 在社区戒毒（康复）工作中，不正确履职，收受管理服务对象钱款
	5. 对低保户、空巢老人等人员动态管理不到位，存在不作为、慢作为现象
重点发现民生领域和群众关心的突出问题	1. 未深入走访群众，对居民需求把握不精准，对法律援助、医疗保障、就业培训等帮扶不多
	2. 对老、弱、病、残等弱势群体的关怀、帮扶不到位；社区存在“门难进、脸难看、事难办”的现象
	3. 对居民反映的合理诉求和困难敷衍了事，上报反馈不及时，解决不到位

续表

监督重点	问题主要表现形式（共 13 项）
重点了解社区治理情况	1. 安全隐患发现搜集报告不到位，辖区治安问题突出，非法生产、经营烟花爆竹和危险化学品、电瓶车私拉乱接充电、堵塞消防通道、“三合一”“多合一”安全隐患长期存在，未得到有效根治
	2. 禁毒、防邪、法治宣传教育工作开展不到位，群众法制观念淡薄、学法知法守法用法意识不强，黄、赌、毒及酒驾等现象突出

【清单 4—14】开办社区社会企业较多的社区巡察监督重点“个性清单”（5 项，仅供参考）

监督重点	问题主要表现形式（共 5 项）
重点了解公司运营方面问题	1. 社区社会企业的资产、投资、人事任免、新设机构、利润分配等重大事项，未提交社区居民（代表）大会决议
	2. 社区缺乏专业性人才运营，社区社会企业自主造血能力不强，连年亏损
重点了解损害党群干群关系的作风问题	1. 社区“两委”成员违规在社区社会企业兼职兼薪
	2. 社区“两委”涉及发放创收奖金的，金额标准随意扩大，超过本人当年职业岗位基本工资总额
	3. 社区“两委”成员违规在社区社会企业中安排亲属就业，甚至“吃空饷”

第三节　精制“个体清单”定焦

根据巡察任务和社区实际情况，具体巡察某社区时，武侯区委巡察组从清单库内提取“基础清单”和“重点清单”，对照社区特征分解和取舍，采取“共性化派单+个性化点单+特色化加单”方式，完善社区巡察的监督内容，形成针对性强、操作性强的“个体清单”，为社区巡察定焦（见图 4—3）。

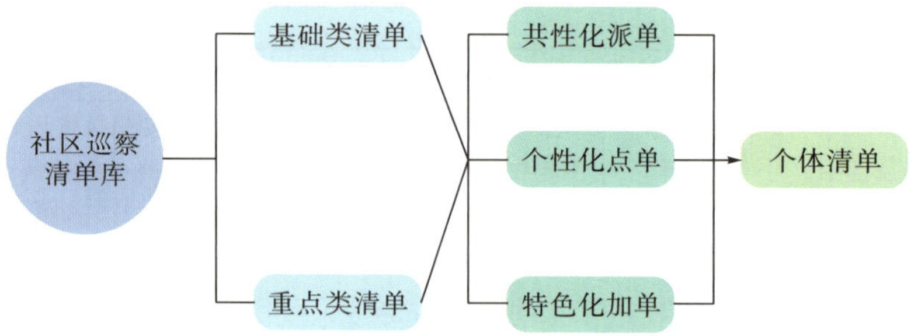

图 4－3　社区巡察监督重点“个体清单”形成导图

下面结合武侯社区巡察试点实际，举例说明（见例 4—1 至 4—3）。

例 4－1

巡察涉及集体经济、拆迁及集体公司多的某社区巡察监督重点“个体清单”

（22 关注 70 紧盯，仅供参考）

类别	监督子项	监督点位
聚焦党中央决策部署在基层落实情况	关注社区党组织学习贯彻习近平新时代中国特色社会主义思想情况	紧盯落实“第一议题”制度是否到位
		紧盯开展主题教育是否深入
		紧盯学用结合是否紧密
	关注社区党组织贯彻落实中央、省、市、区重大决策部署情况	紧盯落实安全监督检查是否有力
		紧盯防范化解重大风险是否有力
		紧盯落实环保决策部署是否有力
	关注社区党组织履行核心职能情况	紧盯履行推动集体经济发展职能是否到位
		紧盯履行社区治理职能是否充分
		紧盯履行公共服务职能是否到位
	关注坚持和加强党的全面领导情况	紧盯社区党组织把方向、管大局是否有力
		紧盯社区党组织统筹协调是否到位
		紧盯社区党组织抓班子自身建设是否有力
聚焦群众身边不正之风和腐败问题	关注执行中央八项规定精神及实施细则情况	紧盯是否违规使用集体资金向“两委”成员发放津补贴
		紧盯是否违规使用集体资金向委派会计发放津补贴
		紧盯是否违规决策发放离职人员补贴
	关注社区“三资”监管情况	紧盯是否违规出租集体资产
		紧盯是否用集体资金违规发放奖励
		紧盯是否违规套现集体资金
		紧盯是否存在集体资金长期未收回

续表

类别	监督子项	监督点位
聚焦群众身边不正之风和腐败问题	关注工程项目、外包服务情况	紧盯街道是否违规将政府性工程项目委托给社区实施
		紧盯社区实施工程项目是否违反流程，存在应当公开招标项目未公开招标，超预算违规实施比选、结算
		紧盯使用集体资金实施的项目未经成员（代表）大会决策，虚假比选，未经任何采购程序而直接指定等情况
		紧盯社区工程项目未经结算审计违规支付款项
	关注拆迁及空地管护情况	紧盯拆迁领域是否存在虚增面积、虚报附着物种类和数量等情况，是否提高补偿总额，造成财政资金损失，滋生腐败问题
		紧盯拆除空地是否违规二次出租
		紧盯拆迁空地管护中是否存在被无偿占用、违章搭建、裸土未覆盖、倾倒垃圾建渣等情况
		紧盯已赔付未拆除房屋是否被违规占用情况
	关注社区党组织书记落实“第一责任人”情况	紧盯社区党组织书记是否扛牢“第一责任人”责任
		紧盯社区党组织书记是否廉洁自律
	关注社区党组织履行全面从严治党职责情况	紧盯社区党组织管党治党是否深入，压力传导是否到位，风险防控是否流于形式
		紧盯社区党组织成员履行“一岗双责”是否到位，日常监督管理是否落实
	关注社区纪委履行监督责任情况	紧盯落实社区纪委“三转”是否到位
		紧盯社区纪委日常监督是否弱化
		紧盯社区纪委对重点领域和关键环节监督是否虚化
	关注纠治“四风”情况	紧盯社区“两委”成员是否存在形式主义
		紧盯社区“两委”成员是否存在官僚主义
		紧盯社区“两委”成员是否存在享乐主义
		紧盯社区“两委”成员是否存在奢靡之风
	关注社区“两委”成员担当尽责、为民服务情况	紧盯社区“两委”成员是否主动担当、主动作为
		紧盯社区“两委”成员为民情怀是否淡薄、为民服务是否不落实
		紧盯社区“两委”成员落实利民惠民政策是否走样

续表

类别	监督子项	监督点位
聚焦群众身边不正之风和腐败问题	关注社区经联社及集体公司经营管理情况	紧盯社区集体经济组织改革是否到位，看社区与经联社职责边界是否不清、社区政经分离不彻底、集体资金是否按规定剥离
		紧盯经联社和公司权责是否不清，看经联社与下属公司是否存在职能交叉、管理层级混乱、边界不清等情况
		紧盯经联社组织架构是否合规，看经联社理事会、监事会设置是否符合《四川省农村集体经济组织条例》规定
	关注拆违促安全情况	紧盯社区新增违建控制是否有效
		紧盯社区存量违建拆除是否有力
	关注财务管理规范情况	紧盯是否存在违规支付或报销
		紧盯社区集体存款是否经“四议两公开”程序
		紧盯社区是否存在报销附件不齐或无发票报销
		紧盯社区固定资产管理是否存在账实不符、管理混乱情况
	关注群众反映强烈的其他情况	紧盯社区被拆迁人员超期安置问题
		紧盯社区“农转非”人员社保问题
		紧盯拆迁资金长期不到位、安置房产权无法办理、社区资产权属不清等历史遗留问题
聚焦基层党组织和党员队伍建设情况	关注社区党组织党建责任制落实情况	紧盯社区党组织党建主体责任落实是否到位
		紧盯社区党建阵地建设是否扎实
		紧盯社区党组织指导“两企三新”支部是否有力
	关注落实党内政治生活制度情况	紧盯组织生活会是否流于形式
		紧盯“三会一课”制度是否落实
		紧盯民主评议党员是否走过场
	关注社区党支部发挥战斗堡垒作用情况	紧盯党员作用发挥情况
		紧盯对党员监督管理是否宽松软
		紧盯对党费缴纳监督情况

续表

类别	监督子项	监督点位
聚焦巡察整改和成果运用情况	关注巡察整改完成情况	紧盯社区党组织整改责任落实情况
		紧盯社区党组织整改台账销号情况
		紧盯社区党组织整改建章立制及执行情况
		紧盯街道牵头整改落实情况
		紧盯整改监督责任落实情况
	关注审计及其他检查发现问题的整改情况	紧盯整改责任落实情况
		紧盯问题本身的解决情况
		紧盯长效机制的建设及落实情况

例 4-2

专项巡察社区“三资”管理监督重点“个体清单”

（7 关注 26 紧盯 52 看，仅供参考）

监督类别	监督重点内容	监督点位
关注社区党委对“三资”管理及集体经济发展领导作用发挥是否充分	紧盯社区党委是否重视“三资”管理及经济发展工作	看社区党委是否按要求经常召开“三资”会议，研究相关问题；是否研究如何管好用好“三资”，确保保值增值等
	紧盯社区党委统筹协调社区集体公司发展是否到位	看社区党委是否重视社区集体经济发展，是否多渠道统筹社区公司经济活动等
	紧盯社区党委服务社区群众是否到位	看社区党委是否维护全体集体成员的利益，是否存在对损害群众利益行为置之不理情况等
	紧盯社区党组织战斗堡垒作用是否到位	看社区党委是否在“三资”管理中发挥战斗堡垒作用，是否存在利益小团体，是否坚决同违规行为作斗争等
关注社区党委及集体经济组织落实上级“三资”决策部署是否到位	紧盯社区党委落实上级有关“三资”管理文件精神是否到位	看中央和省、市、区“三资”管理文件学习是否到位，是否制定落实措施，是否真抓实干等
	紧盯社区党委是否落实经联社相关改革要求	看是否成立经联社并良好运行，经联社资产资金是否按规定剥离等
	紧盯社区党委是否落实政企分离要求	看是否落实政企分账、分离资产和经营等

续表

监督类别	监督重点内容	监督点位
关注集体经济组织制度机制是否完善	紧盯成员大会、理事会及监事会是否设立	看是否按程序规范成立理事会及监事会，是否按要求召开成员大会、成员代表大会、理事会及监事会，是否落实民主决策、民主管理等
	紧盯章程及资产经营、财务管理、收益分配等规章制度的制定	看是否制定规范适用的章程，是否制定资产经营、财务管理、收益分配等规章制度，是否及时根据上级要求调整和修改，是否切实维护集体成员利益等
	紧盯在“三资”管理过程中制度执行是否到位	看社区“三资”管理制度是否执行，是否存在执行走样，是否存在用制度掩盖小集体利益等
	紧盯监事会是否真正履行职责，是否存在履职监督不到位、发挥作用不明显	看监事会是否落实责任，是否认真监督到位，平时监督中是否指出“三资”管理中不规范的问题等
关注集体经济组织程序是否规范	紧盯集体经济组织决策程序是否规范	看集体经济组织决策程序是否符合村民委员会组织法、居民委员会组织法、中央和地方有关“三资”决策程序规定及集体经济组织章程程序性规定
	紧盯集体资金使用及财务管理是否规范	看资金使用是否合法合规、程序规范，是否存在违规使用、转移资金或者套取现金，是否存在财务管理不规范、账目混乱、票据不规范、审核把关不严，实际支出不明等
	紧盯资产、资源出租程序是否规范	看资产、资源出租程序是否规范，是否公开，价格是否合理，收益是否按时收回等
	紧盯财务是否按要求公开	看是否按时及时逐笔公开，公开的范围是否符合要求，群众知晓如何等
	紧盯资产、资源的登记台账是否完善	看资产台账是否完整一致，是否存在隐形资产或者账外资产等
	紧盯会计是否履职尽责	看是否按要求监督票据规范和完整，票据是否真实，是否存在虚假报销等
关注集体“三资”管理中是否存在违纪违规	紧盯集体资产处置、项目招标等是否存在违规违纪	看集体资产处置流程是否规范、是否被评估、是否公开；看集体工程项目是否招标，承接公司是否规范，经费支出是否规范，项目价格是否客观真实；看是否利用职务影响搞利益输送等
	紧盯是否存在截留挪用、贪污侵占、故意长期拖欠集体资金的问题	看是否存在截留挪用集体资金、违规转移支付集体资金，是否存在随意出借集体资金，是否存在长期未收回集体资金等
	紧盯是否存在违规违法出售、出租、出借集体资产的问题	看集体厂房、铺面、住房是否存在违规出售，是否违规低价出租，是否违规出借集体资产，租金收益是否上账等

续表

监督类别	监督重点内容	监督点位
关注集体“三资”管理中是否存在违纪违规	紧盯是否存在变相占用、虚报套取集体资金的问题	看社区“两委”及公司管理层是否存在变相占用资金、是否存在公私不分，是否采用多种方式虚报套取集体资金用于个人开支，是否违规在公司领取补贴，是否存在吃空饷，看是否利用集体资金私设小金库等
	紧盯是否存在非法侵占、无偿占有集体资产的问题	看社区“两委”及公司管理层是否存在非法侵占集体资产、是否以联合出资修建为名无偿转移、占有集体资产等
关注集体公司运行是否正常	紧盯集体公司是否正常运转	看集体公司是否正常开展业务，看集体公司日常报销吃喝费用及发工资福利情况，看公司账目转移方向，看公司资金支付构成情况等
	紧盯是否存在集体公司长期未运行但仍支出各种接待费、差旅费等情况	看在公司未开展业务的情况下，是否违规报销大量接待、差旅费，违规支付其他费用，涉嫌套取现金等
关注街道和区级部门对“三资”指导监督是否落实	紧盯街道对社区“三资”指导是否尽责到位	看街道是否按照文件要求落实指导监督，看监督指导是否经常，看制度指导是否落实，看平时指导是否发现问题等
	紧盯区级部门对社区“三资”监管是否落实	看区级业务主管部门是否按要求落实指导监管，看是否检查上级政策、制度规定落实是否到位，看平时深入社区指导是否到位，看监督平台是否发挥作用，看监管是否存在缺失等

例 4－3

直巡某社区监督重点“个体清单”

（25 紧盯，仅供参考）

监督类别	监督重点内容
聚焦党中央决策部署在基层的落实情况	紧盯社区党委学习贯彻习近平新时代中国特色社会主义思想和党的二十大精神等方面存在的问题（含主题教育等）
	紧盯社区党委贯彻落实中央、省、市、区重大决策部署方面存在的问题（包含拆迁、环保、“三资”、维稳、惠民利民、安全、微网实格、耕保、安置等政策及部署落实情况）
	紧盯社区党委履行核心职能方面存在的问题（执政、服务、形象）
	紧盯社区党委坚持和加强党的全面领导方面存在的问题

续表

监督类别	监督重点内容
聚焦群众身边的不正之风和腐败问题	紧盯社区党委书记落实“第一责任人”职责和廉洁自律方面存在的问题
	紧盯社区党委履行全面从严治党职责方面存在的问题
	紧盯社区纪委在履行监督责任方面存在的问题（含 2020 年 6 月以来“两委”班子、委派会计、社区工作人员、集体公司人员及社区党员受到党纪政务或违法犯罪处理情况）
	紧盯纠治“四风”方面存在的问题
	紧盯执行中央八项规定精神和实施细则方面存在的问题
	紧盯担当尽责、为民服务、利民惠民等方面存在的问题
	紧盯社区“三资”管理方面存在的问题
	紧盯工程项目、外包服务方面存在的问题
	紧盯拆迁及空地管护、二次出租方面存在的问题
	紧盯社区经联社及集体公司经营管理方面存在的问题
	紧盯社区发展治理及拆违促安全方面存在的问题
	紧盯街道或区级部门委托事项落实方面存在的问题
	紧盯社区“两委”成员个人纪律作风存在的问题
	紧盯其他需要重点了解的问题（重点信访件、举报件、安置突出矛盾等）
聚焦基层党组织和党员队伍建设情况	紧盯社区党委党建责任制落实方面存在的问题
	紧盯社区落实党内政治生活制度方面存在的问题
	紧盯社区各党支部发挥战斗堡垒作用方面存在的问题（特别是“两企三新”组织空壳化）
	紧盯社区党员教育管理方面存在的问题
聚焦巡察整改和成果运用情况	紧盯巡察整改责任落实存在的问题
	紧盯巡察整改具体问题销号情况
	紧盯巡察整改建章立制及运用情况

第四节 社区“巡察重点”指引

为破解对社区巡察巡不准、巡不深、巡不透、巡不实的问题，围绕“四个聚焦”方面可能存在的问题，从监督重点、问题表现形式、参考方法路径和政策法规索引出发，武侯区委巡察办研究制定对社区巡察监督重点指引，在巡察实践中参考运用。

一、聚焦党中央决策部署在基层的落实情况方面

（一）党的创新理论及上级重要会议精神传达学习方面

1. 监督重点

重点检查学懂弄通做实习近平新时代中国特色社会主义思想，特别是习近平总书记来川视察重要指示精神情况，以及开展主题教育情况；重点检查学习宣传贯彻党的二十大及二十届系列全会精神和省委十二次代表大会及十二届系列全会等有关重要会议精神等。

2. 典型突出问题表现

（1）抓党的创新理论武装方面。有的在学习习近平新时代中国特色社会主义思想特别是习近平总书记对四川工作系列重要指示精神，以及在贯彻党的二十大及二十届历次全会、四川省委第十二次党代会及省委十二届历次全会精神等方面，浮在面上“大水漫灌”，以会代学、以训代学和“填鸭式”“碎片化”学习比较普遍，学过之后不能深刻把握精髓实质，甚至对一些基本内容不熟悉，学深悟透成果少。

（2）开展学习贯彻习近平新时代中国特色社会主义思想主题教育方面。有的理论学习学风不纯不正，学习走形式、装样子甚至“低级红”“高级黑”；有的调查研究出现不良倾向，重形式、走过场，调研成果转化运用效果差；有的检视整改不逗硬，开展党性分析不深入不具体。

3. 参考方法路径

（1）查阅被巡社区党组织会议纪要等资料，看是否结合实际贯彻落实

习近平新时代中国特色社会主义思想、党的二十大和省、市全会等重要会议精神；看被巡察社区党组织是否制定日常学习制度，是否严格落实理论学习制度。

（2）查阅会议记录，看是否存在学习空化、泛化的现象，是否结合工作实际开展学习研讨；看是否以读书笔记字数、学习测试分数等简单评价学习成效；看制定工作的思路办法和政策举措是否结合工作实际。

（3）与社区"两委"成员开展个别谈话，看对常识性的政策理论是否熟知，看对理论学习是否走过场不走心等。

4. 政策法规索引

《关于新形势下党内政治生活的若干准则》《中国共产党章程》《中国共产党党组工作条例》《中国共产党党委（党组）理论学习中心组学习规则》《关于加强党的政治建设的意见》《中共四川省委关于深入学习贯彻习近平总书记对四川工作系列重要指示精神的决定》《中共四川省委关于深入开展学习贯彻习近平新时代中国特色社会主义思想主题教育的实施意见》等。

（二）贯彻落实上级重大决策部署方面

1. 监督重点

图 4-4　武侯区委巡察工作领导小组常务副组长深入社区调研

重点检查党中央、省委、市委、区委等关于防范化解政治风险、经济风险、重大公共卫生风险、优化营商环境等方面的各级各类政策落实情况（见图 4-4）。

2. 典型突出问题表现

（1）推进平安社区建设宣传不力，调动多元主体共同参与区域社会治理成效不明显；对辖区安全隐患放任不管，发现上报不及时；矛盾纠纷多元化解不到位，处理群众矛盾纠纷简单粗暴，导致矛盾上交，群众越级上访、反复上访，存在较大社会稳定风险。

（2）对上级环保督察指出的需社区协助整改的问题落实不到位；社区整体环境差，群众关于环保问题的投诉举报较多；落实社区河长职责不到位，存在“任务式巡河”“过场式巡河”现象。

（3）对常态化开展扫黑除恶斗争不重视、不积极，对本地黑恶势力和宗族势力存在不摸排、不制止、不上报等问题。

（4）对关于重大疫情或者重点时段的流行病不重视，落实上级部署时漫不经心、敷衍应付等问题。

（5）主动服务意识不强，未定期深入辖区企业进行沟通、服务，对辖区企业底数不清；对企业合理诉求、困难问题等上报不及时、回应不及时。

（6）禁毒、防邪、法治宣传教育工作开展不到位，群众法制观念淡薄、学法知法守法用法意识不强，黄、赌、毒及酒驾等现象突出。

3. 参考方法路径

（1）查阅被巡察社区党组织会议资料，看对相关工作的议题研究是否透彻，是否存在泛泛而谈，是否没有将责任压力落实到具体人。

（2）分别与社区“两委”班子成员、居务监督成员、党员代表、人大代表、政协委员、居民代表等开展分人员、分层的重点谈话或走访调研，看社区党委及一班人工作方式、工作状态是否到位，看各界别群众对社区党委及一班人的评价如何。

（3）调阅、复制有关文件，询问社区党委及一班人对相关政策是否熟悉，对政策的理解是否到位，实际工作与汇报工作是否“两张皮”。

（4）充分运用“码上巡”，鼓励通过网络平台反映问题线索；受理来电、来信、来访，认真对待反映的重点问题等。

4. 政策法规索引

《关于加强基层治理体系和治理能力现代化的意见》《信访工作条例》《四川省优化营商环境条例》《四川省河湖长制条例》《四川省防震减灾条例》《四川省人民调解条例》《四川省法律援助条例》《四川省纠纷多元化解条例》《四川省禁毒条例》等 。

（三）对上级“三资”管理及监管制度落实方面

1. 监督重点

重点检查贯彻落实中央和省委、市委、区委关于“三资”管理的决策部署情况，对“三资”及集体经济管理制度的构建、资金监管的规范、财务管理制度、资产资源出租、项目招标、截留挪用以及街道、区级相关部门对社区党组织“三资”管理及集体经济的监管情况等。

2. 典型突出问题表现

(1) 对中央、省、市、区关于“三资”管理的文件学习不到位、未制定落实措施，真抓实干不到位。

(2) 不重视社区集体经济发展，未按要求经常召开“三资”会议研究相关事项，未研究如何管好用好集体“三资”，未做到资产保值增值。

(3) 集体经济高质量发展谋划能力不强、发展思路不清、措施不多，集体资产经营管理效益不高，未多渠道统筹社区公司经济活动，拓宽集体经济增收渠道办法不多。

(4) 在集体“三资”管理中未充分发挥战斗堡垒作用，存在利益小团体，未坚决同违规行为作斗争；维护全体集体成员的利益不力，存在对损害群众利益行为置之不理情况。

(5) 未成立经联社或运行不好，经联社资产资金未按规定剥离；未落实政企分账、分离资产和经营。

(6) 集体“三资”使用管理民主决策意识不强，决策事项调查不深入、论证不充分，导致决策严重失误；未按程序规范成立理事会及监事会，未按要求召开成员大会、理事会及监事会，未落实民主决策、民主管理；监事会未落实责任、未认真监督到位，平时监督中未指出“三资”管理中不规范等问题。

3. 参考方法路径

图 4-5　深入社区了解“三资”管理情况

(1) 查阅被巡察社区党组织有关会议资料，看是否按要求召开成员大会、理事会及监事会；查阅有关财务材料，看是否存在资产台账不一致、财务管理不规范、审核把关不严，未建立规范化管理制度；看是否存在违规出售、违规低价出租、违规出借集体资产，租金收益未上账；看是否违规在集体企业领取补贴、吃空饷，把公司资金用于吃喝及违规报销大量接待、差旅费，违规支付其他费用，涉嫌套取现金等。

(2) 开展座谈走访（见图 4－5），询问群众对被巡察党组织的意见建议，看是否存在损害群众利益的行为；看是否存在集体资产招标流于形式，或者将工程拆分规避招标等。

（3）查阅收支台账，看被巡察党组织在管理过程中是否存在账外资产、账实不符等情况，看收益情况是否处在合理区间，有无不合理投入明显过高、收益明显过低等不正常不合理现象。

（4）充分运用“码上巡”，鼓励通过网络平台反映问题线索；组织开展问卷调查和民意测评，受理来电、来信、来访等，对重点信访问题进行集中了解。

4. 政策法规索引

《中国共产党组织工作条例》《中华人民共和国农村集体经济组织法》《中华人民共和国村民委员会组织法》《农村集体经济组织财务制度》《物业管理企业财务管理规定》《四川省农村集体经济组织条例》《四川省农村集体资产管理条例》《四川省村务公开条例》《四川省社区党组织工作规则》等。

（四）意识形态领域工作责任制落实方面

1. 监督重点

重点检查被巡察社区党组织领导机构和规章制度机制建立、宣传阵地作用发挥、对辖区内舆论引导等方面的情况；重点检查少数民族聚集较多的社区在对党的民族政策和外事政策的宣传、解释和执行情况，对社会主义核心价值观弘扬和践行情况，铸牢中华民族共同体意识情况等。

2. 典型突出问题表现

（1）社区党委对意识形态工作极端重要性认识不足，相关工作制度机制不健全，对意识形态领域工作的分析不深不透、流于形式。

（2）社区党委对辖区内非法宗教场所放任不管；所管理的党员散布违背党的理论和路线方针政策的言论，给党和政府带来负面影响。

（3）社区公共服务文化阵地作用发挥不充分，开展群众性精神文明创建活动不到位，方式方法简单、内容枯燥，群众接受度、参与度不高，效果不佳等。

（4）不尊重少数民族的民风民俗，宣传内容盲目搞“一刀切”，宣传阵地疏于维护，未能正确引导各族群众树立正确的国家观、历史观、民族观、文化观、宗教观。

（5）对党的民族政策宣传力度不够，执行效果不好，各族群众合法权益未得到有效保障。

（6）解决民族问题、做好民族工作的能力和水平不够，防范和化解民族分裂、宗教极端思想、封建迷信等风险能力不强，隐患排查不到位、上报不及时。

3. 参考方法路径

（1）查阅被巡察社区党组织会议资料，看是否及时组织学习中央、省、市、区关于意识形态领域制定的政策；看是否贯彻落实上级关于意识形态领域的工作部署，定期对意识形态领域形势进行集体研判分析；看是否将意识形态工作责任落实到位、具体到人，是否在组织生活会上对意识形态工作进行对照检查；看是否定期学习党中央、省委、市委、区委关于民族工作和统一战线工作的重要讲话、重要会议精神等。

（2）开展实地走访，看被巡察社区党组织的宣传阵地内容是否及时更新；随机询问居民代表，了解"两委"成员和党员干部是否对中央和上级有关政策阳奉阴违，搞"低级红""高级黑"；是否定期开展政策宣讲；是否在办理婚丧事宜中大操大办、铺张浪费；所在社区是否存在邪教以及"黄赌毒"等丑恶现象；了解群众对被巡察党组织宣传文化工作的开展情况的满意度等。

（3）加强与区委社会工作部及宣传、公安等职能部门的贯通融合，及时交换信息，了解被巡察社区党组织中的领导干部和党员是否存在涉黄涉黑等现象，是否存在社区居民赌博成风、沉迷封建迷信，看居民是否信教不信党等情况。

（4）充分运用"码上巡"，鼓励通过网络平台反映问题线索；组织开展问卷调查和民意测评，受理来电、来信、来访等，对重点信访问题进行集中了解。

4. 政策法规索引

《中国共产党统一战线工作条例》《党委（党组）网络意识形态工作责任制实施细则》《网络意识形态工作规章制度》《四川省民族团结进步条例》《四川省公共文化服务保障条例》等。

二、聚焦群众身边不正之风和腐败问题方面

（一）各级各类惠民政策落实方面

1. 监督重点

重点检查党中央、国务院、省委、省政府、市委、市政府等各级关于惠民政策的部署、宣传宣讲以及落实情况。

2. 典型突出问题表现

（1）对低保、救助、高龄津贴等上级各类惠民政策落实不到位，政策宣传不积极、信息发布不及时、宣传覆盖面不广、宣传方式单一，居民群众知晓率低；政策标准把握不准确、执行不精准，导致群众应享未享，利益受损。

（2）执行不精准，存在政策未讲透、标准未说明就让签字的情况；对创业培训、职业技能培训、灵活就业补贴、就业困难人员援助等宣传不到位。

（3）在各类救灾救助、补贴补助资金、物资使用分发过程中，存在挪用侵占、截留私分、优亲厚友的情况；未按程序和政策条件对低保户、困难群体进行评审，将不符合条件的居民和亲友对象纳入低保、救助对象享受相关补贴等情况。

（4）办理居民具体民生事项中，存在不作为、慢作为、乱作为，优亲厚友、弄虚作假，“张冠李戴”造假冒领，或将不符合条件的居民和亲友对象纳入救助对象等。

（5）利用掌握初审权、盖章权的便利，在办理公共租赁住房申请、灵活就业补贴、低保、救助等民生服务事项中，牟取私利索要好处；在社区戒毒（康复）工作中，不正确履职，收受管理服务对象钱款；对低保户、空巢老人等人员动态管理不到位，存在不作为、慢作为现象。

（6）人员信息动态管理不到位，存在不作为、慢作为现象，信息调查核实走过场或不如实报告，人员死亡后不及时上报，谎报、瞒报；死亡后家属继续领取养老金，套取社保等。

（7）工作人员工作作风懈怠、推诿扯皮、态度恶劣，造成不良影响。

3. 参考方法路径

（1）查阅会议资料，看被巡察社区党组织是否通过党委会研究各类惠民

政策的落实，看会上研究名单与实际发放名单是否一致，看各类宣传资料是否存档等；查阅财务账册，通过大数据比对分析、相互印证和校验，看是否存在虚报冒领、多报错报有关补贴等。

（2）实地走访核实。询问社区居民代表、辖区企业、商区代表对相关惠民政策的知晓度，了解各类惠民政策发放途径、金额、时间，看是否足额发放，有无被截留挪用等；采取对社区主要领导、班子成员、社区监事会成员、人大代表或政协委员、党员代表、普通群众代表进行访谈的方式，看被巡察党组织是否存在侵占群众利益、损公肥私、优亲厚友等情况。

（3）加强贯通融合。强化与审计、民政、农业农村、妇联、残联等职能部门的沟通协调，通过贯通融合共享信息，与被巡察社区建立的台账资料进行数据比对、印证和校验，排查异常数据，核实核准情况。

（4）充分运用“码上巡”，鼓励通过网络平台反映问题线索；组织开展问卷调查和民意测评，受理来电、来信、来访等，对重点信访问题进行集中了解。

4. 政策法规索引

《农村五保供养工作条例》《四川省〈农村五保供养工作条例〉实施办法》《四川省〈中华人民共和国残疾人保障法〉实施办法》《四川省村务公开条例》《四川省老年人权益保障条例》《四川省红十字会条例》《四川省农村居民最低生活保障办法》等。

（二）公共（集体）资金、资产、资源管理方面

1. 监督重点

重点检查制度机制建立、台账管理规范等方面的情况；重点检查在集体资产处置中损公肥私造成恶劣影响和后果等情况。

2. 典型突出问题表现

（1）社区公共（集体）资产管理不规范，未建立完善公共（集体）资产管理台账，将代管的公建配套资产、闲置资源出租出借，采取收入不入账等方式，截留、侵占、挪用公共收益。

（2）私设“小金库”，将隐匿收取的自管院落代管物业费、铺面租金、停车费、共助共建捐助等费用，通过发放劳务费、加班费、假发票入账等方式套取并虚列支出。

（3）使用上级财政部门支持的资金或社区自有、自收资金购买服务时，未按程序采购，存在搞暗箱操作、利益输送等问题。

（4）财务管理不规范，存在原始凭证用自制付款凭证或普通收据入账，甚至白条列支费用、虚列账目、无人签字领款等问题。

（5）资金使用程序不规范，未按程序讨论研究，挤占挪用、超范围使用等问题。

（6）固定资产的保管、使用、大修、折旧、租赁、报废等方面不规范。

（7）未制定规范适用的章程，未制定资产经营、财务管理、收益分配等规章制度，未及时根据上级要求调整和修改，未切实维护集体成员利益，未按“三资”管理制度执行，存在执行走样，用制度掩盖小集体利益。

（8）未合法合规使用资金、资金使用程序不规范、存在违规使用、转移资金或者套取现金，财务管理不规范、账目混乱、票据不规范、审核把关不严，实际支出不明。

（9）资产、资源出租程序不规范，未公开透明，价格不合理，收益未按时收回；资产台账不完整不一致，存在账外资产。

（10）未按时及时逐笔公开，公开的范围不符合要求，群众知晓率不高；会计履职不到位，未按要求监督票据规范和完整，存在虚假报销。

（11）在集体经济、处理拆迁安置和土地流转等工作中急躁冒进，违规以集体名义对外担保、拆借资金、非法集资、举债，导致债务风险不断增加、隐患突出，造成严重后果等。

3. *参考方法路径*

（1）查阅底数登记情况。通过访谈、走访、查阅资料等方式摸清公共（集体）资产、资金、资源状况，看被巡察社区党组织是否家底不清、登记不全、无偿占用。

（2）查阅财务账册，看被巡察社区党组织各种财政性收入、出租出售性收入、各类补助补贴等资金在收取、存放过程中是否“公款私存”，挪用公共（集体）资金转入个人名下存储、购买理财产品或归个人使用等；看公共（集体）资产出租资金收缴是否及时，有无账外支出等。

（3）组织调研走访。随机询问社区居民，看被巡察社区党组织班子成员有无对公共（集体）资产、资金账外支出、私分挪用等现象，看在集体资产出租过程中有无公开招租、有无优亲厚友、内部低价租赁或者社区“两委”成员承租等。

（4）加强沟通协调。强化与区委社会工作部及民政、农业农村、住建交、公安等部门的沟通协调，通过贯通融合共享信息，与被巡察社区建立的台账资料进行比对，核准真实情况等。

（5）充分运用“码上巡”，鼓励通过网络平台反映问题线索；受理来电、来信、来访，认真对待反映的重点问题等。

4. 政策法规索引

《中华人民共和国农村集体经济组织法》《中华人民共和国村民委员会组织法》《中华人民共和国民法典》《农村集体经济组织财务制度》《物业管理企业财务管理规定》《四川省农村集体经济组织条例》《四川省农村集体资产管理条例》《四川省村务公开条例》等。

（三）服务外包和项目建设方面

1. 监督重点

重点检查被巡察社区党组织在服务外包和项目建设中制度建设、组织程序以及工作作风等情况。

2. 典型突出问题表现

（1）不按资金使用办法实施招投标，存在搞内幕交易、围标串标、明标暗定。

（2）违规转包、分包、变更、不合理大额预支。

（3）虚增工程量，不按规定报批工程变更，无正当理由超合同价结算；项目追加金额超原合同10%，不走程序直接签订补充合同。

（4）未按下达项目开展财评、确定施工单位、签订合同、进场施工、竣工验收、结算审计等。

（5）社区“两委”成员违规承包或插手工程项目，对特定关系人搞利益输送。

3. 参考方法路径

（1）查阅被巡察社区党组织会议资料，看是否落实“三重一大”“四议两公开”相关制度，对服务外包和项目建设是否经过集体研究；看合同签订是否规范，验收手续是否完备；看是否随意增加预算资金，“一把手”是否率先表态定调。

（2）开展座谈交流，询问与会代表对项目建设的满意度，看被巡察社区党组织及其班子成员是否利用服务外包、项目建设损公肥私，是否搞利益输送。

（3）组织“两委”成员、党员代表、人大代表、政协委员、居务监督员等各类别人员个别谈话，看是否存在不按规定招投标，看是否存在搞内幕交易等。

（4）加强与纪委监委相关部室、审计等职能部门的沟通协调，通过贯通融合共享信息，了解真实情况。

（5）充分运用“码上巡”，鼓励通过网络平台反映问题线索；受理来电、来信、来访，认真对待反映的重点问题等。

4．政策法规索引

《中国共产党支部工作条例（试行）》《物业管理企业财务管理规定》《中华人民共和国民法典》《四川省农村集体经济组织条例》等。

（四）民生领域和群众关心的突出问题方面

1．监督重点

重点检查对管辖区域内供水供电、道路出行、环境卫生等方面存在问题的解决情况；重点检查居务公开，居民知情权、参与权、监督权落实以及群众反映的热点难点问题解决情况（见图4－6）；重点检查开设社区企业的党组织班子成员在社区企业违规兼职、套取开支以及利用社区企业名义违规处理有关账目；重点检查社区社会企业的资产投资、人事任免、新设机构、利润分配等重大事项，未提交社区居民（代表）大会决议等情况；重点检查在征地拆迁中相关规章制度的执行情况等。

图4－6　巡察人员与居民拉家常

2．典型突出问题表现

（1）配合完成“幸福美好生活十大工程”、城市有机更新、推进双线融合、营商环境建设等重点工作质效不高；打造“示范（产业）社区”“示范小区”“社区微更新项目”、信托制物业推广等示范建设重点工作推动落实不力；

优化社区服务和深化社区治理不到位，未完成社区商业示范场景打造、社区美空间项目、示范性社区社会企业打造任务；社区保障资金绩效评价排名靠后被上级督查通报等。

（2）对辖区道路交通、水电、通信、管线老化等方面存在的问题发现上报不及时；在解决环境卫生脏乱差、消防安全、食品安全、违章搭建、电梯安装等群众关心关注的问题方面成效不好，群众满意度不高；基础设施建设管理和服务水平停滞不前，设施管理使用效率不高，社区活动场所、日间照料中心等便民惠民场所长期闲置或挪作他用，影响居民正常活动使用。

（3）党务、居务、财务、事务公开栏更新不及时，设置地点不科学，公示内容不全面，重大事项、惠民政策等没有及时公布，社区居民知情权、参与权、监督权等相关权利未有效落实。

（4）社区“两委”成员违规在社区社会企业兼职兼薪；发放创收奖金的金额标准随意扩大，超过本人当年职业岗位基本工资总额；社区企业多年未进行实质经营，但还是利用企业名义虚开工资或者支付其他开支等。

（5）对辖区已征空地监督管理不到位，私自出租已征空地牟取私利或非法转让出租集体土地、空旷场地；在土地流转服务管理及流转补助金的分配，集体土地征用征收租用补偿费及集体收益分配使用中，未体现公平公正；社区党员干部甚至“两委”班子成员办理假结婚证用于拆迁，侵吞集体财产等。

3. *参考方法路径*

（1）查阅被巡察社区党组织会议资料，看是否对涉及民生问题和群众关心关切的问题进行集体研究；看“两委”成员是否落实包片负责制度，相关工作责任是否具体落实到人。

图 4-7 深入社区了解民生政策落实情况

（2）开展座谈交流，询问与会人员对被巡察社区党组织的满意度，看是否存在形式主义、官僚主义，对群众关心关切的问题不作为、慢作为、乱作为等（见图 4-7）。

（3）组织“两委”成员个别谈话，看对工作职责是否熟悉、工作情况是否掌握；看联系服务群众是否紧密，对群众关心关切的问题是否不上心等。

（4）查询社区企业经营、往来开支账目等资料，看是否存在重大事项未经集体决策等问题；组织社区企业负责人、居民代表和企业员工代表个别谈话，了解是否对被巡察社区党组织满意，了解被巡察社区“两委”成员是否作风拖拉、对民生问题漠不关心、是否存在损公肥私甚至违规违纪情况。

（5）充分运用“码上巡”，鼓励通过网络平台反映问题线索；受理来电、来信、来访，认真对待反映的重点问题等。

4. 政策法规索引

《中国共产党组织工作条例》《中国共产党支部工作条例（试行）》《中华人民共和国民法典》《城市社区嵌入式服务设施建设工程实施方案》《四川省农村集体经济组织条例》《四川省〈中华人民共和国城市居民委员会组织法〉实施办法》《四川省农村居民最低生活保障办法》等。

三、聚焦基层党组织和党员队伍建设方面

（一）社区党委领导班子自身建设方面

1. 监督重点

重点检查社区党组织班子结构、班子内部运转、党组织议事规则以及民主集中制执行等情况；重点了解党建主体责任落实、党组织政治功能及战斗堡垒作用发挥情况；重点检查加强政治建设、履行党的领导工作机制情况等。

2. 典型突出问题表现

（1）社区党组织书记长期缺职、工作处于停滞状态；社区党组织书记不能胜任现职、工作不在状态；社区“两委”班子不团结、内耗严重、工作不能正常开展；社区党组织不健全、不规范、党组织应建未建，组织制度形同虚设、不开展党组织活动，3 年或更长时间未发展党员或者未培养入党积极分子。

（2）社区无办公和活动场所、无服务群众专项经费、无专职党务工作者的；社区“两委”成员服务意识差、服务能力弱、群众意见大；社区“两委”成员有违纪违法行为，或党组织被上级通报批评、问责。

（3）社区未建立完善党建引领多元共治机制，未落实区域化党建联席会议、“三张清单”等制度，未推动与辖区内学校、企业等形成多元主体参与的

党建联合体等。

(4) 社区党建工作责任制落实不力，未将党建工作放在社区首要位置，缺乏研究、思考和谋划，党建活动重形式、轻实效，为民服务、为群众办实事效果不明显。

(5) 党内政治生活缺乏严肃性、纪律性，“三会一课”、组织生活会、谈心谈话、党日活动、民主评议党员等制度执行打折扣、走过场；社区党组织“三重一大”制度、民主集中制执行不到位。

(6) 社区“两委”班子凝聚力、战斗力不强，内部运转不畅，甚至严重失和，工作中各行其是、推诿扯皮，对上级党组织部署的重点工作，行动少落实差、敷衍塞责；“两委”成员职责不明确，分工不合理，缺乏“老带新、传帮带”的意识，整体向心力差；社区党务工作者能力素质不能适应工作需要，不愿抓、不会抓。

(7) 社区“两委”成员和社区党员纪律观念淡薄，甚至违纪违法；对社区党员“以案促改”警示教育不及时，被动应付；社区纪委书记身份意识不强、职责意识不清，不同程度存在不懂监督、不愿监督、不会监督现象。

(8) 社区党组织将党内文稿起草、党组织会议和党建活动组织、党员教育管理、党建活动阵地管理等党务工作事项，外包给教育培训、文化传播、咨询服务等第三方机构承担；对委托第三方机构提供党组织履职所需技术性、辅助性服务事项审核把关不严格，导致党建工作不规范；非党员从事党务工作、党组织活动有偿化。

(9) 对社区下属“两企三新”党组织党建工作指导不经常、不到位等情况。

3. *参考方法路径*

(1) 查阅被巡察社区党组织会议资料，看是否落实政治学习制度，是否落实“三重一大”相关制度，是否存在“一把手”率先表态定调；看是否落实“三会一课”制度，是否带头讲党课、以党员身份参加组织生活；看是否存在党建活动不经常，党性分析报告、学习心得体会、述责述廉报告等每年内容雷同或者照搬照抄网上的文章等。

(2) 开展座谈交流，询问与会代表对被巡察社区党组织及其班子成员的满意度，看被巡察党组织及其班子成员是否存在作风散漫、搞形式主义等问题；是否存在社区“两委”成员有违纪违法行为被通报批评、问责等。

(3) 列席有关会议，看社区“两委”班子议事程序是否规范、班子是否团结、是否拉帮结派或一团和气等；看“一把手”是否能够发挥领头羊作用，有无“家长制”作风、“一言堂”现象等。

（4）组织与“两委”成员、党员代表、人大代表、政协委员、居务监督员等各类别人员个别谈话，看是否存在党日活动、组织生活会等制度执行打折扣，党组织战斗力不强，遇到事情推拖绕躲等。

（5）加强与纪委监委机关、组织、人社、公安、社会工作部等职能部门的沟通协调，通过贯通融合共享信息，了解真实情况。

（6）充分运用“码上巡”，畅通举报渠道，受理来电、来信、来访等。

4. 政策法规索引

《中共中央关于加强党的政治建设的意见》《中国共产党支部工作条例（试行）》《中国共产党党员教育管理工作条例》《中国共产党处分违纪党员批准权限和程序规定》等。

（二）基层党组织建设方面

1. 监督重点

重点了解社区党组织架构、党员教育管理、党员发展程序以及党组织换届风气情况；重点检查社区党组织工作作风、精神状态、党员先锋模范作用发挥以及对信访问题处置等情况。

2. 典型突出问题表现

（1）对社区党支部成立、换届、撤销不及时、不规范；对小区院落、“两企三新”党组织工作指导不力、联系不够、工作情况掌握不深不透，指导督促下级党组织缺方法、欠力度；党费缴纳不及时、不规范。

（2）对社区支部党员底数不清，党员教育管理缺乏分类施策，存在“一锅煮”的问题；流动党员缺少有效管理措施，存在“口袋”党员和失联党员。

（3）社区发展党员不严肃，对入党积极分子培养教育考察不及时、不规范，存在弄虚作假；对发展党员把关不严，存在“带病入党”；优亲厚友，将不符合条件的人员发展入党，严重违反入党程序等违规违纪问题。

（4）社区违反换届纪律，拉帮结派、拉票贿选、干扰影响选举。党组织主要负责人搞“近亲繁殖”，违反组织纪律私下运作，形成“家族支部”；违反程序组织、参与选举，或者参选人学历造假、简历造假、伪造选票、虚报票数、篡改选举结果；采取暴力、威胁、欺骗、贿赂等不正当手段参选或者妨害选民依法行使选举权、被选举权；利用宗教、宗族、家族势力或者黑恶势力干扰、操纵、破坏选举。

（5）党员先锋模范作用发挥不够，社区“两委”班子甚至带头违规违纪，鼓动群众闹事、上访，给社区工作带来难度；工作作风散漫，服务群众不上心，对群众合理诉求推诿扯皮、冷硬横推，对上访户通过违规办理低保或发放补贴形式维护稳定，存在“花钱买稳定”等问题。

3. 参考方法路径

（1）查阅被巡察社区党组织有关会议资料，看基层党组织架构是否健全、党员发展是否规范、党费收缴是否及时；看宣传教育是否落实，换届选举的原始资料是否有篡改等。

（2）组织座谈走访，询问有关群众对被巡察社区党组织的评价，看是否有凝聚力、战斗力，是否存在以不正当手段参选或改选现象，是否存在利用宗教、宗族、家族势力或黑恶势力干扰、操纵、破坏选举。

（3）组织被巡察社区党组织班子成员个别谈话，看“一把手”对党建工作流程是否熟练，对管理党员底数及基本情况是否清楚，对发展思路和方向是否清晰；看其他班子成员对自身职责定位是否清晰，对责任工作是否清楚；看是否存在拉帮结派、拉票贿选等现象。

（4）充分运用“码上巡”，受理来电、来信、来访。

4. 政策法规索引

《信访工作条例》《中国共产党支部工作条例（试行）》《中国共产党基层组织选举工作条例》《关于中国共产党党费收缴、使用和管理的规定》《中国共产党组织工作条例》《中国共产党党员权利保障条例》《中国共产党党员教育管理工作条例》《四川省社会治安综合治理条例》等。

（三）党建引领社区治理方面

1. 监督重点

重点检查党建引领社区居民自治制度机制建立、居务监督委员会作用发挥、网格化管理制度落实、针对社区特点采取的政策措施等情况（见图 4-8）。

图 4-8　社区网格责任图

2. 典型突出问题表现

(1) 推动党建引领物业管理不到位，未按业主需求指导和监督本社区的业主大会、业主委员会、物业服务企业等组织开展工作，未维护社区居民合法权益；整合多方资源，提供满足居民多元化、个性化、专业化的需求服务的能力还不足。

(2) 落实“微网实格”运行管理机制不好，统筹指导“一般网格”和“微网格”开展工作不到位，网格化管理水平不高。未建立网格党建联席会议制度，网格党组织与各类组织协调联动不够，未定期协调专职网格员、微网格长（楼栋长）、物业服务人员、居民自治骨干等网格工作力量共商共议“微网实格”治理重大事项，推动小区院落党组织、网格党组织与物业服务机构、社区社会组织和社会企业、群众自组织等各类组织协调联动不够，共治共建不充分；未明确网格管理服务事项，专职网格员、微网格长（楼栋长）职责不清，对专职网格员、微网格长（楼栋长）等社区治理队伍履职能力培训指导不够、管理不到位，导致其工作质效不高；培育发掘微网格长（楼栋长）等群众骨干力量不够，微网格长（楼栋长）选配程序不规范。

(3) 领导居民自治工作水平不高，社区居民（代表）会议、居民议事会和居民小组会议（居民小组议事会）权责边界不清，居民自治章程不健全，社区居民（代表）会议、居民议事会和居民小组会议（居民小组议事会）运行不规范，未形成有效的社区党组织领导、议事会（代表大会）决策、居委会执行、居务监督委员会监督的基层群众自治运行机制。

（4）社区党组织领导居务监督委员会作用发挥不够。居务监督委员会对居务公开及各项民主管理制度落实情况、居委会执行居民（代表）会议、居民议事会决策落实情况存在监督缺位、错位、滞后；落实“四议两公开一监督”制度打折扣，在社区重要事项以及与群众利益密切相关的重大事项决策中，以社区党委会、碰头会代替党员大会、居民（代表）会议、居民议事会，未按程序征求党员群众意见等。

（5）对老旧小区（院落）群租房、“三合一”场所、私改水电气、消防通道长期被占用等安全隐患放任不管，未及时发现、上报处置；针对消防问题、安全问题等未深入思考，未主动联动街道、业主单位和其他资源进行维修维护，推动问题解决不够，协助隐患整改不到位，导致风险隐患长期挂账，辖区安全事故频发，造成损失或重大社会影响。

3. *参考方法路径*

（1）查阅被巡察社区党组织有关会议资料，看是否召开网格党建联席会议，是否集体研究社区治理相关事项，是否指导召开业主委员会、物业管理会，是否组织对专职网格员、微网格长（楼栋长）等社区治理队伍履职能力进行培训指导等。

（2）查阅项目设计规划，与被巡察社区党组织班子成员个别谈话，看对社区治理发展思路是否符合实际，对辖区内的基本情况是否做到心中有数，对涉及群众生产、生活等切身利益问题是否推诿扯皮、效率低下；看是否对管理范围的风险隐患点有清晰判断，并采取了行之有效的应对措施。

（3）邀请老党员、居民代表、辖区内企业代表等开展座谈走访、民意测评等，着重了解“两委”成员工作状态、精神面貌和工作作风，看被巡察社区党组织对社区治理工作组织是否有力，是否存在监督缺位、错位、滞后等现象。

（4）开展实地走访，对被巡察社区党组织管辖范围的人员进行深入了解，随机对辖区内企业、商铺或者居民代表进行了解，看被巡察社区党组织各项工作是否到位，是否存在对群众呼应漫不经心、敷衍塞责的现象。

（5）设立信访举报箱、信访举报电话，受理来电、来信、来访，重点关注信访反映的问题等。

4. 政策法规索引

《业主大会和业主委员会指导规则》《业主大会议事规则》《四川省消防条例》《四川省社会治安综合治理条例》《四川省〈中华人民共和国城市居民委员会组织法〉实施办法》等。

四、聚焦巡察整改和成果运用方面

（一）履行整改主体责任方面

1. 监督重点

重点检查街道党工委对所辖社区党组织的巡察整改主动担当作为及统筹推进情况。

2. 典型突出问题表现

（1）街道党工委对社区自身难以整改的问题牵头整改不力。

（2）对整改工作不重视，整改情况不过问，统筹推进不到位等。

（3）街道党工委督促跟进社区整改建章立制不力，常治长效不明显。

3. 参考方法路径

（1）查阅街道党工委有关会议资料，看是否召开专题会议研究部署巡察整改工作，是否对社区巡察整改报告进行集体研究等。

（2）组织社区“两委”成员个别谈话，了解街道党工委是否对社区巡察整改进行督促指导等。

（3）查阅社区整改台账，看街道党工委督促销号情况。

4. 政策法规索引

《中国共产党巡视工作条例》《关于加强巡视整改和成果运用的意见》《中共四川省委巡视工作办法》《四川省市（州）、县（市、区）党委巡察工作办法》《四川省关于加强巡视整改和成果运用的工作措施》《向被巡视党组织反馈工作规范》等。

（二）落实整改直接责任方面

1. 监督重点

重点检查社区党组织落实整改不力、敷衍整改、虚假整改，对整改公开要求不到位等情况。

2. 典型突出问题表现

（1）社区党组织整改责任落实不到位，整改清单不细不实，存在敷衍整改、虚假整改、纸上整改、边改边犯等情况。

（2）落实整改公开要求不到位，存在应公开未公开，或选择性公开，群众对整改情况不了解等问题。

3. 参考方法路径

（1）查阅被巡察社区党组织有关会议资料，看巡察整改措施是否紧贴实际，是否具有很强的指导性、操作性，是否按要求进行公开等。

（2）开展座谈走访，询问群众对整改工作是否清楚，对整改措施是否满意等。

（3）设立信访举报箱、信访举报电话，受理来电、来信、来访。

4. 政策法规索引

《中国共产党巡视工作条例》《关于加强巡视整改和成果运用的意见》《中共四川省委巡视工作办法》《四川省市（州）、县（市、区）党委巡察工作办法》《四川省关于加强巡视整改和成果运用的工作措施》《向被巡视党组织反馈工作规范》《巡视移交问题及问题线索工作规范》等。

（三）落实整改监督责任方面

1. 监督重点

重点检查区纪委监委机关、区委组织部监督社区巡察整改的落实情况，检查街道组织人事部门和纪工委日常监督社区巡察整改情况。

2. 典型问题表现

（1）区纪委监委机关落实社区巡察整改全面监督不到位，监督次数少，发现问题少，督促整改不深入，销号审核把关不严。

（2）区委组织部落实社区巡察整改日常监督不到位，日常监督不经常、不严实，推动整改不深入。

（3）街道组织人事部门对社区巡察整改台账中整改措施指导不力，盯得不紧，深入社区督导少。

（4）街道纪工委对社区党组织巡察整改直接责任落实情况跟踪不力，对发现的违规违纪线索查处不及时。

3. 参考方法路径

（1）查阅相关监督检查资料。查看区纪委监委机关、区委组织部、街道纪工委及相关科室对社区巡察整改日常监督资料及发现的问题。

（2）开展走访座谈。向社区“两委”成员及工作人员、社区群众了解相关监督单位督促整改情况。

4. 政策法规指引

《中国共产党巡视工作条例》《关于加强巡视整改和成果运用的意见》《四川省关于加强巡视整改和成果运用的工作措施》等。

（四）成果运用方面

1. 监督重点

重点检查巡察整改长效机制建立，成果运用成效等情况。

2. 典型突出问题表现

未建立长效机制，没有将巡察整改与日常工作、与本社区具体实际工作结合起来，已整改问题反弹回潮，就事论事抓整改、举一反三不力等问题。

3. 参考方法路径

（1）查阅被巡察社区党组织有关会议资料，看巡察整改工作机制是否建立，整改措施是否紧贴实际，是否具有很强的指导性、操作性等。

（2）开展座谈走访，了解群众对整改效果是否满意，已整改问题是否反弹回潮等。

（3）设立信访举报箱、信访举报电话，受理来电、来信、来访。

4. 政策法规索引

《中国共产党巡视工作条例》《关于加强巡视整改和成果运用的意见》《中共四川省委巡视工作办法》《四川省市（州）、县（市、区）党委巡察工作办法》《四川省关于加强巡视整改和成果运用的工作措施》《向被巡视党组织反馈工作规范》《巡视移交问题及问题线索工作规范》等。

第五章 社区巡察方式及流程

做实社区巡察，难点是解决“怎么巡”的问题，必须探索一套灵动灵活、务实管用的方法，科学优化、简化流程，力争做到“简、易、准、实”，切实为基层减负。

第一节　社区巡察“四种方式”

针对不同类型社区采取“常规直巡社区”“街道社区一体巡”“专项巡察社区”“巡部门带社区”四种方式靶向发力（见图5-1）。

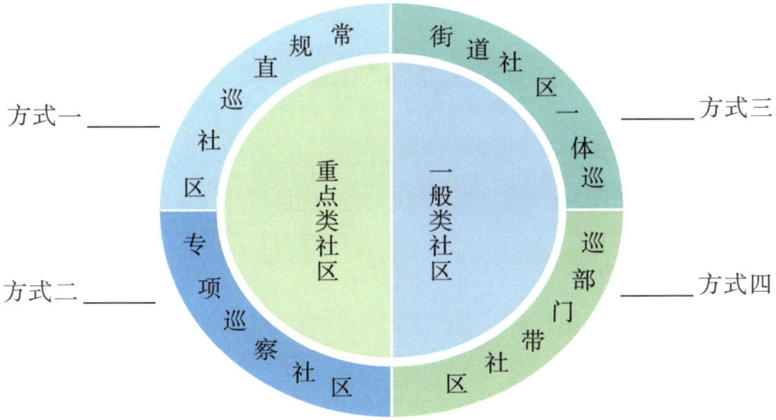

图5-1　社区巡察四种方式

一、重点类社区

对重点类社区采取“常规直巡社区”和“专项巡察社区”方式开展巡察。“常规直巡”兼顾“点线面”，用15天时间对社区进行全方位“政治体检”。“专项巡察”注重“专精尖”，采取直插社区、直面群众、直奔问题的方式，致力破解社区集体“三资”、惠民补贴等群众“可视”“有感”、反映强烈的突出问题。

二、一般类社区

对一般类社区采取“街道社区一体巡”和“巡部门带社区”方式开展巡

察。“街道社区一体巡”突出“短平快”，采取“巡街道大组带巡社区小组”模式，用 5 天时间对社区共性和个性问题进行会诊。“巡部门带社区”用 3 天时间针对部门下沉社区服务事项开展巡察，突出注重“以上看下”“以下看上”相结合，形成“聚像”效应。

第二节　“常规直巡社区”流程

“常规直巡”社区党组织工作流程由常规巡察 7 阶段 46 个环节简化为 6 个阶段 21 个环节（见图 5-2）。

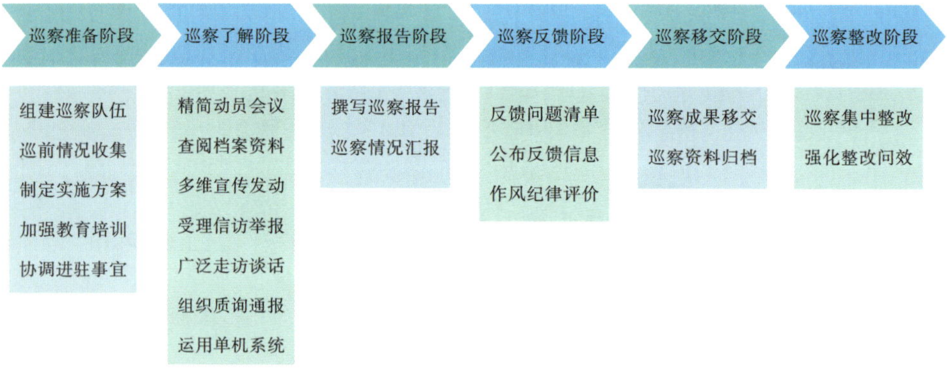

图 5-2　“常规直巡社区”流程

一、巡察准备阶段

（一）组建巡察队伍

武侯区委巡察组通常按照 12 人配置，设组长 1 人、副组长 2 人，巡察专员 9 人（含 1 名联络员和 1 名信息员）。队伍组建的具体程序：①区委巡察办根据任务需要，从组长人才库中提名巡察组组长人选，经区委巡察工作领导小组同意后确定；②巡察队伍组建原则上实行“组长负责制”，组员由巡察组长根据社区巡察任务实际在社区巡察人才库中抽选形成意向名单报区委巡察办；③区委巡察办整体统筹后，将抽调人员名单函告区委组织部，由区委组织部向相关单位正式行文抽调。巡察组经区委巡察工作领导小组授权后，即对指定社区党组织开展“常规直巡”。

（二）巡前情况收集

区委巡察办在充分征求巡察组意见的基础上，分别向区纪委监委、区委组织部、区委政法委、区委社会工作部、区民政局、区农业农村和水务局、区信访局及有关街道等发函收集被巡察社区党组织有关情况，请各单位提供日常监督或检查中发现被巡社区存在的主要问题综述并提供佐证材料，相关单位应积极予以支持配合。根据社区巡察任务需要，区委巡察办可视情召集巡察监督贯通融合联席会议成员单位召开专题会议，“面对面”与区委巡察组沟通交流被巡社区有关情况。区委巡察组可依托网格员等基层治理力量、第三方民意调查机构，通过合理设计《社区民意调查问卷》广泛收集社区居民对被巡察社区党组织的问题反映和意见建议（见图 5－3）。

图 5－3 “常规直巡社区”调查社情民意

（三）制定实施方案

区委巡察组根据当轮巡察工作方案，结合被巡察社区实际，拟定《区委第×巡察组常规直巡××社区党组织工作实施方案》，内容主要包含巡察对象、时间安排、监督重点、方法步骤、任务分工、工作要求等，报区委巡察办审定后组织实施。梳理形成《××社区需提交资料清单》交被巡察社区党组织，被巡察社区党组织应逐条逐项据实准备相关资料并规范组卷，于巡察组正式进驻时提交。

（四）加强教育培训

区委巡察组按照《区委巡察组临时党支部管理办法》要求成立临时党支部，由组长担任临时支部负责人，负责本组的党风廉政建设和日常队伍管理、党组织活动等工作，并加强日常培训和教育。区委巡察办采取集中培训、专题授课等方式，区委巡察组采取组内交流、以老带新等形式，有针对性地加强对巡察组组员的教育培训，促进掌握工作标尺、熟悉工作流程。

（五）协调进驻事宜

区委巡察组应加强与被巡察社区党组织的沟通衔接，可视情召开见面沟通会，明确对照自查、资料准备等相关要求，会商确定巡察意见箱、巡察公告张贴地点，开通电子邮箱、信访联系电话、巡察在线网络平台、“码上巡”等，建立居民群众反映问题渠道，根据需要制定信访应急预案等相关进驻准备工作。巡察期间，巡察组办公场地、办公物资等通常由被巡察社区党组织所在街道保障，对于保障确有困难的，可由区委巡察办协调解决。

二、巡察了解阶段

（一）精简动员会议

“常规直巡”重点类社区应组织召开进驻动员会，为体现精简高效原则，“常规直巡”进驻动员会可与巡察街道党工委进驻动员会合并召开，被巡察社区党组织书记、纪委书记应参加动员会，其他“两委”成员原则上应参会。也可以对几个直巡社区合并召开。进驻动员会还可邀请被巡察社区居民代表参加，以扩大巡察知晓面（见图 5-4）。

图 5-4　“常规直巡社区”见面沟通暨进驻动员会现场

（二）查阅档案资料

区委巡察组在进驻被巡察社区后，应安排专人接收被巡察社区党组织提交的档案资料，资料交接应履行相应手续。巡察期间，相关资料由联络员专人保管，按照组内分工将资料分发至个人进行认真查阅。必要情况下巡察组可要求被巡察社区党组织补充提供其他资料，巡察组撤离前应将相关资料全部予以归还，需作为问题佐证的资料可复印留存。

（三）多维宣传发动

区委巡察组应当在被巡察社区办公区、小区院落、驻区单位、企业、重要路段等醒目位置张贴巡察公告、设置巡察意见箱，巡察公告应包含巡察时间、监督重点范围以及信访举报联系电话、电子邮箱、二维码等信息。巡察组应尽量依托城市社区“微网实格”治理体系和社区党风政风监督员向居民群众发放巡察监督“联系卡”，实现“线下”宣传发动有效覆盖；利用武侯融媒体、“巡察在线网络平台”、社区公众号和微信群等载体同步开展宣传发动，充分发挥“线上”优势，最大限度提高辖区群众知晓度和参与度，拓宽问题反映渠道，多维收集被巡察社区群众诉求和问题反映（见图 5-5）。

图 5-5 巡察社区宣传发动会现场

（四）受理信访举报

区委巡察组应当指定专人承办社区信访事项，明确信访事项的接收、登记、分类、报批、汇总、建立台账、管理、转办及移交等日常工作。巡察期间，巡察组对收集到的信访事项应召开组务会专题研判，按照《巡察机构信访事项办理工作办法》分类处置。

（五）广泛走访谈话

区委巡察组应注重运用群众工作法，深入基层一线开展走访谈话。走访谈话前应制定《走访调研工作方案》，结合被巡察社区特点设计“个性化”走访调查问卷，针对不同人群拟定谈话提纲，采取坝坝会、座谈会、拉家常、访谈、明察暗访等方式，广泛听取居民心声。走访以问题为导向，力求做到对小区业委会主任、社区退休干部、社区名人、社区发展带头人、人大代表、政协委员、驻区单位代表、社区群团组织、企业代表、残疾人孤寡老人低保户等进行访谈，了解群众关心关切和“急难愁盼”问题，广泛听取社区居民心声。巡察组要根据居民群众反馈的意见建议和问题诉求，分类梳理形成《社情民意收集办理台账》，并参照《巡察机构信访事项办理工作办法》分类处置。对需要重点了解的问题，可开展个别谈话，个别谈话要制定谈话方案、拟定谈话提纲、形成谈话记录、撰写谈话报告。个别谈话至少应有 2 名巡察人员参加。

（六）组织质询通报

对巡察期间发现的群众反映强烈、明显违反规定且由职能部门、街道党工委、社区党组织能够及时解决的突出问题，巡察组经组务会研究后可作为“立行立改”事项。“立行立改”事项按《关于规范巡察期间〈巡察整改通知书〉〈情况说明通知书〉的意见》报区委巡察办审批后，由巡察组向相关单位发《巡察整改通知书》，督促相关单位按照职责分工，分层分级推动立行立改。巡察了解阶段后期，巡察组适时组织召开社区党组织工作汇报会。会议时间、地点、参会人员由巡察组与被巡察社区党组织共同确定（通常应包含巡察组全体成员、社区“两委”成员、街道联系社区领导、社区专职网格员代表、社区党风政风监督员代表、社区居民代表等），会议由巡察组组长主持。会议议程主要包括三项：一是被巡察社区党组织书记作自查汇报；二是社区党组织书记和巡察组共同就“立行立改”事项推进整改落实情况向参会代表作通报；三是参会代表就基层治理中存在的问题、社区自查问题、“立行立改”事项、其他需答疑解惑的问题等向社区党组织“面对面”质询（见图 5–6）。会后，被巡察社区党组织应将相关事项在适宜范围向社会公告。

图 5–6　社区巡察质询会现场

（七）运用单机系统

区委巡察办提前配置“巡察单机系统”，巡察组充分运用“巡察单机系统”开展工作，及时将被巡察社区的基本情况、任务分工、工作流程、巡察了解、谈话记录、信访台账、问题线索、问题底稿等内容录入单机系统。巡察期间，巡察组同步将相关数据录入网络平台。巡察结束后，巡察组将所有数据及时汇总移交区委巡察办。

三、巡察报告阶段

（一）撰写巡察报告

区委巡察组根据巡察发现问题底稿形成巡察报告，并附被巡察社区问题台账，常规直巡多个重点类社区，可只撰写一份巡察综合报告，问题台账分社区单列，即“1 报告＋N 台账”。同时将巡察发现反映街道的共性问题底稿交巡察街道的巡察组，由其视情纳入街道综合情况报告。巡察过程中发现制约社区深化改革发展的瓶颈问题、体制机制问题和突出典型问题，应形成专题报告（见图 5−7）。巡察发现涉及被巡察社区“两委”成员和其他党员违纪违法问题反映，应形成线索报告。

图 5−7　巡察组讨论报告和台账

（二）巡察情况汇报

在巡察了解工作结束后 1 个月内，区委巡察办、巡察组进行研判会商，将巡察社区情况综合报告和每个社区的问题台账（含重要问题线索和意见建议）提请区委巡察工作领导小组会、书记专题会、区委常委会研究审定。

四、巡察反馈阶段

（一）反馈问题清单

区委巡察组负责对巡察社区发现的问题进行研判分类，形成“三张反馈问题清单”（向社区党组织反馈问题清单、向街道党工委反馈问题清单、向职能部门反馈问题清单）。在向街道党工委巡察情况反馈会召开之前，由巡察组组长将反馈问题清单分别移交被巡察社区党组织和街道党工委，会上不再单独组织反馈。涉及需要相关职能部门的问题清单，由巡察组通过区委巡察办向相关职能部门发函反馈。

（二）公布反馈信息

巡察反馈后，被巡察社区党组织将巡察反馈信息在社区微信公众号、社区“三务”公开栏等公布，同时还应将适宜公开的巡察反馈问题（由街道党工委审核把关），以适当方式向群众公开，接受群众监督。

（三）作风纪律评价

巡察反馈后，区委巡察办通过被巡察社区属地街道党工委向被巡察社区党组织发函征询党员干部、群众对巡察组的纪律和作风情况评价，征询范围由区委巡察办结合具体实际予以确定。

五、巡察移交阶段

（一）巡察成果移交

对巡察发现的面上问题、重要问题线索和意见建议，经区委常委会审定后，巡察组通过区委巡察办按相关规范进行移交，即：涉及向区委的意见建议，抄送区委副书记；涉及职能部门的问题和向职能部门意见建议，抄送有关职能部门及分管（联系）区领导；所有面上问题依职责范围抄送区纪委监委机关和区委组织部，作为日常监督的重要内容；反映社区党员干部的违纪违法问题线索，严格控制知悉范围，并按程序及时移交区纪委监委案件监督管理室，巡察组不留存移交材料。

（二）巡察资料归档

在“常规直巡”社区党组织反馈结束后 10 日内，巡察组应将巡察社区党组织的所有归档材料（含电子文档）移送区委巡察办。同时，同步做好“金纪三期”单机系统和网络平台的信息移交工作。

六、巡察整改阶段

（一）巡察集中整改

自巡察反馈 5 个月内，被巡察社区党组织、街道党工委、相关职能部门应对照巡察反馈问题清单逐项整改。被巡察社区党组织应注意留存整改资料。集中整改结束前，被巡察社区党组织应向街道党工委报送整改落实情况台账，由街道党工委汇总后形成集中整改进展情况报告（附社区和部门整改落实情况台账），向区纪委监委机关报送，同时抄送区委组织部和区委巡察办。相关职能部门应将整改落实台账报区纪委监委机关，抄送区委巡察办及相关街道党工委。

（二）强化整改问效

武侯区纪委监委机关应对街道党工委报送的巡察整改进展情况报告及社区整改台账，组织“六方会审”（见图5−8），出具审校意见。在区纪委监委机关对巡察反馈问题集中整改进展情况报告出具审核意见后，被巡察社区党组织应在1个月内公开整改情况。公开前，街道党工委应对公开内容进行审核，不宜向社会公开内容应报区委巡察办备案，后续整改情况视情报告。整改公开后，武侯区委巡察办牵头组织实施巡察整改评估工作，评估工作主要包括党内评估和群众满意度评价。党内评估由区纪委监委机关、区委组织部、区委巡察办、区委巡察组、相关部门和街道参与，组成社区巡察整改成效“六方会审”评估组，被巡察社区党组织配合实施，可邀请一定数量的群众参与评估。群众满意度评价以群众为主体，可由社区党风政风监督员、微网格长（楼栋长）、“两代表一委员”、居民代表、居民议事会成员、居务监督委员会成员等人员参与评价，可邀请相关职能部门参与评价。

图5−8　组织“六方会审”

第三节　“街道社区一体巡”流程

“街道社区一体巡”将巡前准备阶段、巡察了解阶段、巡察报告阶段简化为10个环节（见图5−9），巡察反馈、移交和整改阶段，参照“常规直巡”工作流程一并执行。

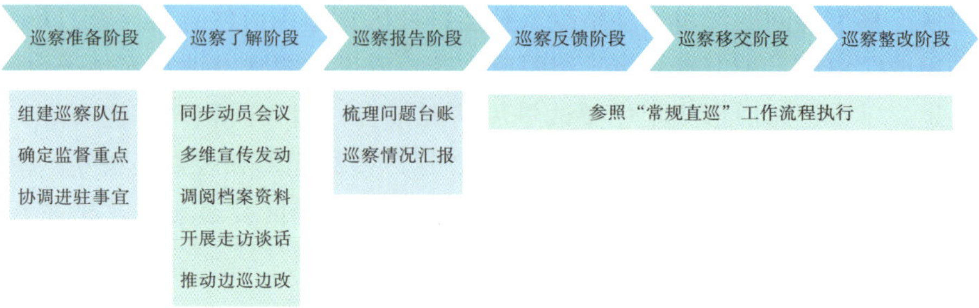

图 5-9 “街道社区一体巡”流程

一、巡察准备阶段

（一）组建巡察队伍

“街道社区一体巡”中巡察社区的小组通常按 5 人配置，从承担常规巡察街道党工委任务的巡察组内部选定人员，设小组长 1 人、巡察专员 4 人，小组长通常由巡察组副组长担任。小组在巡察组统一领导下负责对街道所辖一般类社区开展巡察。

（二）确定监督重点

向区级部门发函收集被巡察社区党组织有关情况，相关单位应积极予以支持配合。“街道社区一体巡”小组还可依托网格员等基层治理力量、第三方民意调查机构，通过合理设计《居民群众民意调查清单》广泛收集社区居民对被巡察社区党组织的问题反映和意见建议（见图 5-10）。“街道社区一体巡”小组对照被巡察社区职责范围、工作特点和权力运行机制，在《社区巡察监督重点清单库》中提取共性监督重点和个性监督重点，同时结合前期收集的情况反映，确定《街道社区一体巡××社区监督重点》，并据此梳理形成《××社区需提交资料清单》交被巡察社区

图 5-10 “街道社区一体巡”民意调查

党组织。被巡察社区党组织应逐条逐项据实准备相关资料并规范组卷，于巡察组正式进驻时提交。

（三）协调进驻事宜

“街道社区一体巡”小组应在巡察组统一领导下，加强与被巡察社区党组织的沟通衔接，可视情召开见面沟通会明确对照自查、资料准备等相关要求，确定巡察意见箱、巡察公告张贴地点，开通电子邮箱、信访联系电话、二维码等，畅通居民群众反映问题渠道，根据需要制定信访应急预案等相关进驻准备工作。巡察期间，一体巡小组办公场地、办公物资等通常由被巡察社区所在街道保障。

二、巡察了解阶段

（一）同步动员会议

区委巡察组同步召开街道和社区进驻动员会。被巡察社区党组织书记、纪委书记应参会，其他“两委”成员根据巡察组要求确定是否参会。进驻动员会还可邀请被巡察社区居民代表参加，以扩大巡察知晓面。

（二）多维宣传发动

“街道社区一体巡”小组应当在被巡察社区办公区、小区院落、驻区单位、企业、重要路段等醒目位置张贴巡察公告、设置巡察意见箱，巡察公告应包含巡察时间、监督重点范围以及信访举报联系电话、电子邮箱、二维码等信息。应尽量依托城市社区“微网实格”治理体系和社区党风政风监督员向居民群众发放巡察监督“联系卡”，实现“线下”宣传发动有效覆盖；还应利用“巡察在线网络平台”、社区公众号和微信群等载体同步开展宣传发动，充分发挥“线上”优势，最大限度提高辖区群众知晓度和参与度，拓宽问题反映渠道，多维收集被巡察社区群众诉求和问题反映。

（三）调阅档案资料

“街道社区一体巡”小组在进驻被巡察社区后，应安排专人接收被巡察社区党组织提交的档案资料，资料交接应履行相应手续。巡察期间，相关资料应实行专人保管，由专人分发资料到每位巡察人员手中认真查阅，必要情况下一体巡小组可要求被巡察社区补充提供其他资料。

（四）开展走访谈话

“街道社区一体巡”小组要结合被巡察社区特点设计“个性化”走访调查问卷和座谈、谈话提纲，采取坝坝会、座谈会、拉家常、访谈、明察暗访、个别谈话等方式（见图 5－11），广泛听取居民心声。走访调查以问题为导向，力求做到对小区业委会主任、社区发展带头人、驻区单位代表、社区群团组织、企业代表、残疾人孤寡老人低保户等走访，了解群众关心关切和“急难愁盼”问题。巡察小组要根据居民群众反馈的意见建议和问题诉求，分类梳理形成《走访了解问题台账》。巡察小组应适时开展个别谈话，时间可安排在进驻动员会之后或结合资料查阅进行，个别谈话要制定谈话方案、拟定谈话提纲、形成谈话记录。

图 5－11　“街道社区一体巡”座谈会现场

（五）推动“边巡边改”

对巡察期间发现的群众反映强烈、明显违反规定且由街道党工委、社区党组织能够及时解决的突出问题，“街道社区一体巡”小组应及时向巡察组汇报，经组务会研究后可作为“边巡边改”事项。“边巡边改”事项按《关于规范巡察期间〈巡察整改通知书〉〈情况说明通知书〉的意见》报巡察工作领导小组审批后，由巡察组向街道和被巡察社区发《巡察整改通知书》，督促分层分级开展“边巡边改”，街道和社

图 5－12　“街道社区一体巡”“边巡边改”沟通会现场

区应在规定时限内向巡察组报送整改推进情况（见图 5—12）。“边巡边改”问题应纳入巡察报告和反馈问题台账。

三、巡察报告阶段

（一）梳理问题台账

“街道社区一体巡”小组应突出精简高效原则，将巡察社区党组织发现问题以台账形式呈现，问题台账作为巡察街道综合情况报告的附件。巡察社区过程中发现的制约社区深化改革发展的瓶颈问题、体制机制问题和突出典型问题，形成专题报告。巡察发现涉及被巡察社区“两委”成员和其他党员违纪违法问题反映，形成线索报告。

（二）巡察情况汇报

在现场巡察工作结束后 1 个月内，巡察办、巡察组应加强研判会商，及时将巡察情况报告提请区委巡察工作领导小组会、区委书记专题会研究审定，并向区委常委会汇报巡察综合情况。一体巡社区有关情况，由承担常规巡察街道党工委任务的巡察组组长总体汇报，“街道社区一体巡”小组不单独汇报。

说明：巡察反馈、移交和整改阶段，参照“常规直巡”工作流程一并执行。

第四节　“专项巡察社区”流程

“专项巡察社区”由常规巡察 7 个阶段 46 个环节简化为 3 个阶段 10 个环节（见图 5—13）。

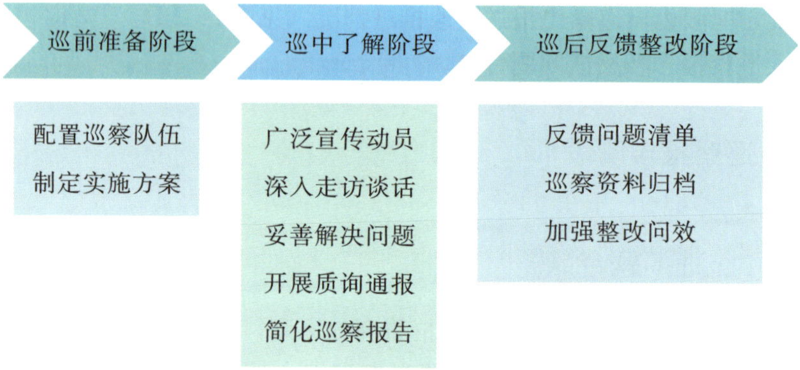

图 5－13 “专项巡察社区”流程

一、巡前准备阶段

（一）配置巡察队伍

根据“专项巡察社区”的主要内容、涉及领域等，武侯区委巡察办充分利用社区巡察人才库，选配相关部门、街道、社区熟悉专项巡察业务的人员，特别是注重选配社区纪委书记、部门经验丰富的离任职级干部到社区专项巡察组，配齐配强巡察力量，采取“1巡察组+N巡察小组”模式，开展“专项巡察社区”工作。专项巡察队伍组建原则上实行“组长负责制”，巡察组通常按照11人配置，设组长1人、副组长2人，巡察专员8人（含1名联络员和1名信息员）。巡察组可根据专项巡察社区对象分为N个巡察小组。

（二）制定实施方案

“专项巡察”组应根据区委巡察工作方案，结合“巡察重点清单库”，在广泛走访区级相关部门和街道的基础上，收集全国相关专项巡察的资料，查看法院网、纪检监察网上相关领域的案例，由巡察组进行汇总分析、充分消化，初步研究确定需要重点关注的问题和工作方向，梳理出针对性强的专项巡察“监督重点清单、资料清单、谈话清单、走访清单”，形成《区委第×巡察组社区“××××”专项巡察实施方案》，内容主要包含巡察对象、时间安排、监督重点、方法步骤、任务分工、工作要求等，报区委巡察办审定后组织实施。

二、巡中了解阶段

（一）广泛宣传动员

“专项巡察社区”按照删繁就简原则，将见面沟通会和进驻动员会合并召开（见图 5—14），所涉及的“专项巡察社区”集中召开一次，社区“两委”成员、街道联系领导参会。根据需要邀请街道纪工委领导、社区居民代表、驻社区人大代表、政协委员、网格员代表等列席会议。动员会后应视情组织巡察宣讲，并同步发布巡察公告。为便于群众监督，巡察公告须张贴到居民小组、社区院落、重要路段等醒目位置，巡察公告应包含巡察时间、监督重点范围以及信访举报联系电话、电子邮箱、二维码等信息。巡察组在巡察过程中，还应利用融媒体、“巡察在线网络平台”“小武生活”、社区公众号和微信群、巡察监督“联系卡”、院坝会等载体广泛宣传发动，可依托第三方调查机构、社区党风政风监督员、“微网实格”单元等多维收集被巡察社区有关问题反映。

图 5－14　专项巡察社区集体“三资”管理见面沟通会现场

（二）深入走访谈话

巡察组应充分依靠社区居民，做到腿勤、嘴勤、脑勤，通过“四进”（进社区、进院落、进家庭、进商铺），采取坝坝会、座谈会、访谈、明察暗访等方式，广泛听取居民心声。走访以问题导向为主，制定访谈提纲，做到“五必访”（社区退休干部、“两代表一委员”、特殊家庭、企业代表、业委会代表）（见

图 5－15　“专项巡察社区”走访居民

图 5-15)，落实“三究问”(究问“两委”成员、究问具体经办人、究问社区监事会主任)，走访率不低于常住户数 7%，了解重点人员和事项，关心关注群众反映强烈的痛点、堵点、难点问题。

(三) 妥善解决问题

区委巡察组有针对性查阅相关资料，深入查找问题。对发现的问题，专项巡察组应加强会商研判分析，分类妥善处置。对社区层面能及时整改的问题，赓即反馈立行立改；对需要多方协作配合解决的问题，充分发挥巡察综合监督平台功能，由巡察办或巡察组协调相关部门，采取现场办公、协调会商等方式，加强相应问题解决；对长期难以解决的历史遗留问题或重大突出矛盾问题，巡察组通过区委巡察办向区委巡察工作领导小组专题报告，必要时可向区委呈送专报，推动及时解决。

(四) 开展质询通报

针对社区党组织自查的问题是否准、实，群众是否满意，巡察组可邀请该社区的人大代表、政协委员、退休社区干部、社区常住村民代表、网格员代表参加社区“自我剖析+质询点评”面对面交流。针对社区自查的问题采用巡察组人员逐一提问，社区“两委”成员或集体公司相关人员现场回答；参会的代表随机提问，帮助社区党组织把问题找得更准更实。根据社区自查的问题、巡察发现的问题，需要立即整改的，采取“问题沟通+书记承诺+群众监督”方式，督促巡察期间抓实“立行立改”。“立行立改”问题应纳入巡察报告或问题台账。

(五) 简化巡察报告

区委巡察组在巡察现场工作撤点前，根据巡察发现的问题，形成“专项巡察社区”综合情况报告，报告采取“1 报告+N 台账”，综合情况报告应直指问题，不宜“穿靴戴帽”。每个社区巡察发现的问题以台账形式呈现，作为专项巡察综合情况报告的附件，向区委巡察工作领导小组、书记专题会和常委会报告。

三、巡后反馈整改阶段

（一）反馈问题清单

经区委常委会审定的社区巡察问题事项，分社区形成反馈问题清单，向被巡察社区党组织反馈，压实社区党组织整改直接责任。涉及街道和社区的问题统一向街道移交，由街道牵头整改。涉及区级相关部门的问题，向相关部门移交，由部门领改。“专项巡察”发现问题应分类抄送区纪委监委和区委组织部。

（二）巡察资料归档

在巡察反馈结束后 10 日内，巡察组应将“专项巡察”社区的所有归档材料（含电子文档）移送区委巡察办。同时，同步做好“金纪三期”单机系统和网络平台的信息录入工作。线索按规定移交区纪委监委案管室。

（三）加强整改问效

被巡察社区党组织应全面落实巡察反馈问题整改，注重实效，注意留存整改资料。按照武侯区社区巡察整改监督方案和综合评价要求，落实好整改“党内评估+群众满意度评价”，邀请社区党风政风监督员、微网格长（楼栋长）、“两代表一委员”、居民代表、居民议事会成员、居务监督委员会成员等人员参与评价。重点看问题是否有效解决、看群众满不满意，确保巡察整改实效。

“专项巡察社区”为方便巡察组人员操作，可制定思维导图（见图 5－16）。

制定“专项巡察社区工作方案”	巡察办依据区委巡察工作五年规划确定的年度计划和区委要求，围绕群众反映强烈的问题、急难愁盼的问题，提出巡察社区建议对象和巡察组长建议人选，形成“专项巡察社区党组织”工作方案，报区委巡察工作领导小组审批
收集资料汇总形成“问题清单”	巡察办根据工作需要，函请区纪委监委、区委组织部、区委社会工作部、区信访局、区农业农村和水务局等相关部门及街道提供相关政策和涉及被巡察社区日常监督发现的问题，巡察办广泛收集有关问题，汇总形成“问题清单”
调配专业人员组建“1巡察组+N巡察小组”	根据专项巡察的主要内容、涉及领域等，充分利用社区巡察人才库，选配相关部门、街道、社区熟悉专项巡察业务的人员，特别是注重选配社区纪委书记、部门经验丰富退居二线的调研员到社区专项巡察组，采取“1巡察组+N巡察小组”模式，开展专项巡察工作
制定组上“个性化巡察实施方案”	巡察组在广泛走访区级相关部门和街道的基础上，收集全国相关专项巡察的资料，查看法院网、纪检监察网上相关领域的案例，巡察组进行汇总分析、充分消化，初步研究确定需要重点关注的问题和工作方向，梳理出针对性强的“监督重点清单、资料清单、谈话清单、走访清单”
开好“见面沟通+巡察动员+巡察宣讲”会	巡察组与街道相关领导、社区“两委”成员、社区集体公司负责人等简要沟通，一并召开动员部署会，邀请驻社区人大代表、政协委员、驻区单位代表、企业代表、小区业委会主任、社区退休干部、社区发展带头人参加动员会，讲明巡察要求。组织巡察宣讲，并采取“六公告”（在社区每个院落门口张贴巡察公告、在每个微信群发巡察公告、在每个人员密集场所贴巡察公告、在社区便民服务点贴公告、在街道门户网站发公告、在街道人大代表政协委员联络群发巡察公告”）等方式，利用网格员做好宣传，力争做到巡察社区90%知晓
广泛走访做实“四进+五必访+三究问”	落实腿勤、嘴勤、脑勤，通过“四进”（进社区、进院落、进家庭、进商铺），采取坝坝会、座谈会、访谈、明察暗访等方式，广泛听取居民心声。走访以问题导向为主，做到“五必访”（社区退休干部、“两代表一委员”、特殊家庭、企业代表、业委会代表），落实“三究问”（究问“两委”成员、究问具体经办人、究问社区监事会主任），走访率不低于常住人口7%，关心关注群众反映强烈的痛点、堵点、难点问题
开展“自我剖析+质询点评”面对面交流	针对社区党组织自查的问题是否准、实，群众是否满意，邀请该社区的人大代表、政协委员、退休社区干部、社区常住村民代表、网格员参加社区“自我剖析+质询点评”会议，针对社区自查的问题采用巡察组人员人人提问，社区“两委”成员或集体公司相关人员现场回答，参会的代表提问或提出意见建议，帮助社区党组织把问题找得更准更实

图 5－16　“专项巡察”社区党组织工作思维导图（一）

形成简明的专项巡察“2报告+N清单”	巡察组在巡察现场工作撤回前，对发现的问题形成“专项巡察社区情况报告”，采用“1个综合报告+N个清单”方式，综合报告简单明了，直指问题，每个社区巡察发现的问题全部以清单表格方式呈现，作为综合巡察报告附件，向区委巡察领导小组报告。巡察发现社区党组织领导班子成员和其他党员违纪违法问题反映，形成“1个线索报告”
落实“问题沟通+书记承诺+群众监督”立行立改	根据社区自查的问题、巡察发现的问题，需要立即整改的，采取“问题沟通+书记承诺+群众监督”方式，督促巡察过程中抓实立行立改。专项巡察期间，巡察组监督下，力争实现40%的问题整改到位
做好巡察后“分类反馈+分层整改”	对审定后的问题事项，分社区形成反馈问题清单，向被巡社区党组织反馈，压实社区党组织整改直接责任。涉及街道和社区的问题统一向街道反馈。涉及区级相关部门的问题，向相关部门移交由部门领改，压紧指导监督整改责任
抓实整改“党内评估+群众评议”	落实好整改“党内评估+群众评议”，邀请社区党风政风监督员、微网格长（楼栋长）、两代表一委员、居民代表、居民议事会成员、居务监督委员会成员等人员参与评价。整改评议后发公告，重点看群众满不满意，确保巡察整改实效

图 5－16　“专项巡察”社区党组织工作思维导图（二）

第五节　“巡部门带社区”流程

“巡部门带社区”流程简化为4个环节（见图5−17）。

图5−17　“巡部门带社区”流程

一、确定监督重点

巡察区级职能部门的巡察组可在组内成立由2至3人组成的巡察小分队，深入社区巡察前根据部门下沉社区的业务工作，研究确定监督重点清单，不需要专门形成“巡部门带社区”的简要实施方案，坚持“以上看下”“以下看上”相结合，深入了解被巡察部门履行职能责任情况以及相关政策在基层落实情况等。

二、直插基层一线

巡察小分队应始终坚持问题导向、目标导向和结果导向，力戒形式主义，应紧紧围绕被巡察部门职能责任，直扑现场、直插社区一线，以走访、暗访、调研为主，查阅资料为辅，不需要在社区召开见面会、动员会、汇报会等。

三、简化报告程序

“巡部门带社区”发现问题，应形成问题底稿，并分社区形成问题台账纳入社区巡察发现问题统计范畴，突出问题应写入常规巡察部门的巡察报告，由常规巡察部门的巡察组向区委巡察工作领导小组报告。

四、强化问题整改

“巡部门带社区”发现问题经区委巡察工作领导小组审定后，由巡察组向被巡察部门集中反馈，相关社区党组织书记视情参加反馈会，会后由被巡察部门将涉及社区问题印送相关街道和社区，并督促抓好整改落实。被巡察部门在报送集中整改进展情况报告时，应将社区相关问题整改落实情况纳入报告范畴。在进行整改“双公开”时，也应将社区相关问题整改落实情况适当公开。

第六章 社区巡察方法

广泛宣传发动群众，历来是我党的工作优势和制胜法宝。做深社区巡察，重点是牢牢把握“以人民为中心”价值取向，让群众全程参与，充分依靠社区群众智慧和力量推动社区巡察，最大限度让社区群众知晓巡察、支持巡察、参与巡察、监督巡察，走深走实新时代群众路线。

第一节　全时空覆盖“网络平台”

加强信息技术与社区巡察业务深度融合，充分运用巡视巡察工作网络平台和巡察单机系统开展社区巡察工作，强化公信网址库和单机工具库等支撑保障作用。综合运用“巡察在线网络平台”，利用举报反映模块收集社区巡察问题情况、问卷调查模块开展社区巡察数据分析统计、巡察评估模块开展社区巡察质效评估、巡察评价模块开展对巡察组纪律作风监督。

一、加强统建系统专业化运用

根据中央巡视办、四川省委巡视办和成都市委巡察办信息化建设统一部署，全程、全员、全覆盖运用统建系统开展巡察工作，切合实际优化精简巡察社区指引流程环节设置。有的放矢精细巡察社区面上问题及子类标签分类，提纲挈领汇总社区治理法规制度，按图索骥配备社区案例资料库，以单机任务配置文件形式下发各巡察组（见图 6—1），为巡察社区备好工具利剑。针对巡察社区信息量大、周期性强、频次高特点，制定巡察单机数据交接制度，用技术手段保证文件信息版本可溯可查。针对社区巡察时间紧的特点，引导巡察组建立工作进度图表报告制度，利于巡察办针对性给予指导帮助和提出合理建议。

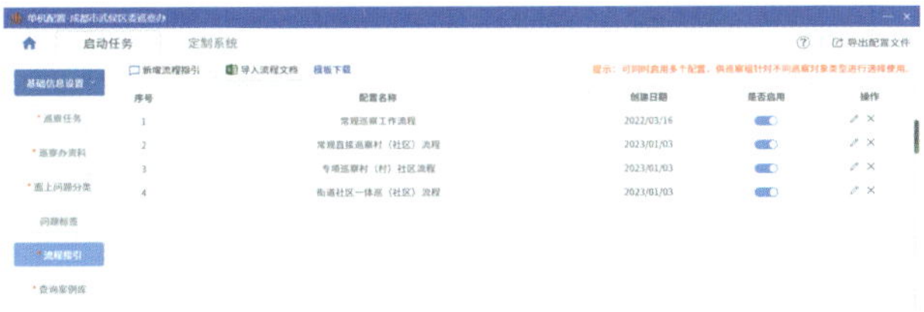

图 6—1　社区巡察统建系统细化

二、拓展信息技术高效化运用

综合运用“巡察在线网络平台”，针对城市社区人口自主意识高、隐私敏感度高、信息技能高“三高”性质特点和流动性强、血缘性低、职业种类多“三散”结构特点，发挥网络的信息传播优势和社会层级包容性，通过平台大数据汇总分析对比功能，利用问卷调查模块开展数据收集统计分析，利用巡察评估模块开展巡察质效评估，利用巡察评价模块开展对巡察组纪律作风监督。针对“巡察工作时间与社区居民上班时间重叠”“熟人社会反映问题有顾虑”等实际问题，全面运用“码上巡”、微信群、QQ 群、电子邮箱等（见图 6−2），并创新推出语音留言功能（见图 6−3），将“码上巡”推送到社区居民微信群、QQ 群，张贴在社区院落、楼栋，直链社区居民，有效传递巡察常识，发布进度动态，收集问题和了解诉求，使社区巡察工作收集群众反映的情况更准确、更明确、更真切。

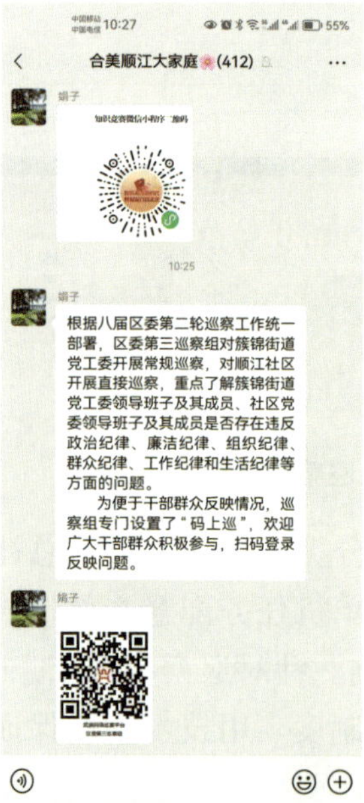

图 6−2　微信群宣传社区巡察

图 6−3　社区巡察微信语音留言

三、创新建立“三库”广泛化运用

针对社区巡察涉及部门多、收集信息难度大等难题，创新建立“武侯巡察单机软件工具库”（见表6—1）“武侯巡察公信信息网址库”（见表6—2）和“全量数据库”等数据支撑平台。“单机软件工具库”主要涵盖文字识别、全域搜索、思维导图等25种单机软件。“公信信息网址库”借助互联网大数据视角、思维和手段突破行业信息壁垒，加强综合比对分析，助力筛查社区线索问题，各个击破“线节头”。精选中国国家法规数据库、中国执行信息公开网等45个常用网址，供巡察组线上查证、查询。“全量数据库”以政策法规和“三重一大”贯通部门、街道和社区之间政策执行和服务指导联系（见图6—4），通过由果溯因、望闻问切，形成“以下看上”和“上下联动”政治监督格局。

表6−1 武侯巡察单机软件工具库

序号	种类	名称	用途	特点
1	文档阅读	OFD数科阅读器	阅读公文文件	支持通过各类终端设备（手写板、手写屏、平板电脑、手机等）实现OFD/PDF文件的原笔迹手写签批
2	文档编辑	WPS Office 2019	文档、表格、拟制、修改	可以实现办公软件最常用的文字、表格、演示，PDF阅读等多种功能
3	文字识别	PandaOCR	扫描件文字识别	支持OCR识别、翻译、朗读、弹窗等实用功能
4	文字识别	树洞OCR	扫描件文字识别	支持包括中英文在内的多种语言识别，满足用户的多语言文字识别需求
5	文字识别	天若OCR	对区域截屏识别	支持表格、公式识别
6	文字识别	Kofax OmniPage Ultimate	扫描件文字识别	提供与数码相机相当的OCR精度，支持多种语言的文本识别，并能够将文档复制为多种格式
7	文字识别	Readiris Corporate	扫描件文字识别	能够准确地将纸质文档、图像或PDF文件中的文本转换为完全可编辑的文件，而无需重新输入

续表

序号	种类	名称	用途	特点
8	思维导图	XmindZen	线索问题、程序流程等工作梳理分析的思维可视化	支持导入多种格式的思维导图文件，且能将思维导图导出为 Word、PPT、Excel、JPG、PDF 等多种格式
9		Draw. io	导出适合文档分辨率的思维导图	支持绘制流程图、组织结构图、时序图、思维导图、UML 图、网络图、ER 图（实体关系图）、电路图等
10	全域检索	Everything	通过文件名检索文档	简易轻量，完全免费，可实现按文件名全盘搜索，且搜索速度在同类型软件中领先
11		Listary Pro	通过文件名检索文档	支持拼音模糊检索，且快速定位文件
12		FileLocator	文件全文检索	无需建立索引即可进行快速全文搜索
13		Anytxt Search	文件全文检索	支持多种文件格式，通过建立索引快速全文检索文件，且能够识别扫描件和图片中的文本内容
14	数据恢复	PowerDataRecovery	应对文档误删，以及首查取证	恢复硬盘（包括机械硬盘和固态硬盘）以及 U 盘中已删除的文件
15	文件整理	Duplicate Cleaner Pro	可用于复杂路径下的重复文件清理	快速定位重复文件
16	公文写作	公文写作利器	政府行文写作参考	支持建立 word 公文个人文库，解决提纲、短语、词组联想匹配及选择
17	安全防护	奇虎 360 安全卫士	预防外来拷贝文件可能包含病毒等情况	能够检测和清除各种恶意软件，包括病毒、木马、蠕虫、间谍软件等，提供全面的安全防护
18	工程建筑	CAD 极速看图	查看普通的建筑施工、消防布局等图	支持快速打开、CAD 快速看图、CAD 测量、CAD 打印、CAD 修补断线
19		SketchUp	在城市更新等项目中用于预览查证建筑、园林等设计 3D 图	具备强大的视图调整能力，能从多个角度查看和编辑模型
20	文件验证	MD5 码生成器	验证文档在传递过程中是否有修改	可以生成任意文件的“数字指纹”，对文件的微小改动都会直接导致数字指纹的巨大变化

续表

序号	种类	名称	用途	特点
21	修图验证	JPEGsnoop	检查学习培训、工程验收照片是否被处理过	检测 JPEG 图像的 EXIF 信息（元数据）和图像的压缩指纹
22	勘查检验	水印相机	现场取证	可在无网条件下可拍摄取证，带有地理位置识别功能
23	勘查测距	测量距离仪	现场勘查建筑物尺寸等	可利用景深和角度测量距离
24	截图截屏	Snipaste	佐证截图	允许用户快速截取屏幕上的任意区域，同时提供了丰富的标注和编辑功能
25	统计分析	SPSS	可用于民生保障等较大样本数据的分析	提供全面高级的统计分析功能，具备开源可扩展性

表 6-2　武侯巡察公信信息网址库

序号	类型	名称	描述	二维码
1	法规引证	党纪法规库	可查询检索党内法规制度和国家法律法规相关内容。 来源：中央纪委国家监委	
2	法规引证	党规党章库	可查询检索党章、准则、条例、规定、办法、规则、细则、规范性文件等内容。 来源：共产党员网	
3	法规引证	国家行政法规库	可查询新版国家行政法规库收录的现行有效的行政法规 601 部，历次修订文本 528 部。 来源：司法部	
4	法规引证	国家法律法规数据库	可查询宪法、法律、行政法规、监察法规、司法解释、地方性法规等内容。 来源：全国人大常委会办公厅	
5	法规引证	国家规章库	可查询国务院各部委、中国人民银行、审计署以及具有行政管理职能的直属机构制定的规章。 来源：国务院办公厅	

续表

序号	类型	名称	描述	二维码
6	法规引证	市场监管法律法规规章数据库	可查询法律、行政法规、规章等效力级别市场监督法规信息。 来源：国家市场监督管理总局	
7	案例知识	案说 101 种罪名	学习监察机关管辖的 101 种罪名典型案例，借鉴指导线索查找和定性分析。 来源：四川省纪委监委	
8	民意关注	省长信箱	可查询选登回复内容 来源：四川省人民政府办公厅	
9	民意关注	区长信箱	可查询回复信息公开内容 来源：成都市武侯区人民政府	
10	民意关注	问政四川	可查询民生反映即时热点 来源：四川日报	
11	民意关注	《成都面对面》	可查询成都本地社会关注行业行风问题。 来源：成都市纪委监委	
12	负面关注	中国裁判文书网	可查询刑事、民事、行政、赔偿、执行等案件信息。 来源：最高人民法院	
13	负面关注	中国执行信息公开网	可查询失信、限制消费等信息。 来源：最高人民法院	

续表

序号	类型	名称	描述	二维码
14	负面关注	中国市场监管行政处罚文书网	可通过当事人姓名、统一社会信用代码、行政处罚决定文书号查询行政处罚文书。 来源：国家市场监督管理总局	
15	政府采购	中国政府采购网、中国政府购买服务信息平台	可以查询政府采购严重违法失信记录名单、政府采购代理机构名单等。 来源：财政部国库司	
16	政府采购	全国公用资源交易平台	可查询全国公共资源交易、主体、专家、信用、监管信息等。 来源：国家信息中心	
17	政府采购	成都市公共资源交易服务中心（成都市政府采购中心）	可查询成都市范围内党政机关和企事业单位的工程项目、土地矿权、资产资源、政府采购等交易信息。 来源：成都市公共资源交易服务中心（成都市政府采购中心）	
18	行业标准	国家标准全文公开系统	可查询强制性国家标准、推荐性国家标准和指导性技术文件。 来源：国家市场监督管理总局、国家标准化管理委员会	
19	行业标准	缺陷产品召回查询	可查询召回缺陷消费品。 来源：国家市场监督管理总局	
20	行业标准	药品监督数据查询	可查询药品、医疗器械、化妆品等登记备案信息。 来源：国家药品监管局	
21	行业标准	中华全国总工会	可查询工会福利政策。 来源：全国总工会	

续表

序号	类型	名称	描述	二维码
22	行业标准	中国物品编码中心	可查询条码、二维码、数字编码等信息。 来源：中国物品编码中心	
23	行业标准	对外公开咨询电话	可查询成都市工程监督、监管和服务机构的对外咨询电话。 来源：成都市建设工程造价和招投标监督服务站	
24	行业标准	价格和收费信息公开	可查询教育、水电、出行、居住、旅行、医疗等价格标准。 来源：成都市发改委	
25	行业标准	成都市住建局查询中心	可查询中心通知通报、政策文件、标准规范等政策类信息，以及企业类信息。 来源：成都市住房和城乡建设局	
26	费用报销	国家税务总局全国增值税发票查验平台	支持增值税专用发票、增值税电子专用发票、电子发票（增值税专用发票）等在线查验。 来源：国家税务总局	
27	费用报销	政府采购机票管理网站	可查询供应商、服务商、机票查验单。 来源：中国民用航空局清算中心	
28	信用资质	全国建筑市场监管公共服务平台	可查询建造师、建筑工程施工许可证、项目、政策法规等信息。 来源：住房和城乡建设部	
29	信用资质	技能人才评价证书全国联网查询系统	可查询职业资格评价，职业技能等级认定证书等。 来源：中国就业培训技术指导中心、人力资源和社会保障部职业技能鉴定中心	

续表

序号	类型	名称	描述	二维码
30	信用资质	信用中国	可查询信用动态、政策法规、联合惩戒、信用服务、信用研究、信用知识、信用信息。 来源：国家公共信用和地理空间信息中心	
31	信用资质	国家企业信用信息公示系统	可查询企业信用信息、经营异常名录、严重违法失信名单等信息。 来源：国家市场监督管理总局	
32	信用资质	全国特种设备公示信息查询平台	可查询特种设备行政审批、信息核验、综合统计、事故管理等信息。 来源：国家市场监督管理总局	
33	信用资质	爱企查	可查询企业、老板、关系，以及社会团体信息 来源：百度公司	
34	信用资质	天眼查	可查询公司工商、企业工商、运营风险等信息 来源：北京天眼查科技有限公司	
35	社区服务	四川政务服务网	可查询社区的服务事项、时间、咨询电话、地址等。 来源：四川省人民政府办公厅	
36	社会组织	慈善中国	可查询慈善组织、慈善信托、募捐方案备案、慈善项目进展等信息。 来源：民政部慈善事业促进和社会工作司	
37	社会组织	中国社会组织政务服务平台	可查询组织状态、信用状况、资金规模、组织类型、登记年限等信息。 来源：民政部社会组织管理局（社会组织执法监督局）	

续表

序号	类型	名称	描述	二维码
38	行业知识	中国科技工程知识中心	可查询报告、专利、项目等信息。 来源：中国科技工程知识中心	
39	行业知识	国际工程科技知识中心	可查询研讨会、培训会、知识运用等信息。 来源：国际工程科技知识中心	
40	行业知识	MBA 智库	可查询金融经济学相关概念信息。 来源：厦门众智创库企业管理咨询有限公司	
41	纪检监察	十九届中央巡视工作专栏	可学习借鉴中央巡视工作对各行业垂直体系的巡视反馈和巡视整改论述。 来源：中央纪委国家监委	
42	纪检监察	廉洁四川	可查询四川省纪检监察工作最新动态。 来源：四川省纪委监委	
43	纪检监察	清廉蓉城	可查询成都市纪检监察工作最新动态。 来源：成都市纪委监委	
44	纪检监察	成都市委巡察专栏	可查询成都市巡察工作最新动态。 来源：成都市纪委监委	
45	纪检监察	清风武侯	可查询成都市武侯区纪检监察工作最新动态。 来源：成都市武侯区纪委监委	

图 6-4　武侯巡察智能系统

四、注重“大数据分析＋情况说明”实效化运用

在社区巡察中运用大数据分析（见图 6-5），有利于找到问题的焦点和症结点，发现问题的根本所在。如，武侯区通过大数据分析发现，社区“两委”成员房屋拆迁虚增面积、提高单价骗取拆迁补偿资金，社区集体公司长期未开展业务仍发放社区人员工资补贴福利，社区“两委”成员非本村村民违规领取社区集体经济组织成员福利、社区集体资产低价出租、社区工程项目围标串标等问题。针对大数据分析找到的问题，再一一向社区党组织发出“情况说明通知书”，要求社区党组织和集体经济组织进行说明，经办人、经手人个人自书具体情况进行说明，尽量还原事实本身，找出问题的根本，突出社区巡察实效。

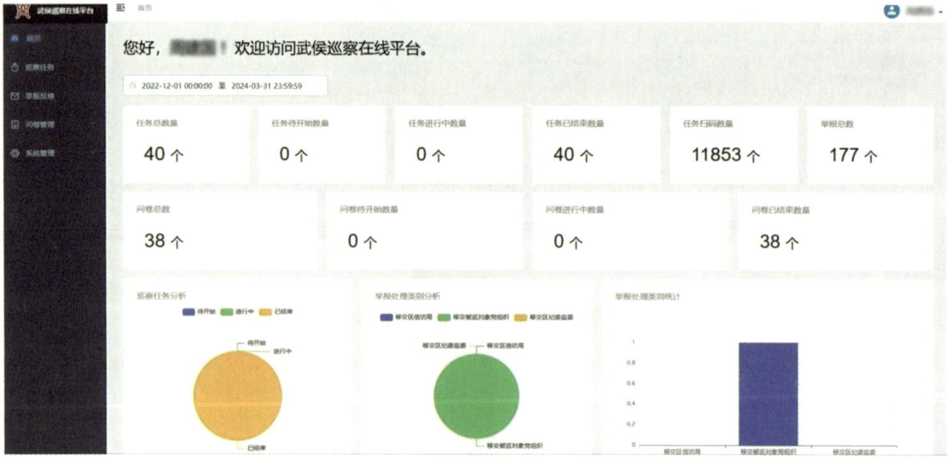

图 6-5 社区巡察大数据分析

第二节 全周期依托“微网实格”

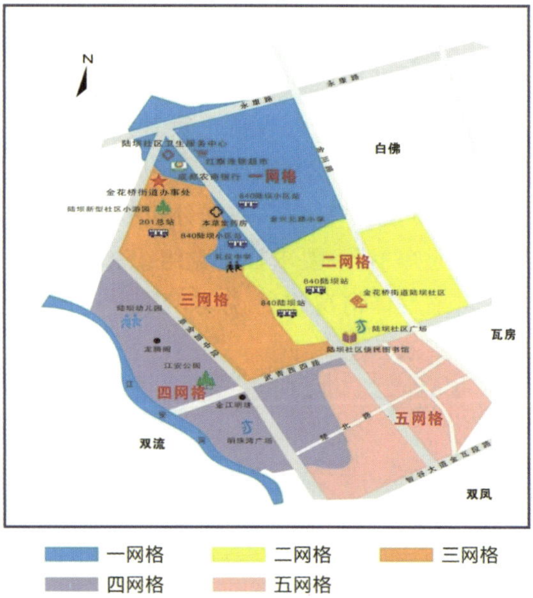

图 6-6 社区“微网实格”图

武侯区社区巡察充分发挥成都“微网实格”（见图 6-6）社会治理体系优势，将一般网格员、专属网格员、微网格员（楼栋长）作为对社区巡察的巡前“信息员”、巡中“宣传员”、巡后“监督员”，多举措发动群众、多角度监督整改落实，推动监督“延伸触角”与基层治理“神经末梢”深度融合，推动社区巡察工作走深走实。

一、聚焦全民参与，借势借力建强宣传队伍

借助专职网格员、微网格长（楼栋长）、专业社工服务人员熟悉基层、面向基层的优势，全力打造多方参与的宣传队伍，全面深入搞好发动群众工作。

1. 设置“专职”宣传员

各巡察组结合力量组成和巡察社区实际，在巡察组内部指定 1 至 2 名成员对口联系一个社区，与社区党风政风监督员组成宣传小组，主动向辖区群众做好宣传工作，提升辖区群众参与巡察的主动性和积极性。

2. 培训“兼职”宣传员

依托社区“微网实格”“社工服务”管理体系，将武侯区 587 名专职网格员、6042 名微网格员（楼栋长）纳入对所在社区巡察期间的兼职宣传员，在 72 个社区社工室设置固定宣传点，实现对小区院落巡察宣传的全覆盖，打通宣传发动群众的“最后一米”。

3. 招募“机动”宣传员

充分发挥武侯区纪委监委聘请的党风廉政建设满意度测评第三方机构作用，深入街面商铺、小区院落、企业学校等点位开展点对点宣传发动和针对性问卷调查，见缝插针做好社区巡察宣传和意见建议收集工作，扩大宣传发动群众的覆盖面。

二、聚焦宣传效果，两线互促灵活方式方法

图 6-7　网格员发放社区巡察联系卡

针对城市社区人口规模较大、“生人”社会突出的实际，采取“线下线上”相结合的方式开展宣传，最大限度让群众知晓巡察、参与巡察（见图 6-7）。

1. 拓宽“线下”渠道，做实传统宣传

采取在被巡察社区办公区域、居民小区等显著位置张贴巡察公告、设置巡察意

见收集箱，依托社区网格员、楼栋长向社区居民群众发放巡察联系卡，设置固定点位开展随机访谈、问卷调查，组织辖区居民召开座谈会、坝坝会等传统方式，公布巡察内容，加强动态宣传，扩大群众知晓率和参与度。如，武侯区在社区巡察试点期间，共张贴巡察公告1600余份、发放巡察联系卡8000余张，组织召开座谈会、坝坝会等50余场次，收到良好宣传效果。

2. 发挥“线上”优势，创新网络宣传

研发“武侯巡察在线网络平台”并首次运用到社区巡察试点工作中，实现巡察宣传、反映问题、接受举报等多功能合一；利用小区物业群、企业服务群、社区居民议事群等各类微信群，推送巡察常识、发布进度动态、收集线索诉求，打破时间空间限制，畅通群众知晓巡察、参与巡察的“快车道”。如，武侯区在试点所在社区已有8900余人次通过扫码登录“在线网络平台”反映各类问题700余条。

三、聚焦巡察重点，以点带面增强宣传实效

围绕社区巡察监督重点，把开好动员会、制好联系卡、访好重点户等作为宣传发动群众的重要途径，将宣传发动群众融入社区巡察全过程，增强宣传发动群众的实效。

1. 开好动员会，让社区巡察“动”起来

针对社区巡察时间紧、任务重的实际，拓宽进驻动员会参会人员覆盖面，将网格员、社区居民、支部党员、退休干部等代表纳入参会范围，大力营造巡察声势，并充分发挥网格员、退休干部“一线宣传员”作用，积极发动社区群众参与到巡察工作中来，进一步提升巡察宣传的质效（见图6—8）。

图6-8　巡察宣讲会现场

2. 制好联系卡，让社区巡察“广”起来

针对社区居民集中难、上班时间差异大等实际，精心设计制作“巡察联系卡”，卡上注明被巡察对象、巡察时间、接受举报联系电话、二维码等内容（见图 6－9），依托社区专职网格员、微网格员（楼栋长）向社区居民群众发放巡察联系卡，“面对面”向群众开展宣传，鼓励社区群众及时反映问题，进一步扩大社区巡察宣传的广度和深度。

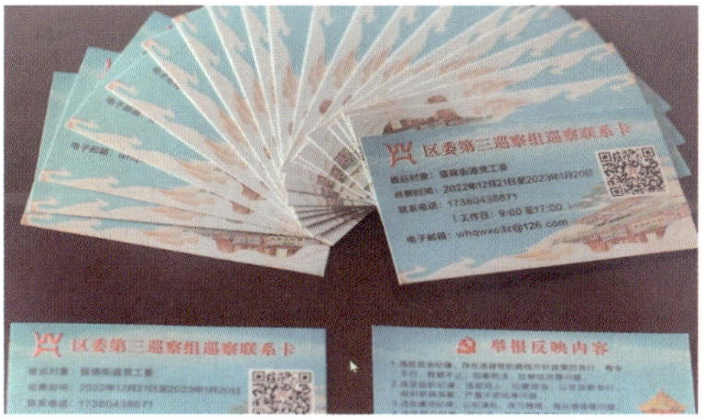

图 6－9　巡察社区联系卡

3. 访好重点户，让社区巡察“实”起来

针对武侯区社区居民基数大、组成复杂的实际，巡察组结合在巡前准备期间梳理的“问题清单”，通过“网格员”形成“重点人员名单”，有侧重地开展社区巡察宣传发动工作，全面走访重点人员，让社区居民全面了解社区巡察目的、充分知晓参与巡察方式，进一步增强社区巡察工作的实效。

第三节　全层级开展“必谈必访”

在社区巡察中，武侯区坚持走好群众路线，依靠群众、相信群众、服务群众，抓实“三注重三突出”，深度做实巡察访谈。

一、注重深入社区走访，突出“八进八多”

巡察社区时，武侯区委各巡察组坚持组上一半的巡察人员一半的巡察时间都在社区实地走访了解情况，做到“腿勤、嘴勤、脑勤”，做实“八进八多”（见图 6－10），深入摸清社情民意。“八进八多”，即进区级关联部门收集问题多、进小区院落暗访多、进茶铺开坝坝会多（见图 6－11）、进社区突击检查多、进资产点位看实情多、进家庭了解详情多、进集体公司重点谈话多

（见图 6－12）、进项目看实情多。

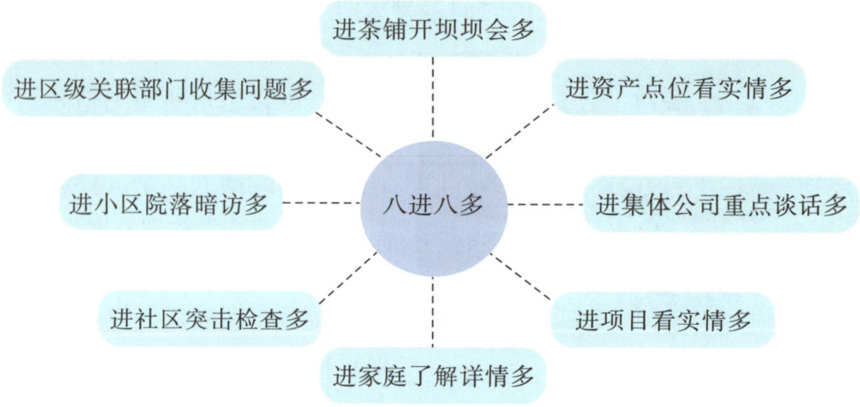

图 6－10　社区巡察“八进八多”

图 6－11　进茶铺访谈

图 6－12　进社区企业访谈

二、注重社区问题导向，突出“六必谈＋十必访＋五究问”

武侯区委巡察组根据走访了解梳理出的问题，列出必谈必访人员及内容清单，做到“六必谈”（见图 6－13），即街道联系社区领导，街道负责党建、民生、民政、“三资”的科室负责人，社区“两委”班子成员，社区党风政风监督员，社区委派会计，社区网格员；做实“十必访”（见图 6－14），即残疾孤寡老人家庭、低保户、灵活就业困难户、人大代表、企业代表、政协委员、小区业委会主任、社区商铺、社区退休干部、下沉社区服务中心负责人（见图 6－15）。每个社区常住户数走访率不低于 7%，从不同角度发现和掌握情况。再将必谈发现的问题和走访发现的问题相结合，叠加列出重点谈话问题清单，做实“五究问”（见图 6－16），即：究问“两委”成员、究问财务人员、究问集体经济管理人员、究问具体经办人、究问社区监事会主任。

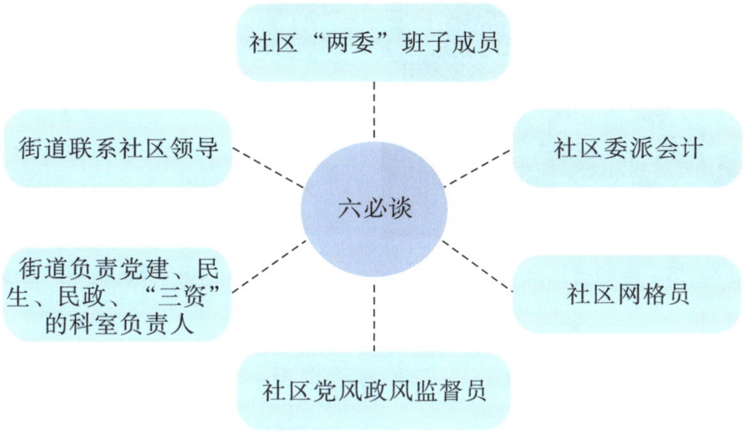

图 6－13　社区巡察“六必谈”

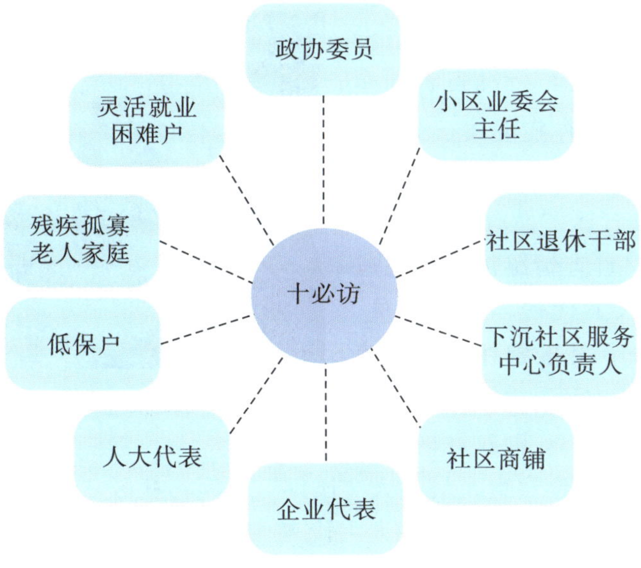

图 6－14　社区巡察“十必访”

图 6－15　走访社区老人

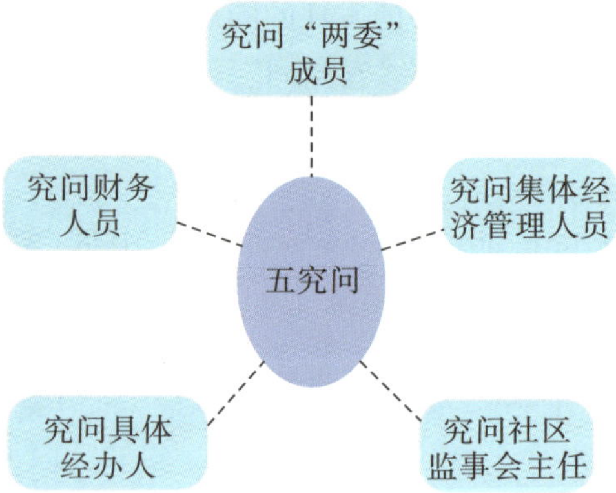

图 6－16　社区巡察“五究问”

三、注重巡察“面对面”，突出“自我剖析＋质询点评”

巡察社区时，巡察组为帮助党组织自我深入查找问题，要求“两委”成员、集体经济组织管理人员、小组组长及常住村民代表一起参与自查问题，形成社区党组织的自查问题台账，力争问题查找要准、要实，居民要认可。巡察人员带着“自查问题台账”在社区“面对面”随访，在社区党组织自查情况汇报会上邀请该社区的人大代表、政协委员、退休社区干部、社区常住居民代表参加会议，“面对面”了解自查问题情况（见图 6－17）。针对社区党组织汇报的情况采取巡察组人员人人“质询”提问，社区“两委”成员或集体公司相关人员现场回答，参会的人大代表、政协委员、退休社区干部、社区常住居民代表提问或提出意见或建议，巡察组长点评提要求，帮助社区党组织把问题找得更准更实。

图 6－17　社区自查问题与居民“面对面”

第四节　全要素调查“社情民意”

武侯区委巡察办和巡察组协作制定涵盖惠民政策落实、环境治理、安全隐患整治、文体活动开展、“三务”公开及工作作风等 11 个方面的调查问卷清单，依托党风廉政建设满意度测评机构，深入被巡察社区辖区的商务楼宇、小区院落、街面商铺等随机调查，在每个社区采集不少于 1000 份的样本，形成数据分析报告，力求全面掌握被巡社区社情民意。

一、问卷调查对象

按照商品房小区居民、安置房小区居民、辖区企业人员、生活困难群体、“两代表一委员”、基层党组织人员、居民议事会成员、居务监督委员会成员等类别确定问卷调查对象。

二、问卷调查内容设定

针对不同的调查对象，设定不同的提纲，以便调查问题针对性更强，实践中武侯区列出了 8 类问卷提纲。

1. 针对商品房小区居民调查问卷提纲

重点围绕辖区内教育、医疗、环卫、养老、社会保障、物业管理、党组织作用发挥等方面的热点、难点问题开展问卷调查（见图 6−18）。

图 6−18　社区巡察问卷调查

（1）小区是否成立基层党组织（党支部），小区党组织是否发挥战斗堡垒作用，小区党员是否担任楼栋长，是否参加志愿活动，是否建立小区党群服务站。

（2）社区有无宣传就业政策、惠民利民政策、组织就业培训、推荐就业等；日间照料中心是否开放；公益设施是否便利。

（3）是否知晓垃圾分类要求，社区有无开展宣传、效果如何，街道、公园和小区环境卫生情况如何。

（4）小区是否存在物业服务态度差、绿化养护差、清洁卫生差、安保状况差、共用设施和房产共用部位的维修服务差、住宅装修管理差等现象。

（5）小区是否成立业主委员会、业委会是否发挥了作用。

（6）社区党组织在协调业委会与物业管理公司矛盾纠纷的过程中是否发挥了作用。

（7）辖区内安全、教育、医疗、交通、网络理政问题是否突出。

（8）到社区办事时，社区“两委”成员及工作人员的态度如何，是否存在推拖绕躲、敷衍应付的情况，是否存在收受好处才办事的情况，协调处理事情是否公平公正。

（9）小区是否存在“三合一”或群租情况，是否存在“住改商”，是否存在从事“非法”活动。

（10）你是否有需要反映的其他问题。

2. 针对安置房小区居民的调查问卷提纲

重点围绕群众交通出行、用水用电用气、房屋质量、环境卫生、违章搭建、社会保障等方面困难、诉求以及热点、难点问题开展问卷调查（见图 6－19）。

（1）对社区工作的总体评价如何；社区有没有公开党务、居务、财务，以何种形式公开的，是否存在问题。

（2）到社区办事是否容易，是否存在没有一次性告知办事所需资料的现象，是否存在不给好处费就不办事的情况。

（3）社区有无宣传就业政策、惠民利民政策、组织就业培训、推荐就业等；日间照料中心是否开放；公益设施是否便利。

（4）小区是否存在占道经营、车辆乱停乱放、随地乱扔垃圾、楼道堆放杂物、楼道违规停放电瓶车

图 6－19　对安置房居民开展问卷调查

充电等管理难、环境差的现象。

（5）所在小区电梯故障是否经常发生，停水停电停气的现象是否经常发生。

（6）看病就医是否方便，医保报销是否便捷；日常出行是否方便，公共交通是否便利。

（7）所在小区是否存在住户人员混杂现象，是否存在“三合一”或群租情况，是否存在安保设施缺失损毁、安保工作不到位、私拉乱接电线、小区维修养护不及时不规范等现象。

（8）所在小区是否存在房屋质量问题，是否存在违章搭建现象，是否存在“非法”现象。

（9）所在小区是否成立业主委员会或自治小组，业委会是否“以权谋私”，社区对业委会工作是否指导。

（10）还有无其他需要反映的问题。

3. 针对社区辖区的企业人员调查问卷提纲

重点围绕社区服务企业、企业商圈党建、营商环境和公共服务等方面开展问卷调查（见图6－20）。

图6－20　对企业人员开展问卷调查

（1）社区是否主动与社会企业开展区域化党建共建活动，是否定期召开区域化党建会议，是否主动对企业党建工作开展指导。

（2）社区在日常工作中是否主动宣传助企政策，是否知晓纾困解难政策，政策是否落地见效。

（3）是否存在政务服务不便捷，是否存在多次跑腿、环节繁多、效率不高等情况。

（4）社区是否定期深入企业了解情况，加强与企业的沟通、对话、服务，是否及时了解并反馈企业存在的困难问题。

（5）社区在落户政策、纠纷处置、职业规划培训服务方面是否对企业开展服务。

（6）社区对就业创业支持政策是否宣传到位，落实效果如何，有何建议。

（7）企业职工医保社保转移、缴纳、申领是否顺畅便捷。

(8) 社区工作人员是否在企业中存在“吃拿卡要”，是否存在给企业发展“添堵”。

(9) 社区工作人员是否存在以环保、技改等为名伙同企业骗取政策补贴，从中获取利益。

(10) 是否有需要反映的其他问题。

4. 针对社区生活困难群体的调查问卷提纲

重点围绕在各类救灾救助、补贴补助资金、物资使用分发过程中是否存在挪用侵占、截留私分、优亲厚友等问题开展问卷调查（见图 6-21）。

(1) 社区是否开展低保、扶贫等惠民政策宣传；社区工作人员是否定期入户走访并了解情况，多久来一次。

(2) 低保户、困难群体是如何评定的，是否按程序和政策条件进行评审，有无不符合条件但享受相关补贴的情况，是否存在社区“两委”成员在办理救助、补助等事项中搞暗箱操作、优亲厚友、收受贿赂等情况。

图 6-21　走访社区居民

(3) 办理相关手续期间，工作人员是否详细讲解相关政策，是否存在政策未讲透、标准未说明就让签字的情况。

(4) 是否享受到相关优待政策，相关补贴补助是否按时足额发放，是否被“克扣”。

(5) 社区是如何开展关心关爱弱势群体相关工作，如何进行救助帮扶的。

(6) 逢年过节有无收到街道、社区发放的慰问品或慰问金，收到了哪些慰问金或慰问品。

(7) 社区是否存在门难进、脸难看、事难办的现象，有无收受好处才办事的情况。

(8) 居民反映的事情是否及时解决，社区处理事情是否公平公正。

(9) 对社区惠民工作推进是否有相关意见和建议。

(10) 是否听说过社区“两委”成员存在廉洁问题、作风问题等。

5. 针对“两代表一委员”的调查问卷提纲

重点围绕人大代表联络站建设、“两代表一委员”联席会等方面开展问卷调查。

（1）所在选区的社区是否建立了人大代表社区联络站，是否按要求组织开展代表进家入站听取社情民意调研活动。

（2）所在选区的社区党组织是否建立了“两代表一委员”联席会，是否邀请“两代表一委员”参加社区发展治理工作推进会。

（3）作为党代表、人大代表、政协委员是否收集了选区居民意见建议。

（4）社区发展治理保障资金管理和使用中是否征求过“两代表一委员”意见。

（5）所在选区的社区党组织在开展社区治理服务、文体服务、社会保障、政务公开、办事效率、社会治安、生态环境等方面效果如何，是否按程序进行。

（6）社区群众是否反映过社区“两委”存在的问题，主要有哪些？

（7）你认为所在选区的社区突出问题有哪些？

6. 针对社区基层党组织人员的调查问卷提纲

重点围绕社区“两委”班子及成员履职情况、组织建设、党员教育、区域化党建、“三务”公开等方面开展问卷调查（见图6－22）。

（1）对所在社区“两委”班子工作的总体评价如何。

（2）社区“两委”换届程序是否符合规定，换届过程是否全程公开。

图6－22 社区坝坝会访谈

（3）社区党组织党建引领作用发挥如何？是否建立了区域化党建联席会制度并定期召开联席会，是否开展党建结对共建活动并开展共建项目。

（4）社区党组织成员是否存在不关心群众“急难愁盼”问题，缺乏主动作为、怕担责，贪污浪费，弄虚作假、报喜不报忧，能力不强，工作方式单一，缺乏创新意识等问题。

（5）社区党组织是否开展党风廉政建设、警示教育活动，多久开展一次

“三会一课”、固定党日活动等党员学习教育活动。

（6）社区是否建立了党员志愿者队伍，是否经常性开展党员志愿者服务活动。

（7）社区党组织是否开展关心、帮助困难党员相关活动。

（8）社区党组织是否组织开展过党务工作业务培训。

（9）社区党务、居务、财务公开是否及时全面。

（10）社区“两委”成员还存在其他哪些问题。

7. 针对社区居民议事会成员的调查问卷提纲

重点围绕议事会职能职责、议事规则等方面开展问卷调查。

（1）是否清楚社区居民议事会的议事规则，社区党委和居委会议事程序是否规范。

（2）是否清楚社区居民议事会的职能职责。

（3）是否清楚哪些议题（事项）必须由居民议事会讨论确定。

（4）是否清楚居民议事会成员的组成情况。

（5）居民议事会成员的作用是如何发挥的，存在哪些问题。

（6）社区党委在议题确定后，是否提前把确定的议题发到议事会成员手中以便征求居民和有关方面的意见。

（7）居民委员会是否按要求执行居民议事会决议。

（8）议事会成员是否向社区党委提交议题，提交的议题是否得到受理并上会表决。

（9）是否听说社区“两委”存在廉洁问题、作风问题等。

（10）是否有其他需要反映的问题。

8. 针对社区居务监督委员会成员的调查问卷提纲

重点围绕居务监督委员会职能职责、履行监督职责等方面开展问卷调查。

（1）是否清楚居务监督委员会的职能职责。

（2）是否清楚居务监督委员会监督实施的事项范围。

（3）是否清楚居务监督委员会成员的组成情况。

（4）居务监督委员会如何开展居务监督工作，如何发挥监督作用，在执行居务监督过程中是否受到过外界的干扰。

（5）社区党委和居委会议事过程是否规范。

（6）是否对社区党委、居委会的工作推进情况提出意见建议。

图 6-23　对调查问卷进行统计分析

(7) 社区“两委”成员是否存在以权谋私、吃拿卡要、独断专行、优亲厚友等情况。

(8) 是否有其他需要反映的问题。

三、调查问卷统计分析

问卷调查后，巡察组对问卷进行分类统计分析，形成问卷调查报告，列出主要问题及线索疑点（见图 6-23），再进行深入了解和查阅资料，综合研判，最后客观公正认定问题及线索。

第五节　全过程直面“急难愁盼”

在巡察社区时，武侯区始终坚持以政治巡察为根本，以社区居民为中心，围绕社区群众最关心、最期盼的民生问题和群众“急难愁盼”问题，深入社区、院落、小区召开座谈会、坝坝会，紧盯社区治理中的痛点堵点难点，“面对面”听取群众意见，“点对点”了解问题，“实打实”解决问题（见图 6-24）。

图 6-24　研究解决群众“急难愁盼”问题

一、“点对点”走访：“巡察走访听民意，坝坝会里话民生”

党的路线方针政策能否具体落实，最关键是在社区，社区党组织是党执政的根基。巡察社区坚持以扎根社区走访为主，“点对点”突出“八进八多”和“十必访”。在走访中，适时开展“巡察走访听民意，坝坝会里话民生”活动（见图 6-25），让居民“说心里话”“道问题点”，抓住痛点堵点难点，一针见血与社区书记、街道党工委分管领导广泛交流和沟通，达成共识，聚焦问题。成都电视台、成都日报和武侯电视台、武侯发布等媒体对该创新予以报道。如，在巡察某社区“三资”管理时，发现社区正常运行和发展的堵点在于该社区政治生态长期存在问题，社区原书记从20世纪80年代就一直担任社区（村）书记至2021年，并一直兼任集体公司董事长，长期存在“一言堂”，形成较大家族势力影响或利益小集团；难点是社区党组织长期没有落实民主集中制，长期没有推进社区公司经济发展，社区原住居民敢怒不敢言；社区痛点是在社区原书记2021年卸任书记后，仍然掌控着社区集体“三资”。

图6-25　社区巡察“点对点”走访

二、“面对面”承诺：“暗访问题摆桌面，书记承诺咋个办”

巡察社区时为破解“社区居民熟人不好说问题”的难题，巡察组分为5个小组深入社区进行暗访，将暗访问题梳理出来，开展“暗访问题摆桌面，书记承诺咋个办”活动（见图6-26），邀请社区的人大代表、政协委员、退休社区干部、社区常住居民代表参加“面对面”活动，紧盯居民“急难愁盼”的问题，一个一个击破，让群众有真切的获得感。采用“呈现问题+书记承诺+居民认可”流程，用大屏电视以图文和视频的形式将暗访发现的集中问题一一呈现在社区书记面前，让书记承诺如何解决、何时能解决，再现场了解社区居民对书记的承诺是否满意，让大家一起来共同努力想办法添措施，推进问题立行立改。成都电视台、成都日报和武侯电视台、武侯发布等媒体对该创新予以报道。如，巡察某社区时，发现居

图6-26　暗访问题“面对面”承诺

民急盼解决的问题是：社区集体和村民联合投资的水厂近几年一直亏损，目前账面亏损近 100 万元。巡察组初步了解后发现水厂存在管理缺位、账本缺失、维修支出混乱、水费收取不规范等问题，责成街道党工委组织专班深入调查研究，采取切实措施止亏挽损，维护社区原住居民利益。又如，巡察某社区时，发现居民急盼解决的问题：一是村民土地征用补偿款近 700 万元，街道拨付至社区账户长达 20 个月仍未发放到村民手中；二是社区集体公司违规动用集体资金 400 余万元违建项目，村民不知情，造成村民利益严重受损。巡察组立即与街道党工委会商，推动“立行立改”，在 10 天内将土地补偿款发到 1400 名村民手中，并自行拆除违建。又如，巡察某社区时，发现村民急盼解决的问题：一是担心社区集体公司集资近 3000 万元购买的某广场的资产为违建资产。二是社区集体资产管理公司违规用集体资金支付联合建设公司资金近 500 万元，严重损害集体和村民利益。对以上问题巡察组充分了解后，均各个击破，推动解决。

三、“现过现”监督：“承诺是否真兑现，三方监督说了算”

巡察社区坚持以解决实际问题为主，推动真改实改，“三方监督”（街道党工委监督、巡察组监督、社区群众监督）保障“现过现”。针对社区巡察中发现的群众“急难愁盼”的问题，需要及时解决的，采取巡察组与街道党工委和社区党组织现场办公的方式协调解决，在现场办公会上分析问题的原因、堵点在哪里、依据有关政策应如何解决，解决的具体措施、办结的时限、责任人等都要明确。街道党工委、社区居民和巡察组三方全程跟踪监督，做实“立行立改”事项“现过现”，让居民真实感受到巡察是实实在在解决问题的，有真切的获得感、幸福感和安全感。如，巡察某社区时，及时解决居民拆迁安置房外墙瓷砖脱漏、消防栓无水及地铁口通往小区的道路破损、无路灯等安全问题 21 个。又如，巡察某社区时，村民反映“每年社区都给村民发米发油，米又不好吃，搬起来也不方便”“现在购买东西很方便了，家门口就是超市，为啥不直接发钱”，根据村民反映的情况，巡察组进一步了解，发现该社区长期在一个点位订购米油，每年的金额在 100 万元左右，价格和商家都未经比选，直接由社区某领导指定商家和人员配送，签收人对购买价格、购买地点、送货公司等情况都不清楚，通过这一现象，折射出社区个别人员涉嫌利用手中的权力搞利益输送，损害社区居民利益。再如，巡察某社区时，居民反映出行道路破损，环境差，现已立行立改（见图 6-27）。

整改前　　整改中　　整改后

图 6-27　暗访问题“现过现”整改（前、中、后对比）

第七章 社区巡察整改

做透社区巡察，根本在于整改见底。武侯区探索社区巡察整改分层压实责任、“六改”模式、“三项”机制，制定《深化社区党组织巡察整改和成果运用办法》，促进社区巡察真改实改。

第一节　分层反馈压实责任

对社区巡察反馈应将发现的问题分类，分别向社区党组织、街道党工委、区级部门分层反馈，压实社区党组织、街道党工委、区级部门党组织等的整改落实责任。

一、建立社区巡察分层反馈机制

从实践看，对社区巡察发现的问题，涉及的整改责任主体不仅仅在社区党组织，相当一部分虽然表现在社区里，但根子还是在街道和区级部门，需要“机关、社区”两端发力，联动整改。

（一）制定分层反馈意见及方案

1. 制定反馈方案和起草反馈意见

区委巡察组根据巡察工作领导小组会、书记专题会及区委常委会会议精神和区委主要领导要求，在社区巡察报告（问题台账）的基础上分别起草向被巡察街道党工委主要负责人和被巡察街道党工委反馈意见（见图 7－1），巡察社区党组织发现的问题，“一体巡社区”以清单形式附于向街道党工委反馈意见后，“常规直巡社区”、“专项巡社区”可单独向社区反馈，也可以集中反馈，向区级部门反馈问题台账及意见建议，同时制定好反馈方案。

图 7－1　反馈问题集中会商

2. 沟通反馈事宜

反馈意见报经批准后，区委巡察组及时与社区所在街道党工委沟通反馈事宜，包括反馈时间、对象、方式、参加人员等，待确定后送区委巡察办备案。

（二）分层进行反馈

对社区自身能够解决的问题，以台账清单的形式向社区党组织反馈，明确整改落实的主体为社区党组织，街道党工委承担督促社区整改责任。对需要街道层面制定制度、机制，才能解决的问题，以清单形式向街道反馈，明确整改落实的主体为街道党工委，社区要积极配合。对涉及群众用水、用电、用气、修路、院落改造等社区无力解决的具体事项或管理体制问题，以巡察整改任务清单和巡察建议的方式向区级相关部门反馈，明确整改落实的主体为区级相关部门党组织，街道、社区要配合。对于发现的面上的共性问题，需要区委、区政府出台相应政策的，向区级分管领导进行反馈，由区级分管领导牵头督改。对专项巡察社区的问题可实行集中反馈（见图7—2）。

图7－2 "专项巡察社区"集中反馈

1. 向街道党工委和社区党组织反馈

（1）反馈流程。邀请社区联系区领导、区纪委监委机关、区委组织部有关人员参加，分两个阶段进行，一是向被巡察街道党工委主要负责人反馈，二是向被巡察街道党工委领导班子和社区党组织班子反馈。

第一阶段：向街道党工委主要负责人反馈。由区委巡察组组长、副组长负责反馈，应严格按照审核的反馈意见和方案进行反馈。反馈时，要向其传达区委和区委巡察工作领导小组的会议精神，严肃指出巡察社区发现的问题和提出的整改意见，督促其切实担负起第一责任人职责，抓好班子，带好队伍。被巡察街道党工委要签收反馈意见。签收时，区委巡察组组长、被巡察党组织主要负责人要在《巡察反馈情况签收单》上签字，一式二份。

第二阶段：向被巡察街道党工委领导班子和社区党组织班子反馈。反馈以大会形式进行，向街道党工委反馈意见时，以反馈问题清单形式向社区党组织同步反馈。对“常规直巡社区”和“专项巡社区”集中反馈或单独反馈，街道纪工委书记、街道党工委联系社区领导、社区党组织主要负责人应参加反馈会。对巡察发现的一些典型问题可以点名通报，对“两委”成员在遵守纪律方面存在的问题，可以采取点事不点人的方式指出。有关反映“两委”成员的问题线索不予反馈。

（2）公布信息。公布的形式和范围与巡察动员会一致。反馈新闻稿由社区党组织、社区所属街道党工委会同区委巡察组起草，反馈新闻稿分别由巡察组组长进行内容把关、被巡察党组织主要负责人进行风险把关，经巡察组组长、被巡察党组织主要负责人审核签字后向社会公布。同时，应于反馈结束后 2 日内将新闻稿（双签字纸质版和电子版）报区委巡察办备案。街道党工委发布反馈新闻后，社区党组织应在社区“三务”公开栏等社区信息发布平台同步发布。同时应将巡察反馈问题，以适当方式向群众公开，接受群众监督。

2. 向区级相关部门通报问题

对社区巡察发现的共性问题，武侯区委巡察办分别向区级部门通报，由区级部门牵头整改，通报问题清单由区级部门党组织主要负责人签收。如，巡察发现社区集体“三资”管理较混乱，向主管集体“三资”管理的区农业农村和水务局党组通报，由其牵头整改；巡察发现社区闲置土地管理较混乱问题，向区规划和自然资源局党组通报，由其牵头整改；巡察社区发现发放民生补贴资金不规范问题，向区民政局党组通报，由其牵头整改；巡察发现社区党组织日常党建抓得不实、党员教育管理不到位等问题，向区委组织部通报，由其牵头整改等。

3. 向社区联系区领导通报情况

按照书记专题会议有关要求，根据区委巡察组向被巡察街道党工委和社区党组织“两委”班子的反馈意见（问题台账），武侯区委巡察办将巡察社区发现的相关问题向社区联系区领导通报，并提示联系区领导落实巡察整改“六必须”。即：联系区领导必须参加联系街道和社区巡察反馈会议、必须参加联系街道巡察整改专题民主生活会、必须参与制定联系街道巡察整改工作方案、必须指导督导联系街道和社区巡察问题整改、必须审核联系街道和社区巡察整改情况报告（台账）、必须将指导督导街道和社区巡察整改情况写入年度述职述责报告向区委常委会汇报。

（三）巡察移交

1. 线索移交

巡察社区党组织发现的问题线索，经巡察工作领导小组审批后，由区委巡察组向区委巡察办移交，由巡察办将需要移交区纪委监委机关、区委组织部的材料进行分类整理，填写移交问题线索登记表，并提出移交的部门和进一步了解关注类、了解关注类、参考类等具体意见，按要求移交，区委巡察组不留存移交材料。

2. 问题移交

对巡察社区发现的问题，按照书记专题会作出的分类处置决定进行移交。应由社区直接整改的问题，移交社区党组织；应由街道解决的，向街道党工委移交；涉及职能部门的问题和意见建议，应由有关部门解决的，移交有关部门。

3. 档案移交

区委巡察组负责收集整理巡察归档材料，巡察反馈结束后10日内将巡察归档材料（含电子文档）移交区委巡察办，同时做好“金纪三期”单机系统数据移交工作。移交档案时，将纸质材料（含电子文档）、单机系统数据包一并移交巡察办。

二、明确各责任主体相关责任

（一）区委履行巡察整改组织领导责任

加强对社区巡察整改的组织领导，把社区党组织巡察整改工作纳入武侯区委巡察整改监督范围，通盘考虑、统筹推进整改，强化整改落实（见图7－3）。对社区普遍存在的问题和廉政风险点，区委督促街

图7－3　巡察整改专题培训

道和相关职能部门追本溯源、举一反三，通过建章立制，堵塞监管漏洞，规范权力运行。

（二）被巡察社区党组织承担整改直接责任

社区党组织承担巡察整改直接责任，注重立行立改、边巡边改、全面整改。主要包括：

（1）召开专题会议研究巡察反馈意见整改落实，建立巡察问题整改台账，配合街道党工委制定整改工作方案，抓好问题整改。

（2）对照巡察反馈问题台账，抓好逐一整改，同时要举一反三抓好自查自纠，搞好警示教育，健全完善制度机制，堵塞风险漏洞。

（3）自反馈之日起5个月时，以整改台账形式向街道党工委报告巡察反馈问题整改落实情况，每年底定期报告常态化整改落实推进情况。

（4）配合街道党工委做好巡察反馈意见党内通报，配合街道党工委、区委巡察办做好整改落实情况向社会公开。

（5）收集留存整改资料，健全完善、动态更新巡察整改台账及档案，作为巡察整改“回头看”的重要内容。

（三）街道党工委承担社区党组织整改主体责任

主要包括：

（1）汇总建立社区党组织巡察反馈问题台账，提级研究社区巡察反馈有关问题整改落实，统筹被巡察社区党组织研究制定整改工作整体方案。

（2）通过建立整改台账，跟踪督促逐项整改，确保整改任务落地见效。

（3）指导、督促社区党组织开展整改，协调、解决整改中的问题困难，对社区党组织自身难以整改的问题，协调相关区级部门会同抓好联动整改。

（4）定期听取研究社区巡察整改情况。对已完成的整改任务，街道党工委要督促被巡察社区党组织推进常态化整改，着力巩固成果、防止问题反弹；对社区党组织普遍性、倾向性问题加强综合分析，牵头开展专项治理、未巡先改，健全制度规定，完善管理措施；对需长期整改的任务，督促被巡察社区党组织分阶段明确目标，紧盯不放、久久为功。

（5）按时报送整改情况报告。巡察反馈后5个月时，汇总社区党组织巡察整改情况，及时提出整改销号意见，以集中整改进展情况报告（附社区整改情况台账）形式向区纪委监委机关报送。

（6）按要求向社会公开整改情况。自收到对集中整改进展情况报告的审核意见后，组织社区党组织按程序及相关要求向党内通报、向社会公开巡察整改情况。

（7）加强整改考核和监督。社区党组织巡察整改工作纳入街道对社区目标考核重要内容。通过考核对社区党组织整改成效进行分析、评估和检查验收，对整改成效不明显、未达到整改要求的督促整改到位。

（8）突出建章立制堵塞漏洞。坚持举一反三，把解决突出问题与提升社区治理能力结合起来，与提升社区“两委”成员履职能力结合起来，创新思路举措，健全制度机制，补齐短板、堵塞漏洞，以巡促改、以巡促建、以巡促治，推动各项工作高质量发展。

图 7－4　对新任主要领导开展整改提醒谈话

（9）夯实整改“第一责任人”责任和“一岗双责”。街道党工委书记作为第一责任人，要坚持做到“四个亲自”，对巡察整改负总责，带头领办、督办重点难点问题，抓好巡察整改的安排部署，督促提醒领导班子其他成员及相关社区党组织落实整改任务（见图 7－4）。街道党工委成员履行“一岗双责”，推动职责范围内涉及的社区整改任务落到实处。

（四）街道纪工委履行社区党组织整改全面监督责任

街道纪工委要加强对社区巡察整改的跟踪问效，督促被巡察社区党组织抓好问题整改，要抓在日常，督在经常，深入社区一线监督整改。要发挥社区纪委书记和居务监督委员会的作用，督促推动问题真改实改。巡察反馈 5 个月时，以街道纪工委名义，及时通过区纪委监委机关向区委巡察工作领导小组报送巡察整改监督情况。对社区整改不力的问题不报告、不处置、不推动的，依据有关规定追究相关责任人责任。

（五）街道党群办履行社区党组织整改日常监督责任

街道党群办增加监督社区巡察整改职责，要把社区巡察整改落实情况纳入社区党组织班子监督考核的重要内容，重点督促被巡察社区党组织落实反馈问题整改，提高社区党组织引领社会、组织社会、管理社会、服务社会的能力。巡察反馈5个月时，以街道党工委名义，及时通过区委组织部向区委巡察工作领导小组报送巡察整改日常监督情况。

（六）区纪委监委机关履行社区党组织整改督导责任

武侯区纪委监委机关负责全面监督街道党工委巡察整改情况，对口督导街道纪工委承担对社区党组织全面监督责任，对整改不力、拒不整改的，依规依纪依法严肃问责。对街道纪工委监督社区整改不深入的，予以批评教育或约谈。区纪委监委相关联系室（部）应定期深入社区进行整改督导，坚持标本兼治，开展典型案例警示教育，推动真改实改。

（七）区委组织部履行社区党组织整改指导责任

武侯区委组织部负责对街道党工委巡察整改情况的日常监督，对口指导街道党群办承担对社区党组织日常监督责任，不定期深入社区指导整改情况。对街道党群办日常监督社区整改不到位的，予以批评教育或通报。指导街道党工委将社区党组织巡察整改工作纳入社区绩效考核重要内容。

（八）区级有关部门承担社区党组织整改联动责任

武侯区委社会工作部、区委政法委、区信访局、区农业农村和水务局、区民政局等相关部门要配合街道、社区两级，主动认领问题，在职责范围内，解决街道、社区自身难以解决的巡察反馈问题，共同完成联动整改任务（见图7－5）。同时，按照巡察反馈的社区共性问题、制度机制问题，要在5个月内完成整改，并向区纪委监委机关报送相关整改情况。对无正当理由拖延办理或者不予办理，造成严重后果的，依据有关规定追究相关责任人责任。

图7－5　贯通融合联席会现场

（九）区委巡察机构履行统筹督促责任

武侯区委巡察工作领导小组要认真履职，加强对社区巡察整改工作的组织实施，完善体制机制、优化工作流程、充实巡察力量、强化成果运用、协调解决突出矛盾和问题。区委巡察办要认真履行“统筹协调、跟踪督促、汇总分析”职能，加强对社区党组织巡察整改落实情况的指导督导、督查督办。对发现的社区巡察整改共性问题，在一定范围内公开通报，推动即知即改；督促区级部门对巡察发现的普遍性、倾向性问题，建章立制，堵塞漏洞，深化改革，促进发展，不断增强基层治理实效。对区纪委监委机关和区委组织部有关社区巡察整改的监督情况报告进行汇总，向区委巡察领导小组报告。区委巡察组严格落实“销号”要求，将街道党工委履行主体责任情况、社区党组织推动整改情况作为下一轮巡察监督内容，纳入巡察“回头看”监督范围，在巡察结束 2 年后适时开展“回头看”。

第二节　建立“六改”模式

对社区巡察发现的问题就在群众身边，能不能及时整改、有效整改，能不能让群众看得见、感受得到，直接关系到巡察信用和权威。在实际工作中，武侯区从六个方面进行了探索，建立“六改”模式（见图 7－6），让社区群众全程参与整改、监督整改，确保整改实效。

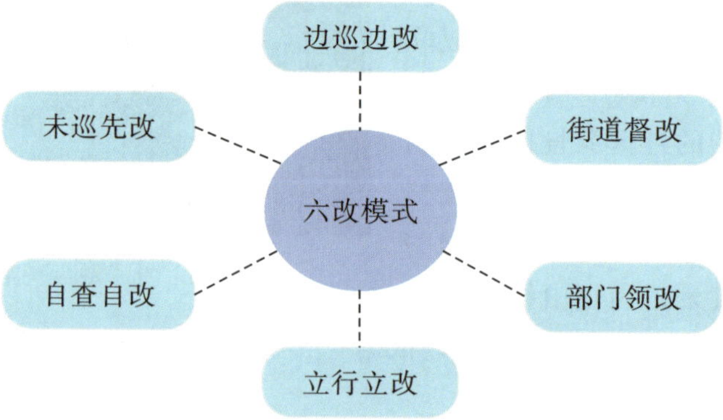

图 7－6　社区巡察整改“六改”模式

一、未巡先改

在巡察社区前，武侯区委巡察办收集通过各种专项检查或专项活动发现的问题，汇总形式《社区监督检查发现的共性问题清单》，印发给各街道各社区开展“未巡先改”。

1．明确街道党工委牵头，扛牢“未巡先改”责任

武侯区委明确街道党工委承担社区“未巡先改”的主体责任，社区党组织承担“未巡先改”直接责任，街道纪工委和社区纪委承担社区“未巡先改”监督责任，全面建立问题、任务、责任“三张清单”，厘清整改目标、内容、措施和时限，采取一项任务、一名社区委员、一名街道联系（分管）领导工作方式，有力有序推进“未巡先改”落实。

2．多渠道宣传和宣讲“社区问题”，增强“未巡先改”自觉

针对上一轮社区巡察发现的问题或已办结线索，通过社区“两委”成员培训、警示教育专题讲座、线索处置情况通报和利用“廉洁成都·清风武侯”网站等媒体平台，宣传巡察发现的典型案例，以及进驻社区巡察时巡察组的广泛宣讲，在全区范围内“系统化”诠释社区巡察发现的问题、“通俗化”解析根源、“精准化”明确应当承担的责任，增强巡察震慑效果，推动全区各社区党组织以“坐不住”的紧迫感、“等不起”的责任感、“慢不得”的危机感，认真对照开展“未巡先改”，落实举一反三（见图7－7）。

图7－7　社区组织物管、居民召开“未巡先改”协调会

3．适时新增“问题清单”，更新“未巡先改”标靶

武侯区委巡察办适时全面梳理分析区委前几轮已巡察社区发现的问题，将社区党组织存在的共性问题，提炼归纳为几个方面几种情形，形成《区委巡察社区发现的共性问题更新清单》。以区委巡察工作领导小组名义印发，督促推动全区72个社区党组织专列“更新问题整改”版块，自觉对照更新问题

清单，全面开展“未巡先改”，推进源头治理，建立符合社区实际的治根本、管长远制度措施200余项。

4. 强化监督检查，确保“未巡先改”成效

建立健全街道党工委向区委、区政府领导汇报其分管领域的社区“未巡先改”落实情况，向区纪委监委机关、组织部门、相关职能部门报送“未巡先改”问题清单的机制。区委巡察办制定“未巡先改”监督检查办法，将“未巡先改”作为“四个监督”重要内容，聚焦责任落实、问题整改、机制建设等重点，通过日常监督和专项监督相结合，跟进掌握“未巡先改”落实情况，对组织不力、整改敷衍的，严肃追责问责，倒逼责任落实，实现巡察成果运用最大化。

二、自查自改

1. 自查问题要求

巡察社区期间，紧紧根据巡察组提供的《社区党组织自查问题提纲》，依靠社区党组织深入查找社区自身存在的问题，要求把问题找准找实，做到每个问题“见人见事见责任”，并要求对自查出的问题形成《社区党组织自查问题台账》。

图7-8　社区巡察自查问题汇报会现场

2. 自查问题汇报

《社区党组织自查问题台账》经过社区党组织集体研究后，向巡察组汇报，社区党组织自查问题是否说清楚、是否找到位、是否抓小放大、是否避重就轻、是否敷衍应付、是否藏着掖着。巡察组紧紧抓住居民是最了解社区的，也是最直接的利益者这一特点，开展“自查问题未说清，村民组员来质询”现场会（见图7—8），邀请社区常住居民、党代表、企业代表等一起来听听社区的“自我剖析”。

3. 自查问题“质询”

社区党组织汇报结束后，坚持以社区问题导向为主，群众对社区自查问

题未说清、社区事情未办好的，进行现场质询，由社区“两委”成员和书记“说清问题”，让居民成为“明白人”。巡察组成员在此基础上，再进行“五究问”，即究问具体经办人、究问“两委”成员、究问财务人员、究问管理人员、究问社区书记。找到问题的焦点和症结点，发现问题的根本所在，推动问题及时解决。

4. 自查问题整改

在汇报会上，社区党组织负责人要对自查问题“如何整改”进行承诺，当着居民代表的面，明确“整改措施、整改时限”，巡察组明确自查问题整改是否兑现，要求街道党工委、社区居民和巡察组三方全程跟踪监督，实现社区自查问题在巡察期间完成30%至40%的整改，群众满意度较高（见图7—9）。

图7-9 社区“自查自改”解决居民出行难问题（前、中、后对比）

三、边巡边改

1.“边巡边改”的范围

在巡察社区期间发现的群众反映强烈、明显违反规定但不构成涉嫌违纪且在巡察了解阶段，被巡察社区党组织能立足自身实际推动整改，形成“立竿见影”效果的事项，主要包括损害群众切身利益的突出问题，群众反映强烈的“急难愁盼”问题，非政策性因素制约的突出问题，由被巡察社区党组织能完成整改的问题。

2.“边巡边改”审批程序

（1）研判：区委巡察组要加强对社区巡察发现问题的梳理汇总，召开组务会专题研究、分析研判，提出“边巡边改”事项。区委巡察组针对拟“边巡边改”事项应与被巡察社区党组织主要负责人沟通。

（2）审批：拟“边巡边改”事项由区委巡察组填报《“边巡边改”整改通

知书意见审批表》（见表 7－1），巡察组组长在意见审批表签字后送巡察办审批。整改通知书意见审批时间为 1 个工作日，审批通过后，按程序由巡察组移交被巡察社区党组织办理，并抄送街道党工委。

表 7－1 “边巡边改”整改通知书审批表

（×届武侯区委第×轮巡察）

呈报巡察组	区委第×巡察组
拟移交“边巡边改”问题（摘要）	1. ×××× 2. ××××
沟通情况	与被巡察社区党组织主要负责人沟通情况
承办人（巡察小组）意见	拟移交××办理。 姓名： 年 月 日
巡察组组长意见	姓名： 年 月 日
巡察办主任意见	姓名： 年 月 日
备注	后附“边巡边改”整改通知书

注：此表随“边巡边改”整改通知书一并送巡察办审批。巡察结束后，巡察组将整改通知书意见签批表、整改通知书及回复情况、“边巡边改”办理情况立卷归档。

3. 移交流程及要求

（1）移交流程。整改通知书签批后，区委巡察组及时填写《区委第×巡察组巡察期间“边巡边改”整改通知书移交表》（见表 7－2），指定专人向被巡察社区党组织移交“边巡边改”整改通知书（含移交表）。被巡察社区党组织指定人员签收，同时将移交表复印件送街道纪工委。区委巡察组对移交的“边巡边改”事项应单独建立台账，填写《区委第×巡察组巡察期间“边巡边改”整改通知书移交台账汇总表》（见表 7－3），指定专人负责，巡察结束后，将台账、移交表、意见签批表、整改回复情况一并立卷归档。

（2）移交要求。区委巡察组对“边巡边改”事项的具体处置应当充分尊重被巡察社区党组织意见，原则上要求在巡察组撤离前办理完成，遇有特殊情况，办结时间由区委巡察组与被巡察社区党组织共同商议确定。

表 7-2　区委第×巡察组巡察期间

“边巡边改”整改通知书移交表

×届区委第×轮巡察　　　　被巡察社区党组织名称：

序号	文件标题	情况摘要	移交时间	移交人	接收人签字
1					
2					
3					
4					

注：“边巡边改”整改通知书移交表，原件随相关材料移交接收单位，复印件由区委巡察组、街道纪工委各执一份。

表 7-3　区委第×巡察组巡察期间

“边巡边改”整改通知书移交台账汇总表

×届区委第×轮巡察　　　　被巡察社区党组织名称：

序号	文号	移交时间	情况摘要	办理情况	备注
1					
2					
3					
4					
5					

注：此表由区委巡察组梳理汇总，在巡察结束后立卷归档。

4. 及时报告

被巡察社区党组织在收到“边巡边改”整改通知书后，应于 5 个工作日内将整改事项办理进展情况经党组织主要负责同志签字后，并经街道党工委书记审核签字后，以街道党工委名义报送巡察组。

现场巡察结束前，被巡察社区党组织需就“边巡边改”事项填报《巡察期间“边巡边改”情况台账》（见表 7-4），及时报送区委巡察组，并抄送区委巡察办。已经完成的“边巡边改”事项原则上不作为问题向被巡察社区党组织反馈。

表 7-4 巡察期间"边巡边改"情况台账

区委第×巡察组　　　　被巡察社区党组织名称：(签字盖章)

问题情况		办理情况			整改成效
移交问题	具体内容	整改措施	工作情况	整改状态	

填报人：　　　　　联系方式：

填表说明：①"整改状态"(已整改/整改中/未整改)；②"整改成效"(填写内容应充分体现边巡边改，及时解决问题，举一反三、堵塞漏洞，完善制度机制等方面的工作情况)；③此表由被巡察社区党组织填报，报区委巡察组，抄送区委巡察办。

5. 整改事项公示

现场巡察结束前，被巡察社区党组织需将涉及群众反映强烈的"边巡边改"事项及办理情况，以清单形式在社区"三务"公开栏张贴公布，也可通过召开"坝坝会"、恳谈会等方式进行通报。将"边巡边改"事项整改情况纳入巡察整改评估。

6. 注意事项

"边巡边改"短平快地解决群众身边"小急难"问题，可以提高巡察权威、公信力，快速产生震慑作用，而且能使群众迅速产生认同感、安全感、获得感、幸福感。对"边巡边改"事项应当建立巡察组、群众和社区党组织三方沟通机制，通过充分沟通协商，听取意见建议，确保"边巡边改"事项的交办方式、责任主体、整改时限、整改要求等符合实际，保障整改效果。对"边巡边改"事项，巡察组必须"拿得准"、承办社区党组织能"拿得下"，防止引发更多问题。

四、立行立改

1. "立行立改"的范围

在巡察期间发现的群众反映强烈、明显违反规定且被巡察社区党组织自身难以解决，需街道和区级有关职能部门牵头或协助解决的突出矛盾问题、深层次问题、体制机制问题、系统领域问题，主要包括违反中央八项规定精神和“四风”方面问题，损害群众利益的普遍性、突出性问题，各类监督检查发现的应改未改突出问题，可能会引发群体性事件的个别典型问题。

2. “立行立改”审批程序

（1）研判：区委巡察组要加强对巡察社区发现问题的梳理汇总，召开组务会专题研究、分析研判，提出拟“立行立改”事项。

（2）沟通：区委巡察组针对拟“立行立改”事项应与被巡察社区党组织主要负责人、街道和区级有关职能部门主要负责人等沟通。

（3）审批：“立行立改”事项由区委巡察组负责填报《巡察期间“立行立改”整改通知书审批表》（见表7-5），经巡察组组长签字后送区委巡察办初审，初审通过后，由区委巡察办报区委巡察工作领导小组常务副组长审批。如遇特殊情况，区委巡察办应商请区委巡察组、被巡察社区、区级有关职能部门进行集中研判。“立行立改”事项审批办理时间为3个工作日，审批通过后，按程序由区委巡察组移交被巡察社区党组织和相关街道及部门推进。

表7-5　巡察期间“立行立改”整改通知书审批表

（×届区委第×轮巡察）

呈报巡察组	区委第×巡察组
拟移交“立行立改”问题（摘要）	1. ×××× 2. ××
沟通情况	与被巡察社区党组织主要负责人或区级有关职能部门主要负责人沟通情况
承办人（巡察小组）意见	拟移交××办理。 姓名：　　　　年　月　日
巡察组组长意见	姓名：　　　　年　月　日
巡察办主任意见	姓名：　　　　年　月　日
巡察工作领导小组常务副组长意见	姓名：　　　　年　月　日
备注	

注：此表由区委巡察组组长签字后一并送巡察办，由巡察办报巡察工作领导小组常务副组长审批。巡察结束后，巡察组将意见签批表原件、“立行立改”台账、移交表立卷归档。

3. 移交办理

（1）移交流程。审批表签批后，区委巡察组及时填写《巡察期间“立行立改”问题移交表》(见表 7—6)《××问题移交材料目录》(见表 7—7),指定专人向被巡察社区党组织、街道党工委和区级部门党组织移交。被巡察社区党组织、街道党工委或区级有关职能部门指定人员签收,同时将移交表复印件送街道纪工委和派驻纪检监察组。区委巡察组对移交的“立行立改”事项应单独建立台账,填写《区委第×巡察组巡察期间移交“立行立改”问题台账汇总表》(见表 7—8),指定专人负责,巡察结束后,将台账、签批表、移交表立卷归档。

(2)移交要求。区委巡察组要严守巡察职责边界,严格遵循工作程序,不干预被巡察社区正常工作,不履行执纪审查职责。对“立行立改”事项的具体处置应当充分尊重被巡察社区和街道及区级部门意见,原则上要在移交后 1 个月内办理完结,遇有特殊情况,办结时间由区委巡察组与被巡察社区及街道、区级部门商议确定。被巡察社区党组织要主动认领问题,区级有关职能部门要主动协作配合。街道党工委要主动协调,合力推动解决,共同完成整改任务。

表 7-6 巡察期间“立行立改”问题移交表

×届区委第×轮巡察　　　　移交日期:

移交方	区委第×巡察组	接收方	被巡察社区党组织或区级职能部门
移交的问题(摘要)	1. ××× 2. ×××		
承办人(巡察小组)意见	拟移交×××办理 姓名:　　年　月　日		
组长意见	姓名:　　年　月　日		
接收人签字	姓名:　　年　月　日		
备注	后附移交材料目录表。		

表 7-7 ××问题移交材料目录

序号	标题	日期	页码	备注
1				
2				
3				

注:“立行立改”问题移交表(含目录)原件随相关材料移交接收单位,复印件由区委巡察组留存。

表 7-8　区委第×巡察组巡察期间移交“立行立改”问题台账汇总表

×届区委第×轮巡察　　　　被巡察社区党组织名称：

序号	移交时间	接收方	问题摘要	办理情况	备注
1					
2					
3					
4					

注：此表由区委巡察组梳理汇总，在巡察结束后立卷归档。

4. 及时报告

现场巡察结束前，被巡察社区党组织、街道、区级有关职能部门应填报《巡察期间“立行立改”情况台账》（见表 7-9），将“立行立改”事项办理进展情况报送区委巡察组，抄送区委巡察办。

区委巡察组应将“立行立改”相关情况写入巡察报告或问题台账清单。巡察结束后，被巡察社区党组织要会同区级有关职能部门，将“立行立改”事项办理情况纳入集中整改进展情况报告，报送区纪委监委机关，抄送区委组织部、区委巡察办、区委巡察组。

表 7-9　巡察期间“立行立改”情况台账

区委第×巡察组　　　　党组织名称：（签字盖章）

问题情况		办理情况			整改成效
移交问题	具体内容	整改措施	工作情况	整改状态	

填报人：　　　　　联系方式：

5. 跟踪督办

武侯区纪委监委机关、区委组织部要对“立行立改”事项整改情况进行督促了解，强化“再监督”，对敷衍整改、整改不力、拒不整改的，严肃追责问责。将“立行立改”事项整改情况纳入整改评估范围。

6. 注意事项

被巡察街道和社区党组织切实落实全面从严治党主体责任，及时解决问题，深刻剖析根源，举一反三、堵塞漏洞，完善相应制度机制。区级有关职能部门要结合职责加强调查研究，提出改进措施，完善制度机制。

五、街道督改

1. 督改要求

巡察问题反馈后，对需要社区和街道本级整改的问题，由街道党工委承担督改责任，要盯紧社区党组织巡察整改直接责任，要制定整改工作方案，建立整改总台账，严格落实整改，统筹督促所辖社区党组织抓好整改。街道党工委要定期听取社区巡察整改工作情况汇报，研究解决整改工作中存在的问题和困难（见图 7－10）。街道党工委联系社区领导要切实履行“一岗双责”，加强对巡察反馈问题整改的督促指导，要定期了解掌握所联系社区巡察整改工作，对于整改工作进展缓慢的社区要经常深入督导，研究制定务实管用的措施，对账逐一监督整改。街道党工委对巡察本街道社区发现的普遍性、系统性及深层次问题，认真研究并督促推动解决，确保形成长效机制。

图 7－10　街道督促社区整改

2. 督改阶段性报告

自签收反馈意见 5 个月内，街道党工委针对直接巡察的社区形成整改进展情况报告；针对“街道社区一体巡”“巡部门带社区”“专项巡察社区”形成整改进展情况综合报告，附各社区整改落实清单，经联系街道及社区的区领导、街道党工委主要负责同志审核后，按程序向区纪委监委机关报送整改报告，抄送区委组织部和区委巡察办。街道党工委在报告中要专门专段描述“街道党工委督促社区整改工作情况”，既写实工作，也阐述不足。整改进展情况报告经区纪委监委机关牵头“会审”后，街道党工委和社区分别向党内和社会公开。需持续整改的视情况报告。

六、部门领改

对社区巡察发现的共性问题，以及依靠街道和社区自身难以整改的问题，由武侯区委巡察办进行汇总梳理，加强与区级有关部门交流沟通，共商解决举措，搭建“联席会议共商、具体部门牵头、协同部门联动”整改机制，明确牵头及配合单位，提出整改意见建议，发函交办相关部门落实整改，推动系统治理，从制度机制方面予以完善，确保改到底改到位（见例 7－1 至 7－3）。如，武侯区在试点期间，通过相关部门牵头整改，目前已建立健全《武侯区上市地块管护办法》《武侯区征地拆迁住房多元化安置试行办法》《进一步做好武侯区未供应土地管护及临时利用》等社区发展治理制度机制 79 项。针对区委巡察发现的系统性、领域性问题，向分管（联系）区领导发出《整改工作提示单》，由分管（联系）区领导牵头按照“领域互通、板块联动”的思路，督促相关部门抓实系统整改。

例 7－1

强基固本筑牢社区坚强战斗堡垒[①]

针对巡察指出的“社区党组织战斗力不够，“两委”成员能力素质与新发展要求有较大差距，社区保障尚有不足，社区负担较重”等问题，由区委组织部、区委社会工作部等牵头整改。一是制定并实施社区“减负十条”。建立社区党组织、居委会履行职责“四张清单”和负面清单，健全部门、街道事务下沉社区准入制度，探索实施社区对街道和区级部门“逆向考核”机制。二是选优配强“两委”班子。清净干净完成社区体制机制改革，健全社区工作者职业化和薪酬体系，探索企业年金制度，建立 8 个“社区名书记工作室”，传帮带抓好队伍精准提能。三是注重资源集成保障。整合政法、民政等 20 多个部门 4100 万元公服资金，建立“保障＋激励”双轨并行的社区专项经费，每个社区年均拨付近 60 万元，以社区党组织为主渠道落实到位，确保社区党组织有资源有能力服务群众。

① 资料来源：据武侯区委组织部、区委社会工作部资料。

例 7-2

“四有一化”做活小区基本治理细胞①

针对巡察指出的“小区、院楼党建作用发挥不够充分，服务群众不够见实效，物业矛盾较多”等问题，由区委组织部、区委社会工作部牵头整改，集中开展小区院落党建专项攻坚，推动党组织的领导向治理末梢延伸。一是红色引擎理顺小区治理机制。全覆盖推进小区院落两个覆盖，做到小区“四有一化”，即“有党组织引领、有党员示范行动、有服务阵地保障、有专项经费支撑、党建引领制度化”。建设实体化物业党群服务中心，通过住建部门主抓、社区党组织兜底、条块联动，在做细治理中厚植党的执政根基。二是信托物业破解普遍治理难题。针对传统物业模式下互信缺失、矛盾频发问题，率先把信托理念引入物业领域，在社区小区院落党组织领导下，重构以业主大会为委托人、物业企业为受托人、全体业主为受益人的信义治理关系，通过党建引领、机制创新，23 个试点小区物业纠纷同比下降 90%、服务满意率达 95%以上。

例 7-3

推动社区集体经济组织规范运行②

针对巡察指出的“社区集体组织不规范、登记不完整、制度机制较缺乏、风险较高”等问题，由区农业农村和水务局牵头整改，规范社区集体经济组织运行体系，取得实实在在的成效。一是确立社区集体经济组织。以农村集体产权制度改革为抓手，区农业农村和水务局指导村（社区）级集体经济组织按程序规范制定组织章程，通过民主选举、推选产生成员（代表）大会、理事会、监事会，基本构建起组织内部民主管理机构，形成了相互配合、相互监督、相互制约的内部治理机制。制发《关于认真做好农村集体经济组织登记赋码工作的通知》，赋予新型农村集体经济组织特别法人资格，代表集体行使所有权，履行集体资产经营管理职能，初步建立起新型集体经济组织法人治理机制。二是规范社区集体经济组织登记管理。建立全区集体经济组织管理台账，开展集体经济组织登记赋码信息年检，重点核实法定代表人、集体资产总额、办公地址等基本情况信息是否完整准确，及时掌握、更新组织情况。规范开展集体经济组织成员备案，以村（社区）级集体经济组织为主

---

① 资料来源：据武侯区委组织部、区委社会工作部资料。

② 资料来源：据武侯区农业农村和水务局资料。

体完成成员身份确认，逐步建立起集体经济组织成员备案机制，完成全区集体经济组织成员信息系统录入，提升集体经济组织成员信息化管理水平。三是完善社区集体经济组织治理机制。按照集体经济组织管理“五个一”标准，规范集体经济组织运行管理。制发《集体经济组织会议资料示范样式》，重点指导集体经济组织“三会”理顺议事决策规则，认真行使职权，发挥自我管理作用。加快推进“政经”账务分设，制发《成都市武侯区社区居民委员会与集体经济组织账务分设实施方案》，明确居民委员会与集体经济组织事务分离、账务分设、资产分管、核算分立的具体内容、管理标准，推动建立居民委员会负责公共事务和公益事业、支持集体经济发展，集体经济组织负责发展壮大集体经济、适当反哺社区公益事业的社区治理新机制。

第三节 探索“三项”机制

对社区的巡察整改，重点关注群众的满意度，武侯区积极探索社区巡察整改“党内评估+群众评价”“销号”和“回头看”三项机制，运用“过程评估+结果评估”“线上问效+线下问效”等手段，多形式、多层次开展问效评估，让群众广泛参与整改、监督整改、评价整改，努力做到评价客观公正、整改真实真切、群众满意度提升。

一、探索社区巡察整改“双评”机制

社区巡察整改落实得怎么样，主要采取“党内评估+群众评价”相结合的方式进行评估验收，形成闭环机制。党内评估主要对被巡察党组织责任落实、重点问题整改、群众关切问题解决等方面情况进行全面了解，实行共性指标与个性指标相结合，对集中整改期满的被巡察社区党组织采取听取汇报、查阅资料、组织谈话、实地查验、满意度测评等方式，着力发现敷衍应付、整改不力、纸面整改等突出问题，并对整改情况提出审核意见、进行量化打分。群众评价主要通过召集被巡察社区辖区内的“两代表一委员”、居民代表、党风政风监督员、管理服务对象、特殊家庭人员等，逐项对照巡察反馈问题整改落实情况，听取意见建议。对民生方面的问题，邀请相关群众填写

评价表，真正做到整改到不到位、效果好不好“群众说了算”。评估结果作为街道年度目标责任考核依据。评估具体情况由评估组组长当面向被巡察社区和街道党组织主要负责人通报，一一指出整改中存在的纸面整改、虚假整改、整改不彻底、不到位等问题，对下一步整改工作提出意见建议，做到“压力再传导、责任再压实”，进一步提升被巡察社区党组织特别是主要负责人整改的主动性和积极性。

（一）评估总体要求

1. 组织领导及原则

社区巡察整改评估工作在武侯区委巡察工作领导小组领导下，由区委巡察办牵头实施。巡察整改评估坚持实事求是、客观公正，突出重点、注重实效，定性与定量、自评与他评相结合的原则。

2. “双评”人员组成

社区巡察整改评估包括党内评估和群众满意度评价两大部分。将对被巡察社区党组织整改情况、移交事项办理情况和群众满意度予以百分制量化评价。党内评估由武侯区纪委监委机关、区委组织部、区委巡察组和区委社会工作部、区民政局、区农业农村和水务局等部门及相关街道参与，组成社区巡察整改成效评估组，被巡察社区配合实施。群众满意度评价以群众为主体，可由党风政风监督员、微网格长（楼栋长）、专业社工服务人员、“两代表一委员”、居民代表、居民议事会成员、居务监督委员会成员等人员参与评价。

（二）评估内容及方式

1. 主要内容

主要内容有 4 点：①社区党组织巡察整改直接责任落实情况；②巡察反馈具体问题的整改落实情况；③巡察移交事项的办理情况；④其他需要评估的事项。

2. 方式方法

方式方法有 5 点：①召开综合研判会；②查阅相关资料；③实地核查、走访；④民主测评；⑤其他方式方法。

3. 评估关注重点

（1）整改准备阶段。在加强整改组织领导方面：一看召开专题会议情况；

二看成立巡察整改机构情况；三看建立巡察整改工作机制情况。在制定整改责任清单及台账的方面：一看巡察整改责任清单制定报送情况；二看整改台账（三项清单）研究建立情况。

（2）问题整改阶段。在整改责任落实方面：一看被巡察社区党组织书记落实整改工作第一责任人责任，坚持“四个亲自”情况；二看“两委”成员履行“一岗双责”，带头抓分管领域的整改工作情况；三看每个问题的具体整改情况。在整改进展情况报告方面：一看整改落实清单报送情况；二看整改任务漏项情况；三看整改事项真实性情况；四看整改事项实效性情况，特别是解决群众“急难愁盼”问题情况；五看举一反三、建章立制情况。

（3）整改后续阶段。在整改公开方面：一看公开时间及程序情况；二看公开内容审核把关情况；三看整改资料报备情况；四看群众反映意见处置情况。在常态推进整改方面：一看整改已完成事项持续巩固、长期坚持情况，看是否改后又犯；二看整改未完成事项持续推进情况。在推动改革发展方面：一看整改后社区“两委”班子建设、班子运行情况；二看整改后社区“两委”成员及工作人员精神面貌、担当作为情况；三看整改后高质量创新开展工作情况。

（三）评估细则

社区巡察整改评估按照量化计分原则，采取百分制打分。根据反馈问题属性确定赋分权重。党建类问题主要针对社区党组织建设等问题，党内评估占 80 分，群众满意度评价占 20 分；民生类问题主要针对人民群众关心关注的热点难点问题，党内评估占 20 分，群众满意度评价占 80 分（见图 7－11）。

图 7－11　社区巡察整改群众评价

1. 党建类问题

（1）党内评估 80 分，主要由整改责任落实和问题整改情况构成。一是整改责任落实 10 分，主要指被巡察社区党组织整改的直接责任。主要根据专题研究、整改台账、责任清单、整改推进、制度机制等内容计分（见表 7－10）。未及时推进相关工作的一次扣 0.5 至 1 分。二是问题整改情况 70 分，涵盖每个问题的整改情况。每个问题整改情况根据整改效果分别计分，其中完成整改计 85

至 100 分，按照基本分 85 分，结合“进行举一反三整改、开展专项治理、建立完善相关制度、对相关责任人进行问责处理、整改成效受到上级表彰肯定或官方媒体报道”等方面进行加分；正在整改结合整改工作进度和效果情况计 70 至 85 分；未整改不计分。所有问题整改平均得分乘以 70%为问题整改情况最终得分。三是整改责任落实得分与问题整改情况得分合计为党内评估最终得分。

表 7-10　××社区党组织巡察整改成效量化评估表（党建类）

评估项目	序号	评估内容	分值	评分标准	得分
巡察整改责任落实（10 分）	1	社区党组织一把手履职和班子成员履行“一岗双责”	1	履职不够到位扣 1 分	
	2	及时召开社区党委会议通报反馈意见，研究整改落实	1	未召开党委会的不得分	
	3	科学制定整改责任清单并按时上报	1	未制定扣 1 分，未按时上报扣 0.5 分	
	4	及时建立完善整改台账，完成一个销账一个	1	未建立台账不得分，未及时完善销账扣 0.5 分	
	5	坚持标本兼治，举一反三建立完善相关制度机制	1	未建立完善相关制度不得分	
	6	对重点突出问题进行专项整治或跟踪督办	1	完成就得分，没有开展的不得分	
	7	按时上报巡察整改落实清单等资料	1	未按时上报或每少一项扣 0.5 分	
	8	扎实开展整改“公开”工作，及时上报公开情况	1	未公开不得分，未及时公开或未上报公开情况扣 0.5 分	
	9	完成巡察组交办的其他整改事项	1	未落实的每项扣 0.5 分	
	10	常态化推进整改工作，切实推动改革，促进发展	1	未落实的不得分，效果不好的扣 0.5 分	
巡察整改责任落实总分（合计 10 分）					
具体问题整改落实（70 分）	1	社区党委统领作用发挥不充分，习惯于“向后看”，与过去比，创先争优的主动性欠缺	100	整改完成（85～100 分） 正在整改（70～84 分） 未整改（0 分）	
	2	“关键少数”示范效应不够明显，工作标准不高、要求不严，贯彻上级决策部署和重点工作满足于过得去，队伍建设存在短板明显	100	整改完成（85～100 分） 正在整改（70～84 分） 未整改（0 分）	
	3	×××			
具体问题整改落实得分（每个问题整改的平均分乘以 0.7，合计 70 分）					
评估最终得分（巡察整改责任落实总分＋具体问题整改落实得分，总计 80 分）					

评估组组长：　　　　评估组成员：　　　　年　　月　　日

（2）群众满意度评价 20 分，由党风政风监督员、微网格长（楼栋长）、“两代表一委员”、居民代表、居民议事会成员、居务监督委员会成员等人员参与，采取民主测评会、入户调查等方式实施。每个问题整改情况根据整改效果按照“满意”“基本满意”“不满意”三项指标打分，分别为 100 分、60 分、0 分（见表 7－11）。所有问题平均得分乘以 20％为群众满意度测评最终得分。

表 7－11　××社区巡察整改情况群众评价表（党建类）

您好！我们是武侯区社区巡察整改成效评估组工作人员。为推动巡察整改落到实处，切实提升群众满意度和获得感，请您对照表格中巡察反馈问题和个人对巡察整改情况实际了解，对××社区巡察整改情况党建部分进行评价，在相应栏目后打“√”。本次测评采取不记名方式，诚请您放心填写、如实反映！

问题情况		整改情况			满意情况		
反馈问题	完成时限	整改措施	具体情况	整改状态	满意	基本满意	不满意

填表说明：①此表由评估组填写“问题情况”；②“完成时限”（巡察反馈大部分问题应在 5 个月内集中整改到位，一时难以解决的原则上不超过 1 年）；③“整改情况”由被巡察社区填写；④“满意情况”由群众填写；⑤每张评估表满分为 100 分，按照“满意”“基本满意”“不满意”三项指标打分，分别为 100 分、60 分、0 分，所有问题平均得分乘以 20％为群众满意度测评最终得分。（印表时删除填表说明）

2. 民生类问题

（1）党内评估 20 分，主要由整改责任落实和问题整改情况构成。一是整改责任落实 10 分，主要指被巡察社区党组织整改的直接责任。主要根据专题研究、责任清单、整改台账、整改推进、制度机制等内容计分（见表 7－12）。未及时推进相关工作的 1 次扣 0.5 至 1 分。二是问题整改情况 10 分，涵盖每个问题的整改情况。每个问题整改情况根据整改效果分别计分，完成整改计 85 至 100 分，其中基本分 85 分，结合“进行举一反三整改、开展专项治理、建立完善相关制度、对相关责任人进行问责处理、整改成效受到上级表彰肯定或官方媒体报道”等方面进行加分；正在整改的结合整改工作进度和效果计 70 至 85 分；未整改不计分。所有问题整改平均得分乘以 10％为问题整改情况最终得分。三是整改责任落实得分与问题整改情况得分合计为党内评估最终得分。

表 7-12　××社区党组织巡察整改成效量化评估表
（民生类）

评估项目	序号	评估内容	分值	评分标准	得分
巡察整改责任落实（10 分）	1	社区党组织一把手履职和班子成员履行“一岗双责”	1	履职不够到位扣 1 分	
	2	及时召开社区党委会议通报反馈意见，研究整改落实	1	未召开党委会的不得分	
	3	科学制定整改责任清单并按时上报	1	未制定扣 1 分，未按时上报扣 0.5 分	
	4	及时建立完善整改台账，完成一个销账一个	1	未建立台账不得分，未及时完善销账扣 0.5 分	
	5	坚持标本兼治，举一反三建立完善相关制度机制	1	未建立完善相关制度不得分	
	6	对重点突出问题进行专项整治或跟踪督办	1	完成就得分，没有开展的不得分	
	7	按时上报巡察整改落实清单等资料	1	未按时上报或每少一项扣 0.5 分	
	8	扎实开展整改“公开”工作，及时上报公开情况	1	未公开不得分，未及时公开或未上报公开情况扣 0.5 分	
	9	完成巡察组交办的其他整改事项	1	未落实的每项扣 0.5 分	
	10	常态化推进整改工作，切实推动改革，促进发展	1	未落实的不得分，效果不好的扣 0.5 分	
巡察整改责任落实总分（合计 10 分）					
具体问题整改落实（10 分）	1	××路路灯长期损坏，影响群众夜间出行，20××年以来，群众多次反映仍未解决	100	整改完成（85～100 分） 正在整改（70～84 分） 未整改（0 分）	
	2	××街××小区底商××餐饮店油烟直排室外、污水直排沟渠，污染周边人居环境，群众反映强烈	100	整改完成（85～100 分） 正在整改（70～84 分） 未整改（0 分）	
	3	×××			
具体问题整改落实得分（每个问题整改的平均分乘以 0.1，总计 10 分）					
评估最终得分（巡察整改责任落实总分＋具体问题整改落实得分，总计 20 分）					

评估组长：　　　评估人员：　　　　　　年　月　日

（2）群众满意度评价 80 分，由党风政风监督员、微网格长（楼栋长）、“两代表一委员”、居民代表、居民议事会成员、居务监督委员会成员等人员参与，采取民主测评会、入户调查等方式实施。每个问题整改情况根据整改效果按照“满意”“基本满意”“不满意”三项指标打分，分别为 100 分、60 分、0 分，所有问题平均得分乘以 80％为群众满意度测评最终得分（见表 7－13）。

表 7－13　××社区巡察整改情况群众评价表（民生类）

您好！我们是武侯区社区巡察整改成效评估组工作人员。为推动巡察整改落到实处，切实提升群众满意度和获得感，请您对照表格中巡察反馈问题和个人对巡察整改情况实际了解，对××社区巡察整改情况民生部分进行评价，在相应栏目后打“√”。本次测评采取不记名方式，诚请您放心填写、如实反映！

问题情况		整改情况			满意情况		
反馈问题	完成时限	整改措施	具体情况	整改状态	满意	基本满意	不满意

填表说明：①此表由评估组填写“问题情况”；②“完成时限”（巡察反馈大部分问题应在 5 个月内集中整改到位，一时难以解决的原则上不超过 1 年）；③“整改情况”由被巡察社区填写；④“满意情况”由群众填写；⑤每张评估表满分为 100 分，按照“满意”“基本满意”“不满意”三项指标打分，分别为 100 分、60 分、0 分，所有问题平均得分乘以 80％为群众满意度测评最终得分。（印表时删除填表说明）

（四）评估运用

1．等次确定

巡察整改成效评估结果主要依据评估得分确定：得分在 90 分（含）以上，评为“好”；得分在 75（含）至 90 分（不含），评为“较好”；得分在 60（含）至 75 分（不含），评为“一般”；得分在 60 分（不含）以下，评为“差”。

2．成果运用

评估结果及时上报区委巡察工作领导小组，向被评估社区所在街道党工委反馈。把评估情况作为对社区班子集体和街道党工委及联系社区领导的考核评价、选拔任用的重要依据，纳入年度党风廉政建设责任制检查考核内容。区委巡察工作领导小组将通报巡察整改成效量化评估结果，对被评为“好”

的，提出表扬；对评为“较好”的，督促被巡察社区党组织继续抓好整改落实；对评为“一般”的，将提请区级联系领导对被巡察社区党组织、所在街道党工委主要负责人进行约谈，并限期整改；对评为“差”的，将依据巡察工作相关规定视情移交区纪委监委机关或区委组织部办理。对拖拉推诿，阳奉阴违、弄虚作假甚至拒不整改的，视情节对相关人员进行严肃问责。

二、探索社区巡察反馈问题“销号”机制

科学设置评估指标、明确销号标准。武侯区委巡察办会同区纪委监委、区委组织部及区委社会工作部、区农业农村和水务局等相关部门，对被巡察社区党组织所属街道党工委提请销号的整改事项进行审核评估。对评估销号中发现的突出问题，督促被巡察社区所在街道党工委指导社区党组织限期整改。

（一）巡察整改“销号”总要求

1.“销号”原则

坚持实事求是、依规依纪依法，坚持标本兼治、系统施治，强化巡察整改主体责任和监督责任，推动社区巡察反馈问题全面整改、深入整改，发挥以巡促改、以巡促建、以巡促治作用。

2.“销号”范围

“销号”范围是指区委巡察组向被巡察街道和社区党组织反馈意见中指出的巡察发现的问题，不包括向被巡察街道和社区党组织反馈意见中的工作建议及要求。

3.“销号”不销责

被巡察街道和社区党组织应当做到“销号”不销责，把巡察整改融入日常工作、融入深化改革、融入全面从严治党、融入班子队伍建设，建立长效机制，巩固整改成果。

4.“销号”运用

“销号”情况作为街道和社区巡察整改成效评估的重要内容，作为约谈提醒、追责问责的重要依据，作为加强党组织建设、班子建设和政治生态监测评价预警，以及干部教育、考核评价、选拔任用、监督管理的重要参考。对

销号中发现的组织领导巡察整改不力、进展缓慢，落实巡察整改要求走过场、不到位，敷衍应付、虚假整改的，由区纪委监委机关、区委组织部约谈提醒被巡察街道和社区党组织主要负责同志，造成严重后果的，依规依纪依法追究责任。

（二）巡察整改“销号”职责

社区巡察整改销号工作在武侯区委巡察工作领导小组领导下，相关责任主体各负其责、各司其职。

（1）被巡察街道和社区党组织履行巡察整改主体责任和直接责任，制定整改方案，建立问题整改台账，推动整改落实，提出“销号”申请。

（2）区纪委监委机关履行对街道和社区整改落实情况的全面监督责任，指导被巡察街道和社区党组织制定巡察整改方案和台账，牵头审核集中整改进展情况报告，根据监督掌握情况提出“销号”意见。

（3）区委组织部结合职责履行对街道和社区巡察整改落实情况的日常监督责任，指导被巡察街道和社区党组织制定巡察整改方案和台账，协助审核集中整改进展情况报告，根据监督掌握情况提出“销号”建议。

（4）区委巡察办履行街道和社区巡察整改统筹督促责任，建立巡察整改管理台账，加强街道和社区巡察整改业务指导，督促巡察整改主体责任和监督责任落实，统筹协调整改“销号”相关事务性工作，汇总分析街道和社区巡察整改和成果运用情况及整改“销号”情况，向区委和区委巡察工作领导小组报告。会同区委巡察组审核集中整改进展情况报告。

（5）区委巡察组履行街道和社区整改指导责任，审核巡察整改方案，指导被巡察街道和社区党组织建立问题整改台账，协助审核集中整改进展情况报告，协助开展集中整改“销号”工作。

（6）相关区级部门党组织履行所涉行业和领域内整改指导责任，负责督促指导街道和社区党组织巡察整改落实，根据需要协助开展“销号”工作。

（三）巡察整改“销号”类型及流程

整改“销号”工作动态开展，主要分集中整改销号、巡察整改落实情况“回头看”销号、持续销号三个阶段进行。

1．集中整改销号

（1）提出“销号”申请。被巡察街道和社区党组织在整改公开后 1 个月内，按照“已完成整改”“需进一步整改”“需长期整改”“因客观原因不具备完成整改条件”4 类标准，对巡察反馈问题整改情况进行自评。对集中整改期内已完成整改以及因客观原因不具备完成整改条件的，以街道和社区党组织名义向区委巡察工作领导小组（径送区委巡察办）提出书面销号申请。

（2）组织“五方”审核。武侯区委巡察办收到被巡察街道和社区党组织书面销号申请后，及时送区纪委监委机关审核，同步分送区委组织部、区委巡察办、区委巡察组和区级相关部门党组审核。区委组织部、区级相关部门自收到销号申请之日起 15 日内，结合日常监督情况提出销号建议，通过区委巡察办反馈给区纪委监委机关。区委巡察办自收到销号申请之日起 20 日内，汇总区委巡察组和区委巡察办的销号建议反馈给区纪委监委机关。区纪委监委机关自收到销号申请之日起 1 个月内，结合全面监督情况，采取实地调研、重点检查、随机抽查等方式，对被巡察街道和社区党组织申请销号问题进行评估，综合区委组织部、区委巡察组和相关区级部门党组织意见，提出书面销号意见反馈给区委巡察办。

（3）“五方会商”解决分歧。对社区巡察整改销号意见存在较大分歧的，由武侯区委巡察办牵头，采取区纪委监委、区委组织部、区委巡察办、区委巡察组及相关区级部门参加的“五方会商”会议讨论（见图 7－12），听取各方意见后，会商研究形成一致意见。

图 7－12　整改销号“五方会审”

（4）反馈销号意见。武侯区委巡察办根据区纪委监委机关销号意见和会商意见，形成销号批复送审件，报经区委巡察工作领导小组审签后书面反馈被巡察街道和社区党组织，抄送区纪委监委机关、区委组织部、区委巡察组和相关区级部门党组织。

2. 整改落实情况“回头看”销号

（1）对被巡察街道和社区党组织开展“回头看”，复核已销号问题，对已达到销号标准但尚未销号的提出销号意见。

（2）“回头看”情况和销号意见按程序报经武侯区委和区委巡察工作领导小组同意后，由区委巡察办向被巡察街道和社区党组织反馈，同步抄送区纪委监委机关、区委组织部和相关区级部门。

（3）“回头看”发现仍未达到销号标准和已销号但出现反弹的问题，由武侯区委巡察办向被巡察街道和社区党组织提出持续整改要求，同步反馈区纪委监委机关、区委组织部继续督促整改。

3. 持续销号

被巡察街道和社区党组织根据后续整改情况，对已完成整改的问题，可适时向武侯区委巡察工作领导小组（径送区委巡察办）提出销号申请，相关程序参照集中整改销号程序进行。

（四）巡察整改“销号”标准

1.“销号”基本标准

被巡察街道和社区党组织认真履行整改责任，采取切实有效措施使巡察反馈问题整改取得阶段性明显成效，并达到以下标准要求的，经审核后可以销号。

（1）事要解决。被巡察街道和社区党组织对照巡察反馈的具体问题台账，落实了相应整改措施，扎实推进整改并取得明显成效，得到干部群众认可。

（2）人要处理。被巡察街道和社区党组织对巡察反馈问题负有责任的具体人以及与巡察反馈问题相关联的责任人，有明确、合理的处置结果或处理意见。

（3）长效机制要建立。被巡察街道和社区及区级部门党组织针对巡察整改工作中的深层次、普遍性、倾向性问题，建立完善了相应制度机制。

2.“销号”特殊标准

因下列客观原因不具备完成整改条件的，经会商认定后可以销号。

（1）巡察反馈问题所涉有关政策发生变化，致使被巡察街道和社区党组织在现行政策范围内无法完成或无需继续整改的。

（2）巡察反馈问题成因不在被巡察街道和社区党组织职责范围之内的。

(3) 巡察反馈问题涉法涉诉，被巡察街道和社区党组织已经履行法律程序，但司法机关需要一定时间依法处置的。

(4) 巡察反馈问题因区划调整或机构改革导致管辖权发生变化，被巡察街道和社区党组织不再承担相应主体责任的。

(5) 巡察反馈问题因受不可抗力影响，致使被巡察街道和社区整改工作无法进行的。

(6) 由于其他特殊原因，被巡察街道和社区党组织无法独立完成整改的。

三、探索社区巡察整改“回头看”机制

对风险较多、信访突出、整改成效不明显、有重大问题反映的已巡察社区党组织，可机动灵活组织开展巡察整改落实情况“回头看”。

（一）社区巡察整改“回头看”时间

被巡察街道和社区党组织接受巡察后 2 年左右，根据武侯区委巡察工作统一安排，对巡察整改落实情况开展“回头看”，原则上每个社区“回头看”时间为 2 至 3 天。

（二）社区巡察整改“回头看”组织形式

(1) 通过区委巡察组对街道巡察整改“回头看”时一并对社区进行“回头看”，或单独对重点类社区开展“回头看”（见图 7-13）。

图 7-13　对街道和社区开展整改“回头看”

(2) 采取“室组地”联动监督模式，对社区整改落实情况开展“回头看”专项监督检查。

(3) “回头看”可制定清单式工作方案，简化程序，对每个社区形成“回头看”发现问题清单。

（三）社区巡察整改“回头看”监督重点

社区巡察整改落实情况“回头看”，既要盯人看责任，更要盯事看成效，主要看“以巡三促”落实情况，重点看以下8个方面。

1. 看街道党工委整改主体责任、社区党组织整改直接责任落实情况

重点看街道党工委和社区党组织是否存在落实整改责任不力，对整改工作重视不够，抓整改“虎头蛇尾”“前紧后松”，推动解决问题用力不够；看党组织是否存在对巡察整改工作的组织领导不力，将整改任务全部下卸给其他单位和个人；看是否存在对巡察整改面上布置多、实际推动少；看是否存在“过关”心态，甚至搞盲目销号、虚假整改；看是否存在对难点问题长期挂账、“击鼓传花”，对涉及居民利益等问题畏葸不前；看是否存在“举一反三”不够，缺乏系统施治，“摁下葫芦浮起瓢”，甚至旧病复发、边改边犯等。

2. 看街道和社区党组织“一把手”履行整改第一责任人责任情况

重点看是否存在街道和社区党组织“一把手”对整改工作不重视，对整改方案挂名负责，实际未带头领办重点难点问题，未亲自解决群众“急难愁盼”问题，将整改任务简单分派给班子成员和下属单位；看是否存在将巡察组向其个人反馈的意见，攥在手里、锁进抽屉，不研究、不整改，导致整改缺项漏项；看是否存在不落实“四个亲自”要求，自己当“甩手掌柜”；看是否存在“新官不理旧账”，前任领导不交接，新任领导不衔接，造成整改工作脱节。

3. 看班子其他成员履行“一岗双责”的情况

重点看街道和社区党组织班子成员是否存在对“一岗双责”认识比较模糊，管党治党责任意识不强，抓巡察整改积极性、主动性不够；看班子成员是否存在认识偏颇，认为整改主体责任在“一把手”、监督责任在纪委、具体任务在工作人员，整改与自己关系不大，对自己分管领域的问题，既不组织研究，也不督促落实，上推下靠；看是否存在对牵头整改的问题不协调、不推动，工作牵不起来、任务落不下去；看是否存在因班子分工调整，导致整改任务没有及时对接，不少整改事项没人盯、没人问，接续整改成了挂“空挡”，整改进展不清楚，整改台账成了“糊涂账”。

4. 看整改监督责任落实情况

重点看区纪委监委机关、区委组织部等相关监督责任主体履行对街道和

社区巡察整改监督责任情况，是否存在开展监督检查不经常不严实；是否存在监督检查走过场，发现问题少，提出意见少；看是否存在对发现的问题追责问责力度不够，以组织处理代替纪律处分，对苗头性、倾向性问题“睁一只眼闭一只眼”，“九责工作法”运用不充分等问题。看街道纪工委、社区纪委是否带头抓好自身承担整改任务的落实，是否协助党组织推动巡察整改，是否对敷衍应付、虚假整改的情况进行追责问责等。

5. 看具体问题整改落实情况

重点看反馈给社区的整改问题有没有漏项，是否真改、实改，是否改后又犯、边改边犯。对巡察反馈意见指出的问题和列出的事例，要逐项进行核实，看这些问题是否全部列入整改，是否存在“选择性”整改情况。重点看整改措施有没有落实，有没有跑偏泛化、虚晃一枪。重点看整改效果群众满不满意。对重点难点问题要集中力量检查，对长期整改的问题必须看是否取得阶段性成果，防止以难搪塞、一拖了之。

6. 看开展专项整治落实情况

重点看区级相关职能部门结合社区巡察反馈的系统性、领域性问题开展专项整治的情况，看是否认真落实“举一反三”，看对社区相关问题整改有没有走过场，是不是取得了预期效果，是否推动全区相关问题得到实质性解决。

7. 看建立完善制度及落实情况

重点看街道、社区和区级部门是否存在把制定制度当成巡察问题整改的“挡箭牌”，制度印发就算整改完成；看是否存在制度仓促出台，没有经过充分调研和论证，实践中难以执行，成了“短命”制度；看是否存在制度与上位法规、现行政策“打架”，“旧问题”没解决，反而又生出“新问题”；看是否存在制度言之无物，没有刚性约束力，成为“稻草人”；看是否存在有制度不落实情况。

8. 看建立长效机制及运行情况

建立长效机制是巡察整改的根本。一方面，重点看街道和社区已经完成的整改任务是否建立长效机制，杜绝再犯，推动未完成的持续整改。看已完成的整改是否真正改到位，是否“一销了之”；看整改是否常态化，对未完成的整改任务，是否盯住不放，有没有机制推动持续整改。特别是对那些已经整改但又发生的问题，要分析原因。另一方面，重点看“四个融入”的实际状况，是否真正把抓巡察整改融入日常工作、融入深化改革、融入全面从严治党、融入班子队伍建设，有没有真正转化为高质量发展的持续动力，有没有形成切实有效的机制，并切实运行。

（四）巡察整改“回头看”方式

巡察整改“回头看”严格遵照区委授权，主要采取明察暗访、个别谈话、查阅资料、听取汇报、现场查看、座谈会等方式进行。

（五）巡察整改“回头看”工作要求

巡察整改“回头看”是对巡察“后半篇文章”实际成效的检验。被巡察街道和社区党组织班子及其成员要提高政治站位，主动接受“回头看”监督，积极支持配合巡察组开展工作。涉及巡察整改“回头看”的每名党员要牢固树立参与监督的意识，形成在监督下工作的行动自觉，推动政治监督具体化、精准化、常态化。

1. 明确联络责任

巡察整改“回头看”联络工作由街道和社区党组织主要负责人和巡察组组长负总责。接受“回头看”的街道和社区党组织须明确 1 名班子成员和 1 名中层干部承担联络职责。

2. 提供相关资料

区委巡察组开展社区巡察整改落实情况“回头看”前，巡察整改“回头看”对象要按照《巡察整改“回头看”对象需提供资料清单》（见清单 7－1）提前准备相关资料（文件资料时间跨度为上一轮巡察结束至今），同时做好巡察整改落实情况“回头看”自查台账等工作。

【清单 7－1】巡察整改“回头看”社区需提供资料清单

1. 巡察整改和成果运用方面

（1）街道和社区党组织履行巡察整改主体责任和直接责任，“一把手”履行第一责任人责任，班子成员履行“一岗双责”等情况。

（2）街道和社区党组织将巡察整改融入日常工作、融入深化改革、融入全面从严治党、融入班子队伍建设等情况。

（3）街道和社区党组织对照巡察整改“三张清单”逐条逐项收集整理相关整改落实佐证资料。

（4）街道和社区党组织配合区级部门开展专项整治工作的落实情况。

（5）社区接受巡察以来取得的成效和特色亮点工作情况，特别是解决群众急难愁盼问题和“可视”“有感”问题情况。

（6）社区尚未完成整改或处在整改之中的问题情况说明。

2. **其他方面资料**

（1）街道和社区班子成员花名册和通讯录，工作简历、工作分工及配偶、子女及其配偶从业情况、在岗人员统计表。

（2）社区集体经济组织及集体公司全体职工花名册（含姓名、身份证号、职务、政治面貌、联系电话等）。

（3）社区内控制度汇编、民生事项召开居民议事会和居民代表大会等资料。

（4）区委巡察组根据实际工作情况向社区提出的其他需要资料。

3. 做好工作保障

巡察整改“回头看”街道和社区党组织要按照工作要求，协调提供必要的办公场所，如实提供巡察组需要了解的相关情况，配合做好相关会议组织、个别谈话、深入了解等工作。巡察整改“回头看”保障工作“一切从简”，由各巡察组与相关党组织商定，报区委巡察办备案。

第八章　社区巡察队伍建设

做深社区巡察，核心在人。为适应社区巡察工作新形势、新要求，建设高素质社区巡察人才队伍是推动社区巡察工作高质量发展的关键。武侯区结合试点，深入探索，研究制定了《武侯区社区巡察人才库建设及使用管理办法》《武侯区社区巡察抽调干部管理办法》《武侯区社区巡察工作后评价办法》，着力建好、用好、管好社区巡察队伍，提升社区巡察质效。

第一节　建立社区巡察人才 “三库”

武侯区探索打造高素质专业化社区巡察队伍，择优配齐配强社区巡察组组长、副组长、专员、联络员，探索建立社区巡察人才“三库”，按照专业岗位和擅长领域将人才进行分类分层管理，定期对人才库进行动态调整和管理维护。

一、社区巡察人才库建设总要求

1. 坚持原则

社区巡察工作人才库建设及管理使用坚持“德才兼备、择优选取、动态更新、共建共享”的原则，常态储备高素质的社区巡察人才队伍，打造一支“忠诚、干净、担当”的政治铁军和社区巡察尖兵。

2. 协作配合

区委社区巡察工作人才库建设及管理使用工作由武侯区委巡察工作领导小组统一领导，区纪委监委机关、区委组织部、区委社会工作部、区人社局、区农业农村和水务局、区民政局、区委巡察办共同负责，全区各单位支持配合。

二、社区巡察人才“三库”入库范围

社区巡察工作人才库规模控制在100人以内（见图8-1），分为组长人才库、副组长人才库、社区专业人才库三类（见图8-2）。

1. 组长人才库

在编巡察组组长直接入库，另择优从熟悉社区工作的现任区管处级领导

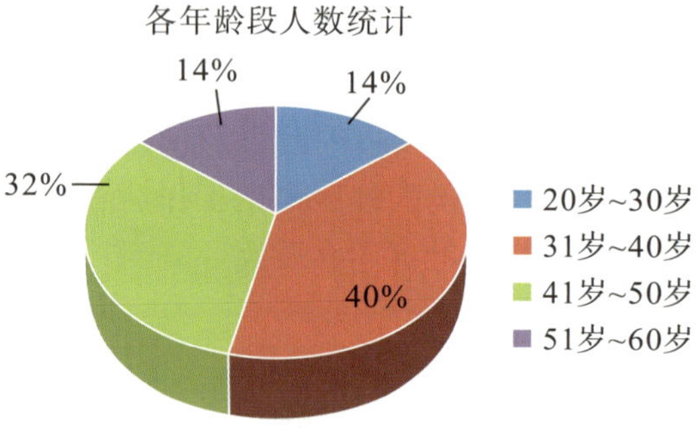

图 8-1　社区巡察人才库年龄结构

干部（含相应职级的调研员）中，选取 5 名政策理论水平高、领导能力强、管理经验丰富、工作原则性强的干部入库。

2. 副组长人才库

在编巡察组专职副组长直接入库，另择优从熟悉社区工作的现任区管副处级领导干部、职级调研员以及其他优秀年轻干部中，选取 10 名综合素质好、业务素质强的优秀干部入库。

3. 社区巡察专业人才库

在全区纪检监察系统优选 10 名熟悉社区的纪检监察业务的专业人才入库；在全区优选 10 名熟悉党建党务、组织人事、社区工作等专业人才入库；在全区优选 10 名熟悉财务、审计、政府采购、工程项目建设等相关工作的专业人才入库；各街道应在本级推荐或协助选拔 3 名熟悉基层治理工作的人才入库；全区所有社区纪委书记直接入库；各街道在所辖社区中择优推荐 2 名综合素质好的“两委”成员入库。将社区纪委书记、其他“两委”成员、小组党员干部骨干等纳入社区巡察人才库管理，充分调动基层力量参与巡察工作。对国际化社区、少数民族聚集居住的社区开展巡察时，选取具备相应翻译能力、熟悉宗教礼仪的专业人才 3 名进入人才库。

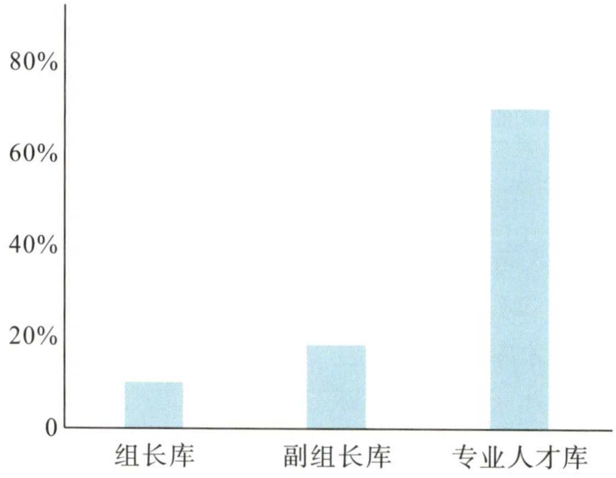

图 8-2　社区巡察人才“三库”占比

三、社区巡察人才库入库条件及程序

1. 入库人员条件

（1）政治立场坚定、对党绝对忠诚，能够坚定捍卫“两个确立”，坚决做到“两个维护”；

（2）坚持原则、敢于担当、公道正派、清正廉洁、纪律严明、责任心强；

（3）具备相关的专业知识和较强的业务能力，熟悉相关社区政策法规，具有较强的发现问题、沟通协调、文字综合等能力；

（4）身体健康，近三年来年度考核均为称职及以上等次，且未受过党纪、政务处分；

（5）除社区人员外，其他人才库入库人员原则上应为在编公务员（含参公）、事业人员。

2. 入库程序

（1）进入社区巡察组长（副组长）人才库程序。由武侯区纪委监察委、区委组织部、区委巡察办、区人社局共同负责，严格按照入库条件提名推荐人选，填写《社区巡察组长（副组长）库人选推荐表》报区委巡察工作领导小组审核确定。

（2）进入社区巡察专业人才库程序。由相关区级部门和各街道严格按照入库条件和规定名额报名推荐人选，填写《社区巡察专业人才库人选推荐表》（见表8−1），区委组织部、区委社会工作部和区委巡察办共同负责对推荐人选进行审核把关，对推荐人选不符合相关要求的单位，责令重新推荐。区委巡察工作领导小组负责对专业人才库推荐人选进行审核确定。

表8−1　社区巡察专业人才库人选推荐表

<table>
<tr><td>姓名</td><td></td><td>性别</td><td></td><td>出生年月</td><td></td><td rowspan="4">正面免冠
彩色照片
（2寸）</td></tr>
<tr><td>民族</td><td></td><td>籍贯</td><td></td><td>出生地</td><td></td></tr>
<tr><td>现工作单位
及职务</td><td colspan="3"></td><td>身份编制</td><td></td></tr>
<tr><td>入党时间</td><td></td><td>参加工作
时间</td><td></td><td>专业技术职务</td><td></td></tr>
</table>

续表

<table>
<tr><td>身份证号码</td><td colspan="6"></td></tr>
<tr><td>手机号码</td><td colspan="2"></td><td>选调生
入职时间</td><td colspan="3"></td></tr>
<tr><td rowspan="2">学历学位</td><td>全日制教育</td><td></td><td>毕业院校
系及专业</td><td colspan="3"></td></tr>
<tr><td>在职教育</td><td></td><td>毕业院校
系及专业</td><td colspan="3"></td></tr>
<tr><td>专业技能
擅长工作
（可多选）</td><td colspan="4">纪检监察□　组织人事□　党务党建□
财务审计□　征地拆迁□　土地整理□
规划住建□　工程管理□　信访维稳□
民政社保□　社区治理□　集体经济□
招投标　□　法律□　文秘□　环保□</td><td>其他</td><td></td></tr>
<tr><td rowspan="5">工作简历</td><td colspan="2">起止时间</td><td colspan="4">单位及职务</td></tr>
<tr><td colspan="2"></td><td colspan="4"></td></tr>
<tr><td colspan="2"></td><td colspan="4"></td></tr>
<tr><td colspan="2"></td><td colspan="4"></td></tr>
<tr><td colspan="2"></td><td colspan="4"></td></tr>
<tr><td rowspan="7">获区（市）县党委、政府或市级部门及以上奖励表彰情况</td><td colspan="2">何年何月</td><td colspan="2">受过何种奖励</td><td colspan="2">颁发单位</td></tr>
<tr><td colspan="2"></td><td colspan="2"></td><td colspan="2"></td></tr>
<tr><td colspan="2"></td><td colspan="2"></td><td colspan="2"></td></tr>
<tr><td colspan="2"></td><td colspan="2"></td><td colspan="2"></td></tr>
<tr><td colspan="2"></td><td colspan="2"></td><td colspan="2"></td></tr>
<tr><td colspan="2"></td><td colspan="2"></td><td colspan="2"></td></tr>
<tr><td colspan="2"></td><td colspan="2"></td><td colspan="2"></td></tr>
<tr><td>何时经何机关审批任何专业技术职务或任职资格</td><td colspan="6"></td></tr>
</table>

续表

<table>
<tr><td>有何业务技术专长、重要发明创造、科研成果、著作译著</td><td colspan="5"></td></tr>
<tr><td>何时何处何原因受过何种处分</td><td colspan="5"></td></tr>
<tr><td rowspan="4">家庭主要成员情况</td><td>关系</td><td>姓名</td><td>出生日期</td><td>政治面貌</td><td>工作单位及职务</td></tr>
<tr><td></td><td></td><td></td><td></td><td></td></tr>
<tr><td></td><td></td><td></td><td></td><td></td></tr>
<tr><td></td><td></td><td></td><td></td><td></td></tr>
<tr><td colspan="6">×××同志现实表现材料（模板）
（400 字左右即可）
主要包括三个方面内容
一、思想政治素质情况
……
二、工作能力和专业特长
（主要围绕工作经历和能力倾向，讲明该同志工作能力特点，具体表现有哪些方面的工作能力和专业能力）
……
三、党风廉政情况
……
主要缺点和不足
……</td></tr>
<tr><td>所在部门（单位）党组织推荐意见</td><td colspan="5">（盖章）
年　月　日</td></tr>
<tr><td>区委组织部意见</td><td colspan="5">（盖章）
年　月　日</td></tr>
<tr><td>区委巡察办意见</td><td colspan="5">（盖章）
年　月　日</td></tr>
<tr><td>区委巡察工作领导小组审批意见</td><td colspan="5">（盖章）
年　月　日</td></tr>
<tr><td>备　　注</td><td colspan="5"></td></tr>
</table>

四、社区巡察人才库管理

1. 共同管理

区纪委监委机关、区委组织部、区委社会工作部、区委巡察办、区人社局明确专人负责区委社区巡察人才库建设与使用管理工作。

2. 明确责任

区委组织部和区委巡察办共同负责社区巡察人才库的日常管理与维护，并建立健全社区巡察人才档案，档案包括但不限于人员基本情况（任免审批表）、受训情况、参巡情况、擅长领域，以及巡察期间政治表现、责任落实、工作绩效、工作作风等现实表现。

3. 动态调整

区委社区巡察人才库实行动态管理，根据年度考核、岗位调整、处分处理等情况，由区委组织部和区委巡察办共同对人才库每年定期进行一次集中调整，区级部门和街道应积极配合更新人才库。

4. 移出条件

社区巡察人才库人员因以下原因，经审核后应从人才库中移除：

（1）巡察期间或巡察结束后，区委巡察组向区委巡察办提出不能胜任、不适合继续从事巡察工作的；

（2）调离或退休、离职的；

（3）违纪违法，被追究相关责任的；

（4）确因个人健康状况等原因，不再具备从事社区巡察工作条件，且推荐单位在人才库年度集中调整 30 日前提出的；

（5）其他不适宜继续保留在人才库的。

五、社区巡察人才库使用

1. 使用程序

根据年度社区巡察任务需要，组建巡察社区巡察组，通常采取从社区巡察人才库中抽调产生，实行“一次一授权、一轮一编组、一年一轮换”。具体程序如下。

（1）确定组长、副组长人选。区委巡察办根据任务需要，从组长、副组长人才库中提名本轮社区巡察组组长、副组长人选，经区委巡察工作领导小组同意后确定组长、副组长名单及组别安排。

（2）抽选组员。社区巡察人员在社区巡察专业人才库中抽选，与巡察组组长初步协商后，根据专业结构、年龄结构、工作经历和总体表现，按照每组 8 至 10 名专业人员，确定意向人选。

（3）抽调程序。区委巡察办将抽调人员名单函告区委组织部，由区委组织部向相关单位正式行文抽调，库内人员应无条件服从抽调安排，所在单位应予大力支持。确因客观原因无法参与巡察工作的，由推荐单位向区委组织部作出书面说明，待区委组织部向区委巡察办反馈后，重新按程序再行抽调。

2. 抽选原则

社区巡察人员的抽取应遵循以下原则。

（1）除区纪委监委机关外，在同一部门同时抽调人员应不超过 2 名，在同一街道的社区同时抽调人员应不超过 2 名。

（2）每轮每组须抽选 2 名社区“两委”干部，在同一社区同时抽调人员应不超过 1 名。

（3）凡纳入人才库的人员 5 年内至少参加 2 轮巡察，同一人参与巡察工作原则上不得超过 4 轮。

（4）在每轮社区巡察组组建过程中，原则上新提拔副处级领导干部和优秀年轻干部占比不低于抽调总人数的 50%。

3. 抽调标准

抽调参与社区巡察工作的人员须具备以下资格条件。

（1）理想信念坚定，在思想上、政治上、行动上同党中央保持高度一致，能够遵循中央巡视工作方针和省委巡视，市委、区委巡察工作要求开展工作。

（2）坚持原则，敢于监督，敢于斗争，依法办事，公道正派，清正廉洁。

（3）遵守党的纪律，严守党的秘密；近三年未受过党纪政务处分，不涉及未了结的信访举报和正在调查核实的问题线索。

（4）具有履行职责所需要的政策理论水平，具有较强的调查研究、发现问题、沟通协调、文字综合等能力。

（5）身体健康，能胜任社区巡察工作要求。

4. 抽调方式

（1）常规抽调。每轮社区巡察启动前，区委巡察办形成推荐人员名单及所需专业人员数量，报区委巡察工作领导小组常务副组长审定后，按干部管理权限，送区纪委监委机关和区委组织部相关部门按程序办理抽调手续。

（2）补充抽调。社区巡察期间，因特殊情况需临时调整、补充抽调社区巡察人员的，由区委巡察办发文补充抽调，并报区纪委监委机关或区委组织部相关部门备案。

5. 抽调时间

抽调时间原则上不超过 1 年，至少半年。因工作需要延长抽调时间的，须经派员单位同意。对不适应巡察工作或者因特殊原因提前返回原单位的，由区委巡察组向区委巡察办提出建议，区委巡察办商派员单位进行调换。

第二节　健全社区巡察激励约束机制

坚持激励和约束并重，充分调动社区巡察人才队伍积极性、主动性、创造性，树立讲政治、重担当、改革创新、干事创业的鲜明导向。武侯区委巡察人员参与社区巡察工作的履职情况，将作为年度考核、评先评优、提拔任用的重要依据。

一、建立社区巡察人员激励机制

坚持把社区巡察岗位作为发现、培养、锻炼和使用干部的重要平台，充分发挥社区巡察岗位的熔炉作用，建立优秀干部参加社区巡察培养锻炼良性机制，通过参与社区巡察增强干部政治能力、党性修养和群众工作能力，激励干部担当作为、促进干部履职尽责，为全区建设高素质干部队伍提供有力支撑。在试点工作中，主要建立健全了以下吸引激励机制。

1. 年度评优

根据干部管理考核相关规定，对符合在区委巡察办参加平时考核和年度考核的抽调对象，由武侯区委巡察办根据所在巡察组初步意见确定考核等次，对符合单独考核条件的人员年度考核评优比例原则上按 25%把握，不占抽调人员所在单位优秀名额，并向所在单位通报反馈，按程序记入个人档案（见图 8—3）。

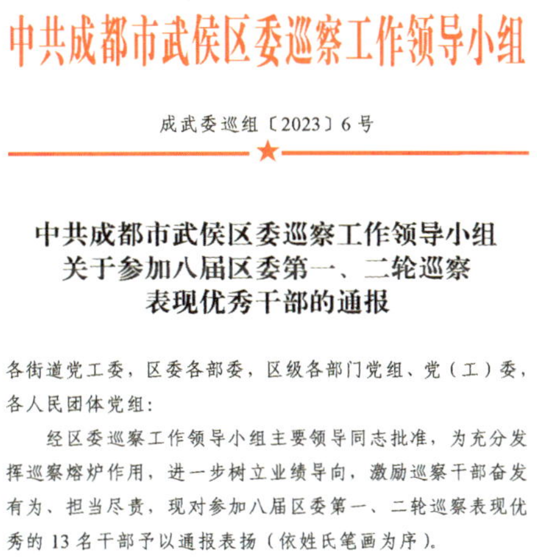
中共成都市武侯区委巡察工作领导小组

成武委巡组〔2023〕6 号

中共成都市武侯区委巡察工作领导小组
关于参加八届区委第一、二轮巡察
表现优秀干部的通报

各街道党工委，区委各部委，区级各部门党组、党（工）委，各人民团体党组：

经区委巡察工作领导小组主要领导同志批准，为充分发挥巡察熔炉作用，进一步树立业绩导向，激励巡察干部奋发有为、担当尽责，现对参加八届区委第一、二轮巡察表现优秀的 13 名干部予以通报表扬（依姓氏笔画为序）。

图 8—3　通报表扬巡察优秀干部

2. 通报表扬

抽调期满后，由武侯区委巡察办根据所在巡察组初步意见，出具工作鉴定，并向派出巡察人员所在单位通报反馈，按程序记入干部档案。对在巡察工作中表现突出、敢于担当的优秀巡察人员，按照 30%比例以武侯区委巡察工作领导小组文件在全区通报表扬，并通过区委巡察办向区委组织部建议，将优秀人员纳入区委组织部管理的全区优秀人才库。

3. 推荐提拔

试点以来，将有培养潜力的优秀年轻干部放到社区巡察一线练兵，建立巡察干部实绩档案，动态掌握 30 名左右优秀巡察干部情况。对参与多轮社区巡察工作且被多次通报表扬的人员，由武侯区委巡察工作领导小组向区委推荐优先提拔使用。

4. 认同经历

凡抽调参与社区巡察工作的人员，其经历视同上挂学习或基层锻炼经历，作为干部选拔任用参考依据。

5. 优先晋升职级

干部抽调期间表现突出，获得四川省委巡视办及以上通报表扬的，统筹使用武侯区纪委监委、区委组织部等单位空缺职数晋升职级。对有巡察工作经历的退出领导岗位职级干部，在同等条件下优先考虑晋升职级。

6. 绩效就高

对参与社区巡察人员，巡察期间年度考核获得优秀等次或者获得武侯区委巡察领导小组以上表扬表彰的，其年度目标绩效奖予以适当倾斜，按在武侯区纪委监委和本单位两者中就高不就低原则执行。

二、建立社区巡察人员约束机制

1. 纪律约束

社区巡察人员应严格遵守以下工作纪律，如有违反，依规依纪依法追究相关责任。

（1）严禁违反政治纪律，不讲政治规矩。

（2）严禁隐瞒巡察发现问题或者歪曲、捏造事实。

（3）严禁泄露巡察工作秘密。

（4）严禁利用巡察之便牟取私利、办理私事。

（5）严禁收受礼金、礼品、有价证券、支付凭证、商业预付卡和变相赠予的其他物品。

（6）严禁在巡察期间接受被巡社区宴请（含在私人家中变相接受宴请）。

（7）严禁借巡察工作之机，到风景名胜区观光旅游。

（8）严禁参与不健康活动。

2. 考核约束

（1）社区巡察抽调人员的考核由区委巡察办和巡察组共同组织实施，考核情况将作为抽调人员奖惩的重要参考。考核坚持重点突出，从“德、能、勤、绩、廉”等5个方面进行，充分调动抽调人员的工作积极性和增强自我约束能力。各巡察组组长对巡察组抽调人员实施考察并按绩考评。

（2）严格落实《武侯区公务员平时考核实施方案》相关规定，抽调参加社区巡察工作超过该考核周期一半时间，由区委巡察组会同巡察办进行平时考核。对连续2次或年度内2个考核周期评定为一般或较差的人员，商派出单位及时予以调换，并将相关情况通报区委组织部。

（3）抽调社区巡察人员年度考核后，按干部隶属关系将考核结果反馈其所在单位，由所在单位统一备案、兑现奖惩，并作为干部选拔任用的重要依据。

（4）参加社区巡察抽调期满6个月的人员，巡察结束后应写出书面工作总结，由区委巡察组对其现实表现作出鉴定，经巡察组组长审签后，以区委巡察办的名义按干部隶属关系反馈给相应组织（人事）部门、存入个人档案，干部巡察期间工作表现作为年度考核、评先评优的重要参考。

（5）对参加巡察抽调时间不满6个月的人员，由原单位组织进行年度考核。原单位需综合区委巡察办意见作出考核结论。

3. 退回约束

区委巡察组负责详细记录社区巡察人员廉洁自律、遵规守纪、履职尽责等情况。巡察组组长认为不适合继续参加巡察工作的抽调人员，报武侯区委巡察工作领导小组批准后，由区委组织部退回原单位并调整出区委巡察工作人才库，同时扣减所在单位相应目标分。

4. 巡后评价约束

为有效解决“谁来监督巡察组”的问题，在武侯区委巡察工作巡察后评价机制的基础上，进一步建立完善社区巡察工作后评价机制。

（1）总体要求。监督者更要接受监督。社区巡察人员必须严格自律、谦虚谨慎，自觉接受各方面的监督，同时要接受被巡察社区党组织的监督，接受党员干部的监督，是贯彻《中国共产党巡视工作条例》《中央巡视工作规划》的具体抓手，是提升社区巡察工作实效、加强社区巡察干部队伍建设、打造忠诚干净担当巡察铁军的有力举措。社区巡察结束后，区委巡察办组织被巡察社区党组织及辖区群众代表对区委巡察组巡察期间工作情况进行评价（见图 8−4），实现对巡察队伍的有效监督，切实推进区委巡察工作规范化运行。

图 8−4　社区巡察后评估

（2）评价内容。被巡察社区党组织主要围绕坚持政治站位、遵守巡察工作纪律、依纪依规履行职责、工作方式方法、工作成效、工作作风以及廉洁自律等方面对区委巡察组进行评价测评。

（3）评价方式。在区委巡察工作领导小组领导下，由武侯区委巡察办组织，邀请被巡察社区“两委”成员、下属党组织主要负责人、被巡察社区工作人员和基层群众代表，采取座谈会、问卷调查等方式对区委巡察组进行测评，测评时间原则上为巡察结束后一个月内（见例 8−1 和例 8−2）。

（4）结果运用。一是作为改进社区巡察工作方式方法的重要依据。认真梳理分析被巡察社区党组织的意见建议，及时校正巡察方向，准确把握社区巡察职能定位；及时归纳总结社区巡察工作经验，不断探索完善武侯区委社区巡察工作制度机制，保证区委社区巡察工作始终在正确的轨道上运行。二是作为调整优化社区巡察队伍的重要措施。及时优化巡察社区专业人才库，对坚持原则，敢于担当，依法办事，公道正派，清正廉洁的巡察人员优先使用；对不适合从事巡察社区工作的人员，及时调整。若反映社区巡察人员存在违规违纪的情况，移交区纪委监委进一步调查处理。

例 8－1

武侯区委第×巡察组人员巡察社区作风纪律调查问卷（A 卷）

（调查对象：被巡察社区党组织班子成员、下属党组织主要负责人）

1. 你是否知道区委巡察组到你们社区开展巡察？（　　）

A. 知道　　B. 不知道

2. 巡察组工作状态怎样？（　　）

A. 严肃严谨　B. 消极应付

3. 巡察人员在工作中是否有态度恶劣、言语粗暴等行为？（　　）

A. 有　　B. 没有　　C. 不清楚

4. 巡察组入驻后是否违规干预或插手社区工作？（　　）

A. 是　　B. 否　　C. 不清楚

5. 巡察人员在社区巡察期间是否作风高调、生活享乐？（　　）

A. 是　　B. 否　　C. 不清楚

6. 巡察人员是否违背社会公序良俗，在公共场所有不当行为，发表不当言论？（　　）

A. 是　　B. 否　　C. 不清楚

7. 巡察人员是否向被巡察社区泄露工作秘密？（　　）

A. 是　　B. 否　　C. 不清楚

8. 巡察人员是否以权谋私，违规接受礼品礼金，在被巡察社区报销费用开支？（　　）

A. 是　　B. 否　　C. 不清楚

9. 巡察组是否依规依纪依法开展社区巡察工作？（　　）

A. 是　　B. 不清楚　　C. 否

10. 你对巡察组的整体评价是？（　　）

A. 满意　　B. 基本满意　　C. 不满意

11. 你对社区巡察工作的意见建议：

计分方式（满分 20 分）：

第 1～2 题，选 A 得 2 分，选 B 得 0 分；第 3～8 题，选 A 得 0 分，选 B 得 2 分，选 C 得 1 分；第 9～10 题，选 A 得 2 分，选 B 得 1 分，选 C 得 0 分；第 11 题不计分。

例 8-2

区委第×巡察组人员巡察社区作风纪律调查问卷（B 卷）

（调查对象：社区工作人员和基层群众代表）

1. 你是否知道区委巡察组到你们社区开展巡察？（　　）

A. 知道　　B. 不知道

2. 巡察组接待群众来信来电来访是否生冷硬推、态度蛮横？（　　）

A. 是　　B. 不清楚　　C. 否

3. 巡察人员是否存在不作为、慢作为现象？（　　）

A. 是　　B. 不清楚　　C. 否

4. 巡察组入驻后是否干扰社区的事务性工作？（　　）

A. 是　　B. 不清楚　　C. 否

5. 巡察人员在巡察社区期间是否大吃大喝、生活奢靡？（　　）

A. 是　　B. 不清楚　　C. 否

6. 巡察人员在公共场所是否有不当行为或发表不当言论？（　　）

A. 是　　B. 不清楚　　C. 否

7. 巡察人员是否以权谋私，违规收受礼品礼金、土特产等行为？（　　）

A. 是　　B. 不清楚　　C. 否

8. 巡察组是否帮助社区群众解决具体问题？（　　）

A. 是　　B. 不清楚　　C. 否

9. 巡察组是否依规依纪依法开展社区巡察工作？（　　）

A. 是　　B. 不清楚　　C. 否

10. 你对巡察组的整体评价是？（　　）

A. 满意　　B. 基本满意　　C. 不满意

11. 你对巡察工作的意见建议：

计分方式（满分 20 分）：

第 1 题，选 A 得 2 分，选 B 得 1 分；第 2～7 题，选 A 得 0 分，选 B 得 1 分，选 C 得 2 分；第 8～10 题，选 A 得 2 分，选 B 得 1 分，选 C 得 0 分；第 11 题不计分。

第三节　完善社区巡察管理培训制度

构建高素质专业化的社区巡察队伍，必须强化对社区巡察人员的教育培训和管理，武侯区在对社区巡察试点中，建立了《武侯区社区巡察人员教育培训办法》和《武侯区社区巡察人员管理办法》，推动社区巡察人员快速提升。

一、强化社区巡察人员培训教育

1. 纳入区委组织部调训

武侯区委组织部开展巡察干部实名调训，将社区巡察人员培训纳入全区干部教育培训工作计划，将表现优秀的社区巡察人员纳入实名调训范围，切实提升社区巡察人员专业能力水平。

2. 强化人才库人员培训

武侯区委巡察办牵头制定社区巡察人才库人员培训年度计划，建立教育培训档案，并依托党校、高校、培训基地等，采取集中培训、专题培训、上挂学习、主题考察等方式，加强对社区巡察人才库内人员巡察工作政治理论和业务能力教育培训（见图 8－5）。深入学习中央、省、市、区各级关于社区治理、居委会自治的法规政策，全面了解社区政策清单、责任清单、微权力清单，分析梳理社区情况，进一步理解什么是“基层实际”，不断提升政策领悟能力。

图 8－5　社区巡察人才库培训

3. 开展多种形式巡察人员培训

武侯区制定系统化、规范化培训计划，每轮巡察前，将社区巡察抽调人员开展为期一周的集中培训，主要培训内容为：习近平总书记关于巡视巡察工作的指示批示精神、社区工作涉及的主要法律法规及政策解读、巡察社区重点内容解读、巡察社区方法及技巧实务、社区巡察共性问题解析、如何发现线索、如何走访和谈话、如何撰写巡察报告和线索报告、巡察公用知识等。再在组上分类开展 3 天如何制作问题底稿、如何拟制问题台账、如何撰写分报告、如何利用“金纪三期”信息化单机系统等小专题培训，不断提升社区巡察监督专业水平，保证巡察“利剑”常铸常新。

4. 突出巡察实践历练培训

充分发挥社区巡察工作“熔炉”作用，武侯区坚持边巡边学边练，采取“老带新”“结对子”“实战实训”等形式，为巡察人员成长“搭台子”“压担子”。在工作中，开展查阅资料、谈话了解、接待来访、参加座谈会等活动，进一步理解什么是“实事求是”，不断提升精准发现问题的能力。搞好实地调查核实、协调召开联席会、督导“边巡边改”，进一步理解什么是“群众路线”，不断提升解决群众“急难愁盼”问题的能力。在社区巡察中，不断教育引导一线巡察人员讲好群众语言、办好民生实事，让其真正成为社区巡察的“多面手”和“实干家”。

二、强化社区巡察人员管理

武侯区坚持管巡察工作就要管巡察队伍、抓巡察工作就要抓巡察队伍的理念，加强社区巡察人员严格管理，着力打造忠诚履职、干净做事、担当作为的社区巡察队伍。

1. 加强日常监管

（1）按照“谁使用、谁管理、谁负责”的原则，巡察组组长履行队伍建设第一责任人职责，对组上抽调人员要严格教育、严格管理、严格监督。

（2）抽调人员在巡察工作期间，对外统称区委巡察组人员，需佩戴巡察工作证开展工作。

（3）被抽调人员收到抽调通知后，应在规定的时间内报到，抽调期间不承担原单位工作任务，派员单位应保障其职务职级晋升、工资关系以及各类福利待遇等不受影响。

（4）各社区巡察组应当按照《区纪委监委机关临时党支部管理办法》设立临时党支部，各组抽调的共产党员应当编入对应的临时党支部，积极参加所在党支部组织活动。

（5）巡察办按照抽调时限，为抽调人员提供必要工作保障及用餐凭证、门禁授权等后勤保障事宜。抽调人员因巡察工作产生的相关费用，由巡察机构按照相关规定执行。

（6）抽调人员应严格遵守相关法律法规和各项规章制度，服从巡察组的管理，认真完成工作任务。各社区巡察组组长在抽调人员到岗时，要及时进行岗前谈话，明确工作纪律要求，在使用期间做好抽调人员的思想政治工作，同时注重对抽调人员 8 小时之外情况的掌握了解，督促遵守纪律。

（7）抽调人员到岗前应签订《巡察保密承诺书》《巡察回避承诺书》，离岗前应签订《巡察抽调人员离岗离职保密承诺书》，清退相关涉密文件、介质，做到“零持有”。

2. 明确请（休）假规定

（1）外出请假。巡察组工作人员外出请假半天的，应当报分管副组长审批同意，请假 1 天以上的，需报经组长审批同意。

（2）外出报备。抽调人员在法定节假日离开成都市的，应按照程序履行报备手续。一般应提前 3 天填写《抽调人员外出报备表》，报巡察组组长审批后交巡察办备案。

（3）会议请假。要求巡察抽调人员参加的会议，原则上不得请假，因出差、生病等特殊原因不能参加的，应当填写《抽调人员参会请假审批表》提前报巡察办汇总，由巡察办主任审核后按相关请假程序统一请假。

（4）其他请假。抽调人员休年假，病假、婚丧假和事假等除按照相关程序向原单位报批外，还应填报《抽调人员请（休）假审批表》交巡察办备案。

（5）公事请假。抽调期间，抽调人员如确需回原单位处理有关公事，需派员单位主要领导向所在巡察组组长、巡察办主任请假，请假 3 天以上的需由区委巡察工作领导小组常务副组长批准。

第九章 社区巡察成效

社区巡察始终坚持以解决群众“可视”“有感”问题为抓手，以提升群众满意度为导向，建立健全群众监督、跟踪督导、成果运用机制，推动监督“延伸触角”与基层治理“神经末梢”深度融合，确保社区巡察接地气、解民忧，取得实实在在的成效。

第一节 “发现问题”更精准

“发现问题”是巡察的生命线，只有精准发现问题，才能帮助被巡察社区党组织整改问题，才能有针对性地推进社区改革和发展，推进社区治理和服务居民更到位。

一、减少了社区巡察随意性

通过明确社区巡察监督重点“个体清单”、规范监督流程，转变过去较多凭主观印象、靠经验判断开展社区巡察工作的问题，让巡察目标更明确、监督更精准。如，武侯区在社区巡察试点时，每个巡察组巡察社区的监督重点子项都在30至40个之间，关注党的惠民政策更精准、关注群众“急难愁盼”问题更贴切，关注群众身边的“风”和“腐”问题更深入，解决民生、安全问题更及时（见图9—1）。

图9—1 社区巡察做法及成效分享

二、拓宽了发现问题渠道

通过开展民意调查、畅通反映问题渠道、利用大数据分析等方式，转变过去主要依靠听取街道党工委和社区党组织汇报、查资料的做法，有效拓展问题收集覆盖面，增强了巡察监督的公信力。如，武侯区在社区巡察试点期间，走访人数达到 11890 余人、召开座谈会 30 余场次、召开坝坝会 40 余场次、入户了解 7230 余户、问卷调查 21650 余份、现场查看 100 余处，收到电话反映问题 300 余次，张贴巡察公告 600 余份，收到码上巡问题 3620 余人次，收到信访件 20 余件，共梳理出问题 260 余个。社区群众对巡察的知晓率达到 80%以上，彻底改变了以前巡察社区群众知晓率不到 10%，发现问题渠道单一的局面（见例 9−1）。

三、提升了发现问题精准度

武侯区对社区巡察试点，改变了过去“巡察街道带巡所有社区”一刀切的模式，改变了过去“蜻蜓点水”“走马观花”式社区巡察，每个社区发现问题数平均在 50 余个，发现社区党组织建设、“三资”管理、拆迁领域、民生服务、基层治理、工程项目等深层次问题明显增加，平均增幅达到 200%（见图 9−2）。

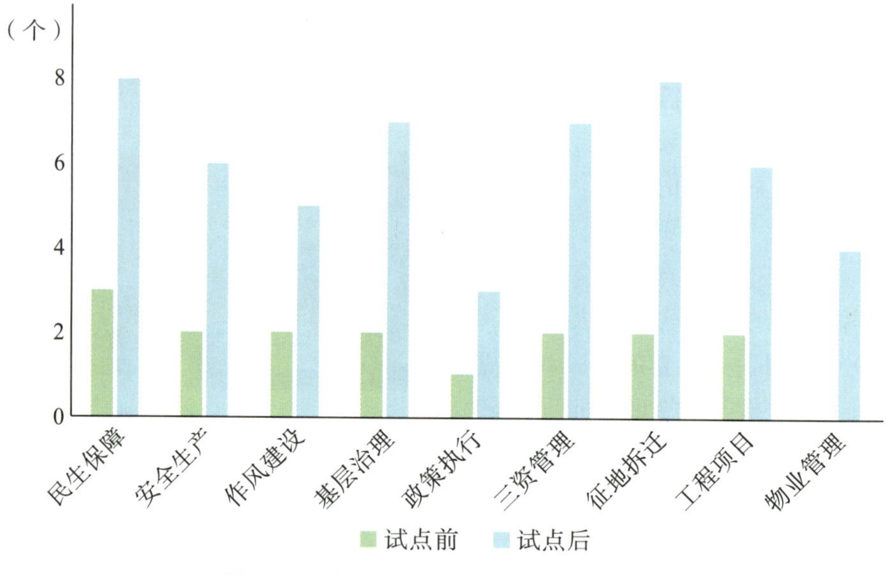

图 9−2　社区巡察发现问题试点前后对比

例 9－1

武侯区：探索村（社区）巡察新路径 打通基层权力监督“最后一公里”（节选）[①]

“我们这些拆迁户 10 年前就搬进了这个安置小区，但至今未办理房屋产权，希望巡察组为我们做主，督促相关部门尽快为我们办理产权。”

“我们小区的电梯年久失修，经常出现‘关人’情况，很危险，希望相关部门能够重视，定期进行检修维护。”

……

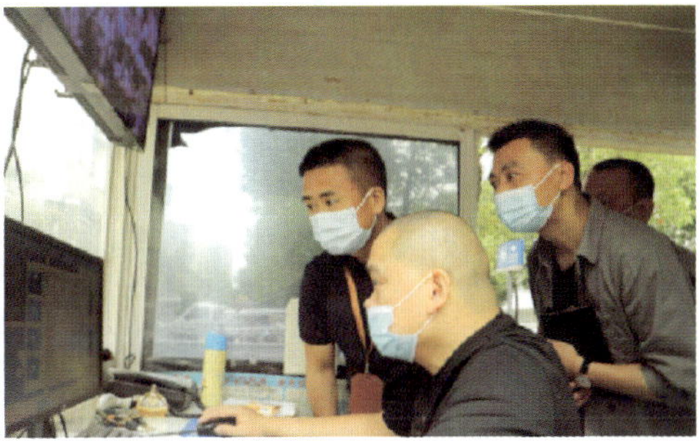

图 9－3　巡察组长深入社区查看

面对老旧小区的种种“困局”，近日，成都市武侯区委第一巡察组巡察干部走进晋阳街道各社区院落（见图 9—3），与 10 余名院落代表围在一起，通过召开“微型坝坝会”，把“话筒”交给居民群众，耐心倾听居民的“家长里短”，推动解决居民的“闹心事儿”。

今年以来，武侯区坚持因地制宜、注重分类施策、创新组织形式、优化巡察程序，积极推动巡察向社区延伸、向群众身边拓展，探索村（社区）巡察新路径，打通基层权力监督“最后一公里”。

在开启社区巡察前，武侯区委巡察办采取实地调研、函访等方式“定向预诊”，初探社情社貌。由巡察办主任、巡察组组长组成调研组，深入社会工作部、农业农村和水务局、应急局等职能部门，掌握社区典型案例和最新政策，梳理汇总社区存在的 72 个突出问题和个性问题。在与街道党工委同步联动的同时，向组织、纪检、信访、审计等职能部门发出 23 份协助函，收集被巡社区在组织建设、信访维稳、财务管理等方面的监督信息和基础数据，采取阶段性比对和关联性分析，初步勾勒出被巡单位的生态画像，做到望其“形”知其“神”。

“围绕社区群众期盼解决的烦心事、揪心事，我们根据社区不同特点，把

---

① 资料来源：《廉政瞭望》，2022 年 6 月 13 日。

握差异性、突出针对性，因社施策、全域覆盖。”武侯区委巡察办相关负责人介绍，对信访反映较多、体量相对较大、党组织软弱涣散的社区，巡察组派员驻点直巡；对遗留问题较少、政治生态较健康、群众较为满意的社区，巡察组采取“巡街带社”方式延伸巡察；对个性问题集中、线索指向聚焦的社区，巡察组采取“点穴式”专项巡察直扑问题，确保社区巡察精准有效。

图 9－4　巡察组深入院落走访

在社区巡察过程中，围绕拆迁地块、“三资”管理、老旧院落改造等关键点位，武侯区各巡察组带着问题下沉社区、落脚项目“深度访”（见图 9－4），以“微型坝坝会”等形式“点对点”听取诉求、发现病灶。聚焦社区治理、物业管理、民生救助等苗头性、倾向性问题，各巡察组落实重点人员“三必谈”机制，即“两委”委员必谈、党群代表必谈、涉事人员必谈，面对面了解实情、发现隐情，做到问其“情”明其“需”。

“针对社区巡察问题多、线索杂等问题，我们抽调骨干成立研判小组，集中分析研判巡察中发现的疑点问题。”武侯区委巡察办相关负责人介绍，就拟移交的问题线索，研判小组严格对照“四个是否”要求（即“原因是否厘清、政策是否适用、定性是否准确、材料是否完备”）进行充分讨论和逐项研判，将不实问题、模糊线索逐项过筛排除，突出问题、重点线索则逐步移交，确保分类精准、定性准确。

此外，为避免“一巡了之”和“高高挂起”的看戏心态，武侯区还创新实施“察训一体”举措，深入推动社区巡察整改与警示教育同步实施，通过生动分析身边典型案例，深度解读社区共性问题，多方位、多方式开展教育整治，让被巡社区党组织与巡察整改工作思想同频、认知共振，达到“巡察一处、警示一片、改变一域”的综合效应。

第二节 “震慑作用”更明显

社区巡察试点，武侯区发现群众身边的不正之风和腐败问题线索明显增加，平均每个社区发现线索翻了三番，特别是发现了较多在惠民政策上优亲厚友、吃拿卡要、虚报冒领以及社区以各种名义使用集体资金发放津补贴等违反中央八项规定精神和拆迁领域、工程项目领域贪污腐败线索，形成强大震慑，社区群众高度赞扬（见例 9－2）。如，武侯区社区巡察，发现社区拆迁领域线索，仅 2023 年以来就立案查处 35 件 35 人，涉及社区党委书记 5 人、社区“两委”成员 16 人，街道领导和区级部门相关人员 7 人、区级相关部门“一把手”1 人，移送司法 19 人，挽回财政资金损失近亿元。2023 年以来立案查处社区“三资”领域 104 件 112 人，挽回集体经济损失近千万元。

例 9－2

武侯区：惩治防同向发力
推动正风肃纪反腐取得新成效[①]（节选）

武侯区纪委监委聚焦群众身边“可视”“有感”腐败和作风问题，扎实有效开展“十大领域”专项治理，以“查纠治”推动解决群众身边的“急难愁盼”。去年以来，推动解决产权办理难、养老社保管理混乱、市政配套设施老旧等群众“急难愁盼”问题 37 个。常态化开展粮食购销领域腐败、打伞破网、净窗、吃公函等问题专项整治，以零容忍的力度遏增量、清存量，查处相关问题案件 47 件，处理 93 人，追缴退赔 61 万余元。

图 9－5 专项巡察社区“三资”汇报会现场

武侯区把巡察监督作为发现问题、为民解忧的利器。坚持“四个

① 资料来源：《清廉蓉城》，2023 年 1 月 13 日。

聚焦”，紧扣“六巡”要求，围绕“十大领域”统筹开展两轮巡察（见图 9—5）。第一轮巡察发现 17 个党组织面上问题 515 个，移交问题线索 32 条，向区委提出意见建议 3 条。同时，积极探索城市社区巡察有效路径，分别采取“常规直巡”、“街道社区一体巡”、“巡部门带社区”、“专项巡察”等方式对社区开展巡察，发现面上问题 113 个。

第三节　“推动改革”更见效

巡察目的之一是推动改革，社区巡察重在通过巡察整改，加强社区党组织领导，推进社区改革的进程，全面提升社区治理能力和水平。

一、加强了社区党组织的领导

党建是新时代做好基层工作、深化基层治理的重要抓手，但在社区党组织书记和社区居委会主任“一肩挑”后，不少社区“一把手”忘记了自己是社区党组织书记的主责主业，部分社区党组织在党的政治建设、思想建设、组织建设、作风建设、纪律建设和制度建设方面存在的突出问题。通过社区巡察，发现社区在党建方面还存在不同程度的薄弱环节，通过巡察整改持续强化党建引领作用，促使社区党组织全面加强党的建设，压紧压实全面从严治党政治责任，充分宣传党的路线方针政策，全面加强社区治理，全面落实党的惠民利民政策，厚植党的执政根基（见图 9—6）。一是将党风廉政工作向基层纵深推进，在党建引领下继续通过划小划微、赋能做实基层末端治理单元，重塑了基层组织动员体系，以多元力量集成提升了基层治理效能。二是加强对党员的教育管理，不断提升党员，特别是社区党组织负责人的综合素质，进一步筑牢

图 9-6　四川省委巡视办领导调研社区巡察整改

思想阵地，发挥党组织政治引领和思想引领作用。三是督促和引导社区党员干部加强政治学习，主动提高政治领悟力、政治判断力和政治执行力，讲政治、顾大局、守纪律，增强教育和引导群众的能力（见例 9—3）。

例 9-3

成都市武侯区：开展巡察宣讲 筑牢巡察思想理论基础[①]

“巡察的目的绝不是给大家‘挑刺’，而是通过查找问题、发现问题，从而帮助大家解决问题，增强基层党组织的领导核心作用和战斗堡垒作用……”

近日，武侯区委第六巡察组组长以《提高政治站位 扛牢政治责任　高质量推进武侯巡察工作全覆盖》为题（见图 9—7），围绕“什么是巡察?”“怎样看待巡察?”等四个方面，通过深入浅出地宣讲巡察的目的和意义，帮助被巡察单位深刻认识巡察的重要性，从而积极配合做好巡察工作。

图 9-7　社区巡察宣讲

为切实筑牢巡察思想理论基础，今年以来，武侯区委巡察机构在全区开展巡察大宣讲大培训活动，就被巡察单位干部职工、社区“两委”成员、广大居民群众等不同对象，采取分层分类培训方式，“量身定制”培训课程和内容，确保巡察工作取得实效。

“年初，我们制定了《巡察业务大宣讲大培训工作方案》，明确了宣讲培训内容、对象、方式方法，规划全年宣讲培训‘路线图’和‘时间表’，确保大宣讲大培训取得实效。”武侯区委巡察办相关负责人介绍，此外，将巡察大宣讲大培训列入区委常委会议题、区委党校年度学习培训计划，对副区级以上领导干部和被巡察党组织主要负责人，以及新提拔领导干部、递进班学员开展集中宣讲培训。还建立了巡察宣讲培训讲师库并动态更新，目前，有政治理论、巡察业务、财务管理、社区治理、基层党建等各类讲师 21 名，今年以来，共开展辅导授课 17 堂次。

---

① 资料来源：成都市纪委监委网站，2022 年 8 月 1 日。

武侯区委巡察机构将大宣讲大培训活动贯穿巡前、巡中、巡后全过程，设立“巡言巡语”小课堂，采取“请进来”“走出去”“以干代训”、专家授课、交流研讨等方式，帮助巡察干部更好地了解巡察工作内容、掌握工作方式方法，全面提升巡察干部能力素质。

此外，武侯区委巡察机构采取召开坝坝会、发放巡察宣传手册等方式对巡察工作进行大宣讲，促使辖区居民进一步认识巡察、支持巡察、主动参与巡察，大力增强广大群众对巡察工作的知晓度和认同感，“这样的宣讲太接地气了，有很多丰富的案例，让我们更清楚地了解巡察是做什么的。”参与坝坝会的群众纷纷表示。

今年以来，武侯区共开展集中培训 1 次，动员宣讲 10 次，召开社区居民坝坝会 2 场，发放巡察宣传手册 5000 余份。

二、推进了社区改革进程

通过社区巡察，武侯区全面清理社区资产情况，建立完善社区集体资产产权交易平台，规范集体资产出租、出售流程，实现公开透明交易。建立完善社区集体资金管理流程，实行区级部门和街道双重监管机制。加快社企分设力度，推进社区和集体经济组织分权分账，促进社区集体资产保值增值和集体经济良性发展（见例 9－4 至 9－6）。如，武侯区在社区巡察试点中及时修订《武侯区集体经济组织财务管理办法》、制定《农村集体经济组织内部管理制度示范文本》，推动在全区范围内开展社区“三资”全面清理工作，盘清社区集体资产 18.56 亿元，较巡前增加 3.2 亿元。摸清了全区现有的 9000 余亩城市建设用地和未供应土地管护及临时利用现状，推动区政府制定《进一步做好武侯区未供应土地管护及临时利用办法》，堵住了土地出租的漏洞。

例 9－4

夯实社区集体资产管理　确保群众利益不受损[①]

【按：巡察发现社区集体资产管理较混乱，区农业农村部门牵头整改见实效。】

---

① 资料来源：据武侯区农业农村和水务局资料。

一、抓好资产清查

集体资产清查主要从两个方面着手：一是年度清产核资。年度清产核资以集体经济组织为主体，对集体所有的现金、资产、债权债务等进行全面清理，形成资产结果报表，向集体全体成员公开公示。将清查结果及时汇交“全国农村集体资产清产核资管理系统”，切实摸清集体资产“家底”，防止集体资产流失。二是专项调查统计。在摸清资产总量的基础上，有针对性地组织农村集体经济组织年度收支情况、债务情况、资产运管现状等专项调查统计，掌握集体经济组织资产经营及负债情况。同时，加强统计数据分析与风险研判，以资产负债率、流动比率、资产增长率等指标构建资产状况评价体系，及时通报集体资产异动、负债率较高等风险因素，防范集体资产管理潜在风险。

二、健全管理制度

结合武侯区集体经济发展实际需要，及时开展集体资产管理制度建设工作，自上而下形成较为系统的集体资产管理制度体系。一是制定《武侯区贯彻落实〈四川省农村集体经济组织条例〉实施细则》，按照《条例》要求进一步规范全区集体经济组织运行管理。二是制定出台《成都市武侯区集体经济组织集体资产管理办法》《成都市武侯区集体经济组织财务管理实施细则》，进一步规范武侯区集体经济组织资产管理、财务管理行为。三是不断强化集体经济组织对完善内部资产管理制度重要性的认识，制定《农村集体经济组织内部管理制度示范文本》，引导集体经济组织结合自身实际建立财务管理、资产管理、档案管理、收益分配及公开公示等5项内控制度，保障集体经济组织内部运行管理规范有序。

三、规范产权流转

在推进农村产权规范化流转“应进必进、阳光交易”的背景下，制定《成都市武侯区农村产权清查核实工作方案》，全面推动资金类、资产类、资源类农村产权清查核实。落实《成都市农村产权流转交易管理暂行办法》，鼓励集体经营性资产通过成都农村产权交易所进行交易。截至2024年4月底，武侯区完成入场交易项目24个（网络竞价交易12个、绿色通道交易10个、资产出租类交易2个），交易规模1365.71万元（网络竞价交易规模402.44万元、绿色通道交易规模181.87万元、资产出租交易781.39万元）。

四、防范重大风险

坚持稳字当头、稳中求进，建立《武侯区集体经济组织重大事项审核备案制度》，“清单式”列举组织章程修订等12项重大事项，规范集体经济组织决策程序，明确街道办事处审核、部门备案职责，增强集体经济组织重大决策行为的科学性、规范性。针对集体资产管理（运营）公司风险，出台《关于规范集体经济组织所属企业的指导意见》，设立集体经济组织与集体企业之间的“防火墙”。明确集体经济组织所属全资、控股企业纳入年度清产核资工作范围，并每季度上报企业资产负债表、利润表，开展集体经济组织所属企业年度调查摸底工作，建立管理台账，登记掌握集体资产管理（运营）公司注册资本、股权结构等基本情况，理清集体经济组织与集体资产管理（运营）公司关系。

例 9-5

武侯区：巡察组在行动　土地补偿款最终发放[①]

【按：巡察发现某社区征地补偿款未及时发放，坚持边巡边改，推动社区“三资”管理建章立制。】

“感谢你们巡察组！我们 1400 名村民终于拿到了土地补偿款，过了个安心年。”春节后不久，成都市武侯区委第六巡察组接到被巡察社区原住居民黄某的电话，他感激地说道。

土地补偿款的发放，得益于该区去年 12 月初开展的集体“三资”管理专项巡察。在该区区委第六巡察组专项巡察某社区期间，巡察组在小区茶铺开起了坝坝会，了解集体“三资”管理情况。

“听说这钱早就到社区账上了，就是压着不发。”“家里急需花钱，就等着这笔钱呢！”“你们巡察组会不会管这些事哦？”……坝坝会上，多名居民反映其被征用的土地补偿款已拖欠了 20 个月。

群众有所呼，巡察有所应，巡察组工作人员当即向居民表态：“你们的‘揪心事’就是我们的心头大事，我们一定给大家一个满意的答复。”

土地补偿款迟迟不发放，群众意见很大，还存在不稳定的因素。为此，巡察组立即召开组务会进行专题研究，随后兵分两路，一路人员深入社区村民实地走访调查，另一路人员找到街道办和社区“两委”了解情况。

调查发现，原来早在 2021 年 3 月，街道已将近 700 万元的土地补偿费款项拨付至社区账户。“为何到账的钱一直搁置不发呢？”“这其中有没有人贪污挪用？”……

巡察组带着疑问深入了解情况，终于摸清症结。原来，社区党委曾提出

---

① 资料来源：《廉政瞭望》，2023 年 2 月 14 日。

将款项发给居民，但集体公司却认为应将该款转入集体公司账户，发放意见的不统一导致土地补偿款一直被搁置在社区账上。

随后，巡察组与街道党工委、社区党组织及时沟通，分析问题的原因、堵点（见图9—8），查找解决问题的政策依据，明确解决的具体措施、办结的时限、责任人。立即向街道党工委下发“立行立改”通知书，压实主体责任，要求街道党工委严格落实征用土地补偿有关规定，同时对社区党委书记、集体经济组织负责人进行谈话与批评教育，责令采取有效措施，于10日内按程序将款项发放到居民手中。

图9—8　社区巡察专项协调会现场

在巡察组的推动下，街道党工委主动跟踪督促社区按程序推动款项发放工作。各村民小组召开村民大会讨论通过分配方案，上报社区备案后，社区根据方案将款项拨付到小组账户，各小组以现金或转账方式将近700万元的土地补偿款发至居民手中。

自去年以来，针对社区“三资”管理中的问题，武侯区委巡察组坚持边巡边改，立即纠错纠偏，推动建立完善财务报销审批流程、资产出租评估等社区集体“三资”运行和监管制度机制10余项，推动解决问题30余个，进一步压紧压实相关单位对社区“三资”指导监管责任。

例9—6

烟火玉林·优雅成都

——玉林东路社区消费场景创新案例①

【按：巡察发现某社区党建引领作用发挥不明显，服务群众不深入问题，社区党委深入整改，走出一条创新之路。】

玉林东路社区以党建“三融合”（组织融合、资源融合、人才融合）为引领，通过“四维治理”（党委居委统筹、专业规划支撑、居民协商自治、专业

① 资料来源：据武侯区委社会工作部提供案例。

企业运维），“五能驱动”（美学运用、组织动员、专业服务、市场运作、场景营造），N品牌呈现的“345+N”总体思路，建设消费场景创新社区。

党建引领“三融合”统筹规划设计社区发展治理格局。社区党委通过组织融合，把组织建到院落小区去，建到企业组织去，建到玉林东路街区联盟去，积极发挥组织的引领作用，常态化开展好区域党建联席会、党群联建会；将省体育馆、省军招、省环科院等15家单位在内的辖区资源融合，通过党建项目认领和志愿服务开展进行人才融合，针对全人群、全龄段、全领域服务，微服务体现大温暖，促进消费场景和能级提升，社区发展治理形成一盘棋的治理格局。

“四维治理”推进全龄友好包容社区建设的机制搭建。社区聚焦全龄友好包容社区建设的具体目标内容和幸福美好生活十大工程的具体任务，从“党委居委统筹、专业规划支撑、居民协商自治、专业企业运维”四大治理维度出发，不断创新“双线融合”的工作机制，推动盘活链好社区资源，有序推动社区发展。

“五能驱动”营造社区服务新业态，打造“烟火与优雅并存、商业和居住和谐”的新消费场景。一是美——美学运用，通过社区规划设计微更新结合玉林人的生活美学，让街区、巷子、院子变美。二是活——居民动员，通过培育好社区规划师、市集文创组织及专业社工组织，孵化好微网格团队和包括老年、儿童、青年、妇女的自组织志愿者队伍，深入服务至各个领域，变福利性社区服务为发展型社区治理。三是暖——暖心服务，以四川省社区发展治理“社会组织参与型”试点社区创建为契机，充分发挥社区专业力量，以微更新、信托物业、商居联动方式精准解决社区治理热难点问题。四是惠——市场运作，通过社会资源引入，以市场运作方式众筹共享民宿，引入有机生活市集，建立双微基金筹款，充实社区资本，提升居民幸福感。五是好——场景营造，通过营造儿童、青年、长者、残障人士友好生活场景，开展街头运动会、玉林席地而坐音乐节、玉林生活市集等，讲好玉林故事，记录玉林生活小事，打造全龄全时全新的社区消费场景。

三、提升了社区治理能力

社区是城市系统的末梢神经和毛细血管，也是国家治理体系和治理能力现代化的基础。社区巡察整改坚持把解决突出问题与提升社区治理能力、履职能力结合起来，及时补齐短板、堵塞漏洞。针对社区普遍存在的共性问题，及时向全区通报，推动“未巡先改”“自查自改”，避免类似问题反复发生（见图9—9）。如，社区巡察试点期间，推动健全完善社区治理制度机制79项（见例9—7、例9—8）。

图9-9　成都市委巡察办蹲点调研

例9-7

厘清权责清单　强化信息化监督 切实为社区减负　共筑清廉社区[①]

【按：针对巡察指出的“社区权力运行不规范，权责不清晰，权责不对等，部分社区干部缺乏直面问题、化解矛盾的能力”等问题，区纪委监委机关、区委组织部和区委社会工作部牵头深入整改，取得实实在在的成效。】

一、理清社区治理权责清单，形成内外协同的双层生态圈

“人、事、财”是基层权力运行的三条主线，也是理清社区权责体系的逻辑线索，权责明晰是良好政治生态圈形成的基础。在巡察整改工作中，坚持：一是推动更多资源下沉社区，建立了“人、事、财”权责范围的制度清单，加速形成了相互促进、相互制约的良好生态圈。二是加强对社区书记（主任）履职用权情况的常态化监督，严抓群众身边的“微腐败”问题，创新监督方式，引导群众正确参与社区工作监督，增强群众消除腐败的信心和决心。三是深入学习运用“浦江经验”，开展常态化联系服务，及时响应居民群众诉求，坚持扑下身子，直奔基层、直面群众、直击矛盾、解决问题，集中解决

① 资料来源：据武侯区纪委监委、区委组织部、区委社会工作部资料。

了一批矛盾纠纷及苗头隐患，集中解决了一批长期积累的重信重访问题，集中解决了一批群众反映强烈的急难愁盼问题，着力提升社区干部面对群众时的共情能力、引领能力、专业能力、协商能力，走好新时代党的群众路线。

二、用好数字化、信息化手段，织密线上线下全方位监督网

数字技术、信息技术是提高监督效率和服务效能的重要手段，在建立社区“一把手”廉政档案、强化社区“一把手”责任制、健全“上对下”监督制度、坚持以案促改、以案促治等线下传统领域持续织密监督网，打造监督惩治、深度治理、固本培元的工作链条基础上，通过网络信息化与大数据建立线上监督体系，通过社区已有的信息化系统和APP、小程序等推动“三务”公开进一步制度化、规范化和程序化，打造“三资”智慧监督平台，强化与民政、审计等职能部门的数据对接和共享，尝试运用大数据分析技术精准预判和有效预防廉政风险等。

三、坚决纠治形式主义，切实为社区减负

形式主义、官僚主义是基层负担过重的根源之一，优化基层社区政治生态，首要任务就是力戒形式主义，全面减轻社区负担。一是注重正确运用信息化手段，整合各类信息平台，坚决避免不必要的“点赞”“刷分”“排名”等活动，清理不必要的台账、日志、“打卡”“接龙”等过度留痕的工作要求，避免重复“建群”和同一类信息重复收集、多次报送，减少社区在数字时代的无效劳动。二是注重下决心改进工作方法，严格落实社区工作事项准入清单制度，减少或整合街道办直接联系社区的口子。三是严格落实中央八项规定精神，持续改进文风会风，提倡少开会、开短会，切实减少社区“迎来送往”的形式主义负担。

四、加强清廉社区建设，营造清廉文化好风尚

清廉文化是良好政治生态不可或缺的重要文化元素，进一步优化基层社区政治生态必须加强清廉文化建设。一是突出持续做好清廉文化的挖掘阐释，立足武侯区三国文化底蕴和红色文化基础，深挖清廉元素。二是做强清廉文化的宣传推广，进一步整合了清廉文化资源，打造更多高质量清廉文化示范基地，提高“濯锦武侯”品牌的知名度和影响力。三是将社区清廉文化建设与普规普纪工作相结合，特别是面向居务监督委员会成员和广大居民，重点围绕与社区工作有直接关联的廉政风险点开展常态化的法律法规普及活动，让居民更便捷地了解“监督什么”和“怎样监督”的问题，提高居民监督的参与度和专业度。

五、坚持以人为本，构建社区宜居宜业共同体

基层社区治理要求尊重每一个人的合法权利和正当权益，必须旗帜鲜明地体现人民性，在社区巡察整改中始终坚持以人民为中心的发展思想，坚持共建、共治、共享的理念，把对党中央负责与对人民负责统一起来，把当前工作与长远建设统一起来，把群众需求与建设目标统一起来。以“九责工作法”压紧、压实社区“两委”的责任，对“微腐败”突出的社区，对危及社区群众利益，对影响到民生的事项，首先向社区党委书记（居委会主任）问责，对履职不力的社区书记（主任），区纪委建议组织部门及时予以撤换，层层压实责任链条，切实解决群众急难愁盼问题，在社区工作中形成“情系群众、扎根基层、为民解忧”的优良作风，打造宜业宜居、政治生态良好的社区共同体。

例 9-8

推进城乡结合部新型社区突出问题专项治理见实效[①]

【按：针对巡察发现的城乡结合部新型社区服务保障不足、服务质量不优、人居环境较差、社会治安较乱、市场秩序较复杂等问题，区委社会工作部、区委政法委等部门联合相关街道联动抓好整改，提升社会治理效能。】

一、坚持共建共享，强化社区服务供给

聚焦城乡结合部新型社区服务保障不足、服务质量不优等问题，围绕重点工作任务，加强创新引导，提升治理效能和服务水平。一是优化提升社区党群中心。结合两项改革，武侯区全覆盖完成社区党群服务中心亲民化改造，新增阵地 2.6 万平方米，同步在商圈楼宇、产业功能区等建立“蓉城驿站”等 14 个，打造易进入、可参与、能共享的温馨家园。果堰社区在社区党群服务中心设置社工共享空间、微党校、亲子教育、家庭医生服务包等多项特色服务，优化综治中心、微消站等功能设置，建设一个集公共服务、文化体育、助老托幼、交流休闲于一体的党群服务综合体。金花社区将原金花小学 2000 平方米闲置载体打造为高品质社区党群服务中心，设置“三花”茶馆民情议事厅、创业共享空间、豆芽工坊、爱心小屋等服务空间，提升“童萌”早教服务品质，建立喜马拉雅 RT—读者剧场，打造健康小屋智慧康养场景；利用社区旁边旧运动场，打造社会主义核心价值观主题长廊、运动角、社区广场、流水集市等公共活动空间，集成党建群团、社区生活、政务受理、城区管理、卫生健康、法律咨询等各类服务资源，打造“15 分钟生活服务圈”。二是补齐

① 资料来源：据武侯区委社会工作部、区委政法委资料。

公共服务短板。突出“网格立体化、主体多元化、服务社会化”，把114项下沉社区的政务服务事项，年均投入资金近4000万元，通过购买服务方式交由党组织健全、作用发挥明显的社会主体承接，实现社区职能归位、社会组织专业服务。果堰社区结合城市更新工作，大力推进社区广场、果堰小学、武侯生态体育公园建设，不断完善社区公共服务配套。金花社区结合宜居水岸工程建设，对金花堰实施河道清淤、河岸绿化，打造开敞宜人跌水景观、亲水休闲空间和湿地运动公园，提升城市环境品质，彰显城市历史文化。三是注重多元参与。注重基层党组织核心作用，强化单位、行业及各领域党组织资源链接，推进社区服务载体专业化运营，不断提升社区造血功能和可持续发展动能。果堰社区通过组建街区商家联盟，制定“街区商家公约”，引导商家采用统一规范开展商招、店招，对果堰街、中海熙苑商业街进行整体风貌营造。金花社区联合成都天府时代传媒公司，将原金凤社区党群服务中心建设成展示四川传统戏曲、川剧脸谱、金钱板、竹琴等文化要素，承载各类艺术创作、文创研发、艺术展示、戏班体验等功能，提供曲苑杂坛、音乐现场、乐活空间、心理SPA汇、创意集市、金花戏班等文化活动为一体的“复合式文化生活美学馆”，让社区居民真正拥有“家门口的美术馆”。

二、优化治理环境，增强社区防控风险能力

聚焦群众反映的人居环境、社会治安、市场秩序等问题，坚持系统治理、依法治理和源头治理相结合，不断优化新型社区治理环境。一是坚持系统观念，先行先试、全域推进社会综合治理与社区发展治理双线融合机制改革，共筑“防风险、促法治、保平安”底线和“强基础、优服务、惠民生”高线，实现以一支队伍统管为前提、一张网格统揽为基础、一个平台统调为支撑、一套机制统筹为保障的改革得到系统性推进，区域治理效能得到整体性提升。二是坚持以法治思维、法治方式推动基层治理，建立“一社区一法律顾问”、社区民警任职社区“两委”等制度，设立党员律师“法律门诊”，建强“群众工作之家”，为妥善化解社区矛盾、有效维护群众权益提供法治保障。三是坚持源头治理，统筹发展和安全两件大事，依托小区院落、街面商家、辖区企业三支走访队伍，围绕社会稳定、生产安全等风险隐患，常态开展入户走访、走家问需，推动风险在第一线化解、矛盾在最末端解决、治理在最基层落地，排查处置消防安全、生产安全、民间借贷等领域风险隐患2680余件，切实把各类风险管控在社区、消除在萌芽。果堰社区依托“智慧街道”城市管理综合治理平台，在辖区内重点区域、人流密集区域布设96个高清摄像头，利用

AI技术自动识别无照经营游商等10余项违章行为；建立“人脸识别”“物体识别”两大数据库，重点呈现热点时段、区域和类型事件，科学调整不同地区、时段的人员配置；建立实时案件电子地图，形成“打卡、定位、点名、抢单”机制，助力超大城市现代化治理体系建设；利用果堰街100号、200号自建房区域内闲置空地合计3800平方米修建电瓶车智能充电停车棚5处，化堵为疏消除电瓶车违规停放充电造成的安全隐患。金花社区推进金凤街散居院落和“百家巷”散居院落“液改气”工程，改善散居院落居民基本生活条件，提升散居院落居民居住品质；修建6座消防水池和消防沙池，改善散居院落火灾防护设施设备，防止辖区居民经济财产损失；深入推进“厕所革命”，打造责任清晰、管理规范、服务优质的现代化智能公厕，提升居民居住品质。

第四节　“促进发展”更突出

社区巡察的终极目标是促进发展，通过巡察整改实现社区居民更加凝心聚力、幸福感获得感更加明显，通过专项治理、建章立制，推动社区发展更加持续（见图9－10）。

一、凝心聚力更强

通过充分调动群众参与、宣传、监督巡察工作，转变过去仅由巡察组“唱独角戏”的做法，填补了以往社区居民对巡察工作不了解、对巡察方式不知晓、对巡察工作配合度低的空白。社区巡察试点期间，开展个别谈话、走访，宣传覆盖人数比上一轮分别增长了80%和300%（见例9－9至9－11）。

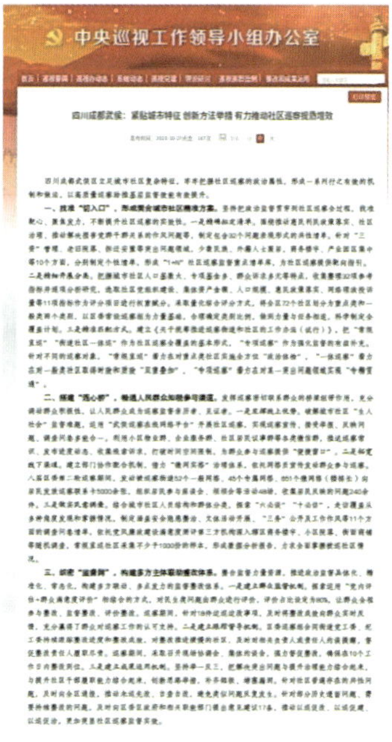

中央巡视工作领导小组办公室

四川成都武侯：紧贴城市特征 创新方法举措 有力推动社区巡察提质增效

图9－10　中巡办刊载成都市武侯区社区巡察做法

例 9-9

巡察走访听民意　坝坝会里话民生[①]

“安置小区电瓶车充电桩不够怎么办?”“小区楼底商铺集体收益每年是怎么开支的？如何分配的?”“校园周边乱停车问题何时解决?”……近日，在成都市武侯区华兴街道南桥社区，召开了一场别开生面的坝坝会。这是武侯区委第五巡察组深入开展主题教育，为民办实事的一项具体举措。

坝坝会上，面对居民们提出的问题，如何解决，何时解决，社区书记逐一回答，巡察组长一边听一边记，原汁原味收集民意，切实推动老百姓反映的问题得到整改落实。“面对面作答，有问题就解决，一时解决不了的就给解决时限，给解决方案，让坝坝会开出效果，开到居民心坎里，让群众感受到主题教育带来的新变化、新成效。”武侯区委巡察组组长说。

从“小事”着手，才能解决民生“大问题”。武侯区委巡察组聚焦群众反映强烈的突出问题，常态化开展群众问廉活动，让广大群众真正成为家门口的“监督主角”。下一步，将根据民情民意进行认真梳理、分类整理，认真研究、全力解决，切实为群众把好事办实、把实事办好。

例 9-10

社区协商自治　促进力量聚合

针对巡察指出的居民参与社区自治较少，社区保障项目居民参与度低问题，在社区巡察整改中，坚持社区的事情居民商量着办，在回应居民关切中以事聚人、聚人成事。一是组织培育推动治理有魂。在社区党组织领导下，通过社区保障资金项目引导，发动居民根据业缘、趣缘成立自治组织，注重把党组织推荐的达人骨干通过规范程序成为自治组织负责人，把党组织意图变成自治组织参与基层治理的行动举措。二是居民议事推动治理有序。从党员代表和居民骨干中推选1900余名议事会成员，在社区党组织领导下，通过恳谈会、听证会等形式参与城市更新、院落整治、加装电梯、社区保障资金使用等事项决策，共创幸福美好家园。

① 资料来源：《成都日报》，2023年12月1日。

例 9-11

聚焦提升基层自治能力　构建共建共治共享模式

针对巡察指出的“社区治理中居民自治缺乏活力、社区服务不够精准、社区管理不够精细”等问题，区委社会工作部积极探索，取得满意的效果。

一是围绕居民自治，畅通参与治理新渠道。当前社区治理普遍存在居民参与治理渠道少、居民沟通交流平台缺乏等问题，影响居民参与基层共治。通过开发问题隐患“随手拍”小程序，整改情况随时反映，简化群众参与社区自治的路径，充分发动群众力量维护社区环境，推动风险问题及时上报及时处理的高效互动，发动各级力量为居民打造良好日常生活环境。搭建小区议事、话题讨论、线上投票等共治功能，完善社区协商议事机制，引导居民通过协商议事平台共商社区自治议题、共议居民矛盾问题，破解社区解决居民矛盾问题不及时的问题。

二是围绕便民服务，搭建共享互助服务平台。针对居民需求多样化，而社区服务力量薄弱、内容单一、资源有限的现实问题，特别是部分社区、居民自我服务能力不足的难题。打造社区共享场景，充分挖掘居民、社区商户和社区资源，借助平台实现信息互通，吸引每个居民成为社区服务提供者和受益者；开发社区诚信商业平台，助力综合体优化服务项目，促成社区居民之间的资源共享、服务互动，打造社区生活共同体，构建可持续发展的社区商业生态圈。

三是围绕小区治理，构建美好生活的大家园。针对物业管理不公开透明、居民对小区事务参与度低、业委会成立管理难的问题，依托信托物业平台，打造普适性小区治理平台，通过公开透明的机制，引导居民参与小区自治，将权力、资源归还于小区居民，构建小区多方深度互信治理生态。针对基层社区治理缺乏数据参考支撑等问题，动态归集人、房、事件等数据信息，形成小区数据驾驶舱，通过对物业等数据的挖掘利用，辅助提升基层治理水平。

二、幸福感、获得感更明显

在社区巡察中全面落实“六改”，切实解决群众“可视”“有感”的环境较差、出行难、违建多、多跑路等“急难愁盼”问题，大幅提升社区居民的幸福感（见图 9-11）。如，武侯区社区巡察试点期间，推动放在社区账上近

20个月1400余人的土地补偿款700余万元在春节前仅用10天时间全部发放到位、促使社区用3天时间自行拆除社区集体资金违建的房屋3200余平方米、新建便民人行道路10余条、整治环境问题70余处、消除消防隐患100余处，切实增强群众的获得感（见例9－12、例9－13）。

人民网 people.cn

首页 党政 要闻 观点 互动 可视化 地方 民文 English 合作网站 举报专区

成都市武侯区：聚焦“可视”“有感” 以边巡边改提升对社区巡察质效

记者 宋豪新

2023年05月30日20:25 | 来源：人民网－四川频道

近年来，成都市武侯区坚持以人民为中心的价值取向，走深走实新时代党的群众路线，针对群众反映强烈的急难愁盼问题，全力推动边巡边改，积极回应群众关切，让群众对巡察带来的变化“可视”“有感”。在八届区委第二轮对11个社区巡察中，推动边巡边改事项18件，充分彰显“群众身边无小事”的担当作为，以“立竿见影”的实效维护巡察权威性和公信力。

深入发现问题，精准筛选认定。坚持发挥巡察工作密切联系群众的纽带功能，通过拓宽渠道收民意、沉下身子听民声、深入一线摸实情，全面掌握社情民意。

图9－11 人民网刊载武侯社区巡察成效

例9－12

武侯区：坚持“边巡边改” 提升巡察监督质效①

“灯坏了一直没人修，黑灯瞎火的，很担心会摔倒。”“路灯经常不亮，小朋友走这条路，会感到很害怕……”前不久，成都市武侯区委第三巡察组收到居民投诉，反映簇锦街道铁佛社区中筑西府兰庭小区东门绿地路灯不亮的问题（见图9－12）。

图9－12 巡察组查看现场

第三巡察组立即开展实地勘察。最终发现，该绿地存在18盏路灯均有不同程度损坏，9处装饰石材脱落，环境卫生维护较差等问题。在巡察组的推动下，街道及相关部门在5天时间内完成了该绿地环境整治。

去年，武侯区委巡察机构开展了第一和第二轮巡察。巡察机构始终坚持问题导向，紧扣基层治理、人居环境、公共安全等涉及群众切身利益重点领域，以“边巡边改”为着力点，把监督“探头”延伸到一线，激活巡察监督“神经末梢”，推动解决群众身边的“急难愁盼”问题，打通全面从严治党“最后一公里”。

为进一步发现问题，解决群众“急难愁盼”，武侯区各巡察机构采取上门走访、明察暗访、重点探访、跟踪追访等方式，深入小区院落、居民家中，

① 资料来源：武侯区纪委监委网站，2023年2月22日。

面对面了解情况，听取意见建议，着力发现并推动解决群众在医疗、社保、安居等方面反映强烈、普遍关注的操心事、烦心事、揪心事。截至目前，共收集问卷调查 300 份，梳理问题 12 类 79 个，受理信访投诉件 16 类 115 件。

为确保逐一整改到位，各巡察组将问题分为热点、难点、堵点三大类，按轻重缓急分类建立问题清单，同时通过上下联动、协同整改，组织 11 个区级相关部门在街道召开巡察问题整改推动会，现场认领项目，逐一定方案、定责任、定环节、定时间，形成问题整改清单，按照清单抓落实，推动重点问题边巡边改边“销号”“立竿见影”出成效。

因道路树木茂密、灯光昏暗且不在物业巡逻覆盖范围，武侯大道至万虹路东侧出现飞车夺包、偷手机等情况。巡察组已督促相关单位对高大乔木进行修剪，增设两个摄像头，加强治安巡逻频次。团结社区武兴二路至团结驿站一侧 200 米左右无人行通道，导致出现人车混行等交通安全隐患问题。巡察组已督促区住建交局和街道进行整改，并对该路段打围。

……

在巡察组的推动下，路灯亮起来了，社区安全了，道路通畅了，居民的心暖了。

“巡察发现问题的落脚点是解决问题，我们坚持边巡边改，列出问题清单、整改清单、责任清单，督促被巡察单位‘趁热打铁’并开展‘回访’，提升巡察监督质效。”武侯区委巡察办相关负责人说，接下来，将不断亮剑群众身边腐败和作风问题，持续践行“边巡边改”思想，多环节、多方位、多角度解决群众“急难愁盼”，做到问题不解决不松手，整改不到位不罢休，提振人民群众对巡察工作的信心。

例 9－13

玉林片区有机更新　宜居便民群众开心[①]

玉林街道针对巡察玉林片区社区指出的老旧区域公共服务不配套、服务居民宜居宜业有差距等问题，深入开展有机更新，提升群众生活品质，让群众满意开心。

一是优化公共服务配套突出服务便民。突出“以人民为中心”的价值取向，以片区综合开发为指引，统筹完善玉林片区内公共服务配套；结合院落

① 资料来源：据武侯区委社会工作部资料。

情况和居民意愿，因地制宜统筹实施安全类、基础类、完善类和提升类改造内容，切实提升居民生活的获得感和幸福感。二是结合人口结构满足细分需求。结合玉林片区人群特征，从主要居住群体的需求出发，补足基本公共服务短板，提供高品质、特色化的公共服务，营造活力场景，建设便捷周到、缤纷多彩的 4 个 15 分钟生活圈。对建筑遗产“留原貌、塑功能”，对城市风貌“留肌理、保特征”，在不减少道路数量、不改变街巷线型走向的前提下，恢复了玉林片区原有的“5 路、8 街、19 巷”街巷格局，优化提升了玉林四巷·爱转角、巷子里等特色子街巷，保留了具有玉林印记的 7 处历史文化点位。三是增补公共服务设施提升生活宜居性。玉林生活代表了丰富和便利。通过全面实行公共服务设施“分时共享”，如夜间路边停车位、课后共享校园运动场等，提升玉林东路片区存量公共服务设施利用率，挖潜零星存量空间配置服务设施，完善社区便民利民服务网络。

三、推动专项治理更长久

武侯区在对社区巡察试点期间，围绕社区在惠民政策落实、第三方服务外包等重点领域，推动开展专项治理 7 项（见例 9－14 至 9－17）。如，武侯区针对社区违建安全隐患突出问题，推动“拆违促安全”专项治理，拆除违建 33 万余平方米，建立常规常态监督治理机制。针对伤残军人抚恤金、残疾人护理补贴、老年人高龄补贴发放混乱问题，推动开展民生资金发放集中整治，共发现问题 600 个，涉及金额 200 余万元，处理相关责任人 19 人。

例 9－14

创新制度机制　拓展服务供给①

武侯区在社区巡察整改中，健全基本公共服务清单管理和动态调整体系，在为民办实事中彰显政治功能。一是推动服务社会化。把下沉社区的 114 项政务服务，通过购买服务方式交由党组织健全、作用发挥明显的社会主体承接，实现社区职能归位、社会组织专业服务。二是培育红色伙伴。坚持社会组织与党组织同步孵化，实施品牌社会组织培育三年攻坚行动，发展社区营

① 资料来源：据武侯区委社会工作部资料。

造、应急等品牌社会组织48家，培养持证社工1087人，社会组织总量达2048家，均居全省首位。三是发展社区商业。率先组建社区商业公司，与上海万有集市等合作，建成老马路邻里中心等社区商业新场景，促进供给集成与服务提质精准匹配。

例9-15

“三支队伍”走访 强化源头治理①

武侯区在社区巡察整改中，常态开展入户走访、进家问需，密切与群众血肉联系。一是走好群众路线。按照200户配备1人社区“两委”，加N名辖区党员、居民骨干、志愿者等，组建474支小区院落走访队伍；按照每个网格配备2人，整合社区网格员、综合执法队员、综治队员等，组建11个街面商家走访队伍；每个社区安排2名街道干部和1名产业部门干部，组建71支企业走访队伍。二是办好民生实事。把3785名三支走访队伍统筹编入社区网格，一盘棋开展“访困难送温暖、访问题送平安”专项行动，针对性建立基础数据和突出问题、服务需求、风险隐患“一库三清单”，用心办好群众可感可及的关键小事。实施“互联网+社区”计划，运用现代信息技术提升基层治理效能。三是构建智能化运行保障体系。整合“大联动·微治理”、城市管理等信息系统，一体化、标准化建成区—街道—社区—小区四级智慧治理平台，做到网格发现、街社呼叫、部门协同、分级处置，实现职能整合、流程重塑、工作提速、治理增效。四是构建智能化便民服务体系。建设武侯政务云平台，打造全数字化审批流程，创新网购式审批服务，让数据多跑路、让群众少跑腿。拓展社区智慧化场景运用，整合民政、社保等部门8类171项社区公共服务事项，建成社区公共服务综合信息平台，做到三级联审、一屏掌控、一网通办。万人调查问卷显示，95.6%的受访群众表示城市基层治理发生可喜变化。

例9-16

创新三种模式 不断完善信托制度机制②

针对社区小区物业矛盾较突出问题，坚持问题导向和分类治理思路，探

① 资料来源：据武侯区委社会工作部资料。
② 资料来源：据武侯区委社会工作部资料。

图 9－13　信托制物业宣誓

索引入信托公司参与小区治理，制度机制得到进一步完善（见图 9－13）。一是试点物业服务信托。以火车南站街道长寿苑社区 6 个老旧安置院落为试点，引入信托公司，将公共收益等设立老旧院落物业服务信托计划，社区居委会为委托人和受益人，信托公司为受托人，物业公司为信托计划的物业服务执行方，在《中华人民共和国信托法》框架下实现信托财产隔离和保值增值，保障居民权益最大化。二是探索公共收益信托。依据《中华人民共和国民法典》关于“小区公共收益归全体业主所有”的规定，在不改变小区物业管理模式前提下，将小区（院落）公共收益设立为专项信托计划，由信托公司作为独立第三方提供运营托管、账户管理、执行监督等职能，从而实现公共收益资金与物业公司、业委会的隔离与公开透明，保障小区业主公共收益合法权益。三是深化院落自治信托。针对规模较小老旧院落难以实行物业公司管理的实际，为解决自治管理资金和事务不够公开透明的问题，通过社区居民会议授权，在社区层面设立老旧院落自治信托计划并开立总账户，在各老旧院落分别开立子账户，从而低成本实现院落自治管理公开透明运行。

创新探索信托制物业服务模式，实现小区治理还权、赋能、归位、固本，目前，全区 32 个实施信托制物业服务的小区院落物业纠纷同比下降 90%、业主满意率从 52%提升到 95%、物业费平均缴费率从 56%提升到 90%，无 1 例物业合同诉讼案件，营造了小区有序、美丽、舒心的宜居环境。

例 9－17

以居民自治为关键　深化全过程人民民主[①]

针对巡察发现小区院落党组织落实民主不充分、“居民自治”变为“居委会自治”、化解物业矛盾不力等问题，在整改过程中，多途径狠抓落实居民自治，推进物业管理全过程人民民主，取得满意效果。重点解决以下问题：

① 资料来源：据武侯区委社会工作部资料。

一是“谁来服务”问计于民。通过召开业主大会，采取一户一票、公开透明的民主表决方式，按合法要求和程序自主选取“信托制”物业服务模式和服务企业，并由物业服务企业与业主共同编制年度预算，保障业主的参与权。二是“怎样服务”问需于民。众筹的物业费通过开放式预算由业主与物业协商资金使用预算方案、共商预算用于哪些服务项目、小区物业服务质量标准与资金收支随时可查，确保物业费“收得明白、花得清楚”，物业服务“过程可见、质量可证”，保障业主的知情权。三是“服务得怎样”问效于民。以合同约定方式，明确物业企业对个体业主的质疑有举证义务，每个业主享有对物业服务合同、账册、凭证的查阅权，同时将社区、社群和专业组织通过小区公约设为监察人，全面监督业委会履职、物业服务企业服务、物业资金使用情况。物业企业根据业主评价，超额服务事项可获得超额奖励报酬，保障业主的监督权。

第十章 社区巡察常用文书模板

为推进社区巡察规范化，武侯区在试点期间，针对社区巡察准备阶段、了解阶段、报告阶段、反馈阶段、移交阶段和整改阶段分别拟制了一些常用文书参考模板，以便统一规范各组开展社区巡察资料。

第一节　巡察准备阶段文书模板

巡察准备阶段涉及的文书主要有巡察组临时党支部成立申请表、向区级部门及街道了解被巡察社区情况函、社区民意摸底调查问卷、社区提供资料清单、巡察社区实施方案、人员分工方案、社区有关情况统计表等，武侯区在对社区巡察中进行了一些探索，提供模板仅作参考（见文书模板 10－1 至 10－11）。

【文书模板 10－1】

区委第×巡察组临时党支部成立申请表

申请时间	党员人数	党员姓名	书记人选	委员人选	计划撤销时间	负责人签字

【文书模板 10－2】

关于了解被巡察社区有关情况的函

区委相关部委、区级相关部门、相关街道：

根据《中国共产党巡视工作条例》《四川省市（州）、县（市、区）党委巡察工作办法》《成都市党委巡察工作实施办法》的相关要求和区委城市社区常规巡察工作统一部署，区委巡察组进驻前应向纪检监察机关、政法机关和组织、审计、信访等有关部门了解被巡察社区“两委”班子及其成员的有关情况。

按照×届区委第×轮巡察安排部署，区委巡察办需了解掌握××社区、××社区、××社区、××社区、××社区等××个社区的相关情况（详见附件）。

请贵单位协助提供相关材料，并于××月××日前将相关资料送区委巡察办。资料以电子版为主，必要时再补充少量纸质资料。

附件：提供涉及被巡察社区资料清单

区委巡察工作领导小组办公室
202×年××月××日

附件

提供涉及被巡察社区资料清单

<table>
<tr><th>序号</th><th>单位</th><th>资料清单</th><th>时间周期</th></tr>
<tr><td>1</td><td>××社区</td><td rowspan="6">1. 近年来，本单位下发的在全区广泛施行的规范性文件或者规章制度。如：党风廉政建设、作风整治、专项治理等方面
2. 日常监督检查中发现的涉及被巡社区的突出问题
3. 被巡察社区每年度目标考核情况，重点包含被扣分项目及具体原因
4. 被巡社区班子及其成员的党风廉政建设工作情况，包括涉及被巡社区信访举报、线索处置、党纪政务处分、组织处理等情况
5. 涉及被巡社区党风廉政建设主体责任考核、监督责任考核等情况
6. 被巡察社区惠民利民专项工作落实情况
7. 被巡察社区工作存在的主要问题</td><td>××年×月至今</td></tr>
<tr><td>2</td><td>××社区</td><td>××年×月至今</td></tr>
<tr><td>3</td><td>××社区</td><td>××年×月至今</td></tr>
<tr><td>4</td><td>××社区</td><td>××年×月至今</td></tr>
<tr><td>5</td><td>××社区</td><td>××年×月至今</td></tr>
<tr><td>6</td><td>××社区</td><td>××年×月至今</td></tr>
<tr><td colspan="4">备注：清单所列有关资料如不涉及被巡察社区，请备注说明。</td></tr>
</table>

【文书模板 10－3】

走访区级部门和街道了解被巡察社区情况方案

走访对象 （分管领导、科室长）	走访时间	走访内容	走访收集的主要问题	需被走访人提供的资料
区农业农村和水务局				
区信访局				
区委组织部				
区纪委监委				
区委社会工作部				
区民政局				
××街道党工委				

【文书模板 10-4】

社区民意调查问卷

温馨提示：根据《中华人民共和国统计法》第九条，“统计机构和统计人员对在统计工作中知悉的国家秘密、商业秘密和个人信息，应当予以保密”。

问卷编号：□□□□□□ 初审：________ 复核：__________

尊敬的女士/先生：

您好！我们受中共武侯区委巡察办的委托正在开展社区工作调查。您被随机抽中作为本次调查的访问对象，您的回答将作为推动当地党委政府改进作风服务群众工作的重要依据。耽误您一点点时间，接受我们的访问好吗？谢谢！

访问员保证：

本人保证此问卷所填写的全部内容资料，均按照规定的访问作业程序和时间完成，真实无误地记录了被访者的回答和意愿，绝无任何伪造和欺骗行为。若发现此问卷有假，同意本人所负责的调查问卷全部作废，并自愿接受加倍赔偿损失的处罚。

访问员（签名）：

本问卷调查访问时间：__日__时__分至__时__分

被访者姓名：__________ 联系方式：________________

甄别题

S1. 请问您是否在××社区居住半年以上？

1. 是　　2. 否（结束访问）

S2. 请问您的年龄是？

1. 17 岁以下（结束访问）　　2. 18 岁～30 岁

3. 31 岁～40 岁　　4. 41 岁～50 岁

5. 51岁～60岁　　6. 61岁～70岁

7. 71岁以上（结束访问）

正式问卷

A1　您对社区工作的总体评价是？

1. 满意　　2. 基本满意　　3. 不满意　　4. 不了解

A2　社区是否存在向居民、商家、企业乱集资、乱摊派、乱收费问题？

1. 是（请简要列举相关问题____）　　2. 否　　3. 不清楚

A3　您所在的小区是否存在占用消防通道、楼道堆放垃圾、电瓶车飞线充电等安全隐患？

1. 是（请简要列举相关问题____）　　2. 否　　3. 不清楚

A4　社区干部及工作人员在各项日常管理、服务工作中，是否存在利用掌握审核权、盖章权的便利，在出具有关证明材料时牟取私利，索要好处，不给好处不办事行为？

1. 是（请简要列举相关问题____）　　2. 否　　3. 不清楚

A5　社区干部及工作人员是否存在对群众反映、咨询的问题推诿扯皮的现象？

1. 是（请简要列举相关问题____）　　2. 否　　3. 不清楚

A6　社区干部、网格员是否经常开展下院落采集基础数据、收集社情民情、安全隐患排查、矛盾纠纷排查、公共服务代办、政策法规宣传以及特殊人群走访等活动？

1. 是　　2. 否　　3. 不清楚

A7　您所在的社区是否经常开展文体活动？

1. 是　　2. 否（跳转A8）　　3. 不清楚（跳转A8）

A7.1　您是否参加过所在社区开展的文体活动？

1. 是　　2. 否　　3. 不清楚

A8　社区干部是否涉黑、涉恶，包庇纵容黑恶违法势力，利用家族宗族势力强揽工程项目、垄断社区资源？

1. 是（请简要列举相关问题____）　　2. 否　　3. 不清楚

A9　所在社区是否通过公开栏、公示牌、召开会议等多种形式及时公开社区党务、居务、财务等各项事务，让社区群众及时了解情况并接受质询和监督？

1. 是　　2. 否（请简要列举相关问题____）　　3. 不清楚

A10　社区干部及工作人员在以下哪些方面存在贪污挪用、截留私分、虚

报冒领、违规侵占等问题?（可多选）

1. 征地补偿、拆迁安置

2. 老旧院落改造

3. 社区公私财物管理

4. 五保、低保、高龄补贴、残疾人补助、医疗补助等政策性帮扶资金发放

5. 慰问品、慰问金、活动奖品、纪念品发放

6. 以上均不存在

7. 其他方面

A11 您认为您所在的社区在解决民生服务方面还存在哪些问题?（比如：扶贫济困、消防安全、环境卫生、停车收费、拆违治违、老旧院落维修改造等方面）（开放题，请访问员记录）

背景资料

C1. 记录被访者性别：

1. 男　　2. 女

C2. 请问您所接受的教育程度是?

1. 初中及以下；　　2. 高中/中专/职高；

3. 大专/本科；　　4. 硕士及以上

C3. 请问您的政治面貌：

1. 共产党员　　2. 共青团员　　3. 民主党派　　4. 群众

C4. 请问您的职业是：

1. 党政群机关工作人员　　2. 科、教、文、卫单位从业人员

3. 企业管理人员/经理/厂长　　4. 工人/服务员/普通职员

5. 个体/私营业主　　6. 自由职业者

7. 现役军人　　8. 下岗/待业

9. 家庭主妇　　10. 务农

11. 在校学生　　12. 离退休人员

13. 其他，请注明：________________________

访问结束，非常感谢您的配合和支持!

【文书模板 10-5】

“常规直巡”社区党组织所需资料清单

一、综合资料

（一）基础资料

1. ××××年以来历年在社区选举产生的党代表、人大代表、政协委员名册。（电子档）

2. 社区基本概况、行政区划图、××××年以来年度工作要点和年度工作报告。（电子档）

3. 小区院落概况：业委会、物业公司情况、自治小组统计表，以各小区或院落为单位列表：含名称、地址、户数、人口、产权性质，党组织建立情况，业委会情况、物业公司情况、自治小组负责人、联系电话、小组人员名单等。（电子档）

4. ××××年以来历年社区“两委”成员、工作人员、居民议事会成员、居务监督委员会成员名册（含联系电话），承接下沉社区服务项目的社会组织（企业、机构）及法定代表人名册（注明所承接的项目、联系电话）、证照复印件。（电子档）

5. ××××年以来社区“两委”成员、工作人员、承接下沉社区服务的社会组织法定代表人简历表（按履历表格式准备并带个人照片和社工资格复印件）。（电子档）

6. ××××年以来社区辖区内机关单位、学校医院、国有企业名册（含名称、入驻时间、党组织组建情况、联系电话等基本概况）。（电子档）

7. ××××年以来社区党委议事规则、社区居民自治相关规章制度等资料。（电子档）

（二）党的建设工作

1. 学习贯彻习近平新时代中国特色社会主义思想，党的二十大精神，二十届历次全会精神，习近平总书记在建党 100 周年重要讲话精神，习近平总书记对四川及成都工作系列重要指示精神相关资料。（纸质）

2. ××××年以来社区党委历次组织生活会全套资料。（纸质）

3. ××××年以来社区党委党建述职报告、党建工作要点。（电子档）

4. ××××年以来社区居民议事会记录。（纸质）

5. ××××年以来社区党委、居委会议记录。（纸质）

6. ××××年以来社区各党支部工作手册。（纸质）

7. ××××年以来社区党委下属党支部成立、换届、撤销等工作全套资料。（纸质）

8. ××××年以来社区入党积极分子、新发展党员、转正党员名册及简历。（电子档）

9. ××××年以来软弱涣散基层党组织整改相关资料。（电子档）

（三）贯彻落实上级决策部署情况

1. ××××年以来生态环境保护、“散乱污”点位排查配合整治、社区河长制落实情况。（纸质）

2. ××××年以来社区安全隐患排查台账、社区应急救援队伍名单、预案；微型消防站台账（含二级三级微消站建立、管理、器材、预案等情况）、矛盾纠纷等方面的突出问题和风险隐患台账、重点信访人员台账、严重精神病患者发现监控预警名单。（电子档）

（四）服务群众工作

1. ××××年以来社区党群服务中心建设、管理、运转情况。（电子档）

2. ××××年以来社区残疾人、低保人员、特困人员、慰问对象等政策性帮扶人员名册。（电子档）

3. ××××年以来社区志愿者队伍（分类）名单、培训和活动开展情况。（电子档）

4. 社区走访队伍名单、工作开展及补贴发放台账。（电子档）

5. ××××年以来社区通过群众之家、民情专递员（居民议事小组）、“阳光问责问廉”坝坝会、党风廉政第三方测评等方式收集到的群众意见建议、问题台账及相关工作资料。（纸质，按年度、类别分类装卷）

6. ××××年以来辖区院落整治名单及相关资料，违章搭建治理工作台账（地点、面积、形成时间、治理时间、治理效果、现状）。（电子档）

7. 社区党务、居务、财务公开内容审批情况工作资料。（纸质）

（五）党风廉政建设

1. ××××年以来社区党委书记历次述职述责述廉报告（电子档）。

2. ××××年以来社区“两委”成员个人及部门廉政风险点排查及防控情况。

3. ××××年以来社区约谈党员干部情况。（纸质）

4. ××××年以来，社区“两委”成员、聘用人员、党员受过党纪、政纪处分和司法机关处理的台账。（电子档）

二、业务资料

1. ××××年以来社区的财务凭证，会计总账和明细账册，出纳银行和现金账册及电子账簿。

2. ××××年以来社区向工作人员发放各项补贴、补助、劳务费的发放依据。（纸质）

3. ××××年以来社区公共资产管理规定和管理台账，社区自有资产使用和收益情况统计，出租房屋（包括底商、修建房等）、土地（包括已拆迁待上市地块等）的明细清单、台账、合同。（电子档或纸质）

4. ××××年以来社区保障资金使用情况（含使用流程、意见建议收集、实施方案、落实效果等资料）。（电子档或纸质）

5. ××××年以来购买下沉社区政务服务项目情况（含监督、效果评估等资料）、社区购买社会组织服务项目情况（含比选、监督、效果评估等资料）。（纸质）

6. ××××年以来社区基金（会）、社区社会企业成立、管理、运行相关工作情况。（纸质）

说明：按社区分别组卷，电子档分别打包。组卷要求内容翔实、准确，尽量分年度，以原件、红头等形式，每卷必须附目录，条款清晰，便于查询。财务凭证等不便于组卷的，将资料按年度分类分项梳理。

【文书模板 10-6】

“常规直巡”××社区一般类资料移交清单

序号	资料类别	资料名称	文件盒数（电子包数）	文件盒（电子包）编号	份数	责任人
1	如基础资料、党建工作、贯彻落实上级决策部署等	……	1	1—01	××	×××
2		……		1—02	××	……
3		……		1—03	××	……
4	……	……	3	2—××	××	……
5		……		3—××	××	……
6		……		4—××	××	……
7	……	……	2	5—01	××	……
备注	此清单不包含财务类项目资料，可根据资料数量视情自行增加栏数或页数，务必逐一详细写清资料名称，纸质的写清份数					

街道联系领导：　　　　　　移交人：

社区书记：　　　　　　（第×巡察组）接收人：

【文书模板 10－7】

“常规直巡”××社区项目及财务类资料移交清单

<table>
<tr><th>序号</th><th colspan="2">类别</th><th>资料名称</th><th>文件盒数</th><th>文件盒编号</th><th>份数</th><th>责任人</th></tr>
<tr><td>1</td><td rowspan="4">如：外包服务项目、项目建设等</td><td rowspan="4">××服务外包项目</td><td>……</td><td rowspan="4">2</td><td>1—01</td><td>××</td><td>×××</td></tr>
<tr><td>2</td><td>……</td><td>1—02</td><td>××</td><td>……</td></tr>
<tr><td>3</td><td>……</td><td>1—03</td><td>××</td><td>……</td></tr>
<tr><td>4</td><td>……</td><td>1—04</td><td>××</td><td>……</td></tr>
<tr><td>7</td><td rowspan="4">……</td><td rowspan="3">××项目</td><td>……</td><td rowspan="3">3</td><td>3—××</td><td>××</td><td>……</td></tr>
<tr><td>8</td><td>……</td><td>4—××</td><td>××</td><td>……</td></tr>
<tr><td>9</td><td>……</td><td>5—××</td><td>××</td><td>……</td></tr>
<tr><td>10</td><td>××项目</td><td>……</td><td>……</td><td>……</td><td>××</td><td>……</td></tr>
<tr><td>备注</td><td colspan="7">此清单为项目资料移交总表，可根据移交资料数量视情自行增加栏数或页数，务必逐一详细写清资料名称、份数。财务凭证直接写清凭证总数，一并移交</td></tr>
</table>

街道联系领导：　　　　移交人：

社区书记：　　　　（第×巡察组）接收人：

【文书模板 10－8】

资料目录及资料盒标签

卷（盒）内目录

<table>
<tr><th colspan="3">卷（盒）内清单（××）</th></tr>
<tr><th>序号</th><th>资料名称</th><th>份数</th></tr>
<tr><td rowspan="2">1</td><td>×××资料名称
（☆务必详细写清资料名称、份数）</td><td>1—01</td></tr>
<tr><td>×××资料
（☆可根据资料数量视情自行增加栏数或页数）</td><td>1—02</td></tr>
<tr><td rowspan="2">2</td><td>×××资料</td><td>2—01</td></tr>
<tr><td>×××资料</td><td>2—02</td></tr>
<tr><td></td><td></td><td></td></tr>
<tr><td></td><td></td><td></td></tr>
<tr><td></td><td></td><td></td></tr>
</table>

资料盒标签

正面标签

巡察资料 × × 工 作 资 料
第×盒

侧面标签

××工作资料 （第×盒）

【文书模板 10－9】

×届区委第×轮巡察第×巡察组
“常规直巡”××社区党委工作实施方案

根据《四川省市（州）、县（市、区）党委巡察工作办法》《成都市党委巡察工作实施办法》等相关要求，按照区委巡察工作领导小组部署安排，制定本工作实施方案。

一、工作任务

（以当轮巡察工作方案明确的内容为依据。）

二、监督重点

（以当轮巡察监督重点为指引，结合社区实际，及时修改。）

聚焦社区党组织履行“执政职能、服务职能、形象职能”，围绕“四个聚焦”开展监督检查，紧盯重点人、重点事、重点问题，深入查找被巡察社区党组织存在的突出问题。

（一）聚焦党中央各项决策部署在基层的落实情况

重点了解学习贯彻习近平新时代中国特色社会主义思想情况，习近平总书记对四川及成都工作系列重要指示批示精神落实情况，省市党代会精神落实情况，着力发现学习不深入、宣传不及时、落实走过场等问题；重点了解贯彻落实上级重点工作情况，着力发现落实环境保护和污染防治不坚决，对常态化扫黑除恶斗争不重视，推进平安社区建设不够有力，配合完成“幸福美好生活十大工程”、市区征地拆迁、城市有机更新、特色街巷建设等重点工作攻坚克难的劲头不足等问题；重点了解中央关于意识形态有关部署落实情况，着力发现社区运用党群服务中心、综合文化交流中心、文明实践站等线下阵地和社区微信公众号开展群众性精神文明创建活动不到位，对辖区内的突发事件应对不及时，造成群体性或网络舆论等问题。

（二）聚焦群众身边的不正之风和腐败问题

重点了解违反中央八项规定精神情况，着力发现违规发放津补贴，超标准报销差旅费，违规公款接待、旅游、消费，违规借婚丧喜庆、乔迁等时机大操大办、借机敛财；社区干部作风散漫，对上级政策精神理解不到位，生搬硬套脱离实际，对辖区内安全、教育、医疗、交通、环境卫生、网络理政等群众反映突出的热点问题推诿躲避，敷衍应付激化党群干群矛盾；重点了解社区在公共（集体）资金、资产、资源管理，服务外包和项目建设过程中的违规问题，着力发现公共（集体）资产处置管理不规范、工程采购不规范、财务管理不规范，对购买服务缺乏监管和指导，“一包了之”，以及私设“小金库”，侵吞、截留、挪用公款等问题；重点了解民生领域和群众关心的突出问题，着力发现社区干部违规挪用侵占、截留私分各类惠民资金物资，对补助对象的初审及动态管理工作不到位，错发漏发或超时发放惠民资金等问题；着力发现协调解决社区老旧院落基础设施维护、消防通道堵塞、管线裸露等不到位等问题，破除长期侵占公共空间和群众利益的违章搭建背后“关系户”和“人情网”。

（三）聚焦基层党组织和党员队伍建设情况

重点了解社区党组织战斗堡垒作用发挥情况，着力发现落实主体责任不到位、管党治党宽松软、区域化党建引领基层治理工作不力、基层党组织设置不合理、落实基层组织制度不到位、党员发展不严肃不规范、党员先锋模范作用不突出等问题；重点了解社区党组织班子和队伍建设情况，着力发现班子不健全、不团结、软弱涣散，“一把手”规矩意识差等问题；重点了解社区党组织引导群众性组织建设及作用发挥情况，着力发现社区居民议事会等群众性自治组织是否形成规范的运行机制和议事规则，是否有力地培育发掘自治小组、楼栋长等群众中的骨干力量，发挥志愿者队伍作用，积极参与社区基层治理相关工作；重点了解社区党组织引导其他社会主体发挥作用情况，着力发现社区引导驻区企事业单位、社会组织和自治组织发挥基层治理、解决矛盾纠纷能力不足等问题；重点了解社区党员的教育管理、党费收缴、使用情况。

（四）聚焦巡察整改和成果运用情况

重点了解街道和社区党组织履行巡察整改主体责任和直接责任情况，一把手落实第一责任人责任情况，具体反馈问题的落实情况，监督整改的责任落实情况，建章立制及运行情况等，着力发现社区巡察整改不力、虚假整改、整改监督不力等问题；重点了解监督检查、审计等指出问题的整改落实情况。

三、巡察方式

巡察工作主要采取以下方法开展：

1. 听取被巡察社区党组织的工作汇报，开展质询沟通；

2. 与被巡察社区“两委”班子成员、居务监督成员、党员代表、人大代表、政协委员、商品房小区居民、安置小区居民、弱势群体等重点人群开展分人员、分层次的重点谈话或走访调研；

3. 受理被巡察社区党员干部有关问题的来信、来电、来访；

4. 向有关知情人询问情况；

5. 列席被巡察社区有关会议；

6. 调阅、复制有关文件、档案、账册、记录等资料；

7. 提请有关单位协助；

8. 进行民主测评；

9. 依托第三方党风廉政建设评查机构开展走访及问卷调查；

10. 区委批准的其他方式。

四、时间安排

（结合当轮巡察任务，对巡察准备、了解、报告等工作作出安排，合理分配时间。）

×月×日启动巡察，准备×月×日进驻被巡察社区，原则上巡察时间×天。

（一）巡察准备阶段（×月×日至×月×日进驻前）（可与街道或部门准备环节合并进行）

1. 与××社区党委书记进行巡察前沟通并协调进驻事宜，明确巡察工作资料清单。（×月×日）

2. 制定巡察工作方案并报送区委巡察办审核备案。（×月×日）

3. 巡察组联络员与××社区沟通对接进驻事宜。（×月×日）

4. ……

（二）巡察了解阶段（×月×日至×月×日）

1. 召开巡察工作汇报会；听取××社区党委工作汇报，开展质询沟通。（×月×日）

2. 受理反映××及其他社区有关问题的来信、来访、来电。（×月×日－×月×日）

3. 调阅、复印××及其他社区有关文件、档案、会议记录、财务账目等资料。（×月×日－×月×日）

4. ……

（三）巡察报告环节（×月×日至×月×日）

1. 巡察组撰写巡察报告，修改完善后提交巡察办。

2. ……

（四）巡察反馈阶段（时间待定）

1. 建立向街道、社区及区级部门反馈台账。

2. ……

五、人员分工

巡察组实行组长负责制，组长××负责全面工作，主要职责为：

1. 主持区委巡察组日常工作，及时研究决策巡察中的有关重要事项，负责组织对有关重要事项进行了解；

2. 按规定及时向领导小组报告巡察中发现的重要情况和重大事项；

3. 审批报送上领导小组会的巡察报告、专题报告、反馈意见等区委巡察组工作文件；

4. 受领导小组委托，按规定向被巡察社区党组织领导班子传达中央和省委、市委、区委对巡察工作的有关要求，反馈巡察意见等；

5. 严格执行区委巡察组日常管理制度，负责对组内人员的教育、管理和监督，提出人员调整、回避、考核、奖惩的建议，为抽借调人员出具工作鉴定意见；

6. 严格落实党建责任，抓好区委巡察组临时党支部工作，领导开展党内组织生活，发挥临时党支部战斗堡垒作用。

副组长××负责第一小组工作，工作人员：××、××、××。负责聚焦党中央和省委、市委、区委各项决策部署在基层的落实情况的巡察，具体职责：重点了解×××。

副组长××负责第二组工作，工作人员：××、××、××。负责×××，具体职责：×××。

六、组织建设

成立临时党支部，负责区委第×巡察组党建工作，抓好党风廉政建设和日常队伍管理、党组织活动等工作。由组长××同志担任支部书记；××同志担任支部组织、宣传委员，负责临时党支部会议记录和宣传工作；××同志担任支部纪检委员，负责纪律作风监督检查。

七、工作要求

（一）提高政治站位，把准内涵要求

要切实加强对习近平总书记关于巡视巡察工作重要指示批示精神的学习，全面理解和把握政治巡察内涵要义，做到对政治巡察的定位、方针、重点、方法心中有数，在巡察工作中充分体现政治巡察工作要求。要聚焦监督被巡察社区党组织落实“两个维护”的实际行动，着力实现“六巡”（巡政治、巡责任、巡重点人员、巡事和权、巡制度、巡作风）的有机统一，不断深化政治巡察实效，推动坚持和加强党的全面领导。

（二）深化政治巡察，履行政治责任

要紧密结合被巡察社区的职责使命，全面了解情况，全面掌握政策，敢于监督，善于监督，切实履行好政治责任。要以“党章党规党纪”为标尺，围绕“四个聚焦”监督重点，以敢于担当，敢于负责的勇气和精神，深入查找被巡察社区党组织落实上级决策部署、落实主体责任、落实党建工作责任、落实整改责任等方面存在的突出问题，切实深化政治巡察。巡察中要坚持深入群众、深入基层、深入实际，力求做到客观、准确、全面地发现问题。要积极与被巡察社区“两委”班子及时沟通，做到“边巡边改”“立行立改”，真正实现政治巡察“推动改革、促进发展”的目的。

（三）严肃巡察纪律，维护自身形象

巡察组全体成员要严格执行巡察工作纪律，严肃政治纪律和政治规矩，严格遵守保密纪律、廉政规定，坚决做到“四个决不允许”，落实“四心四不”（对待每一项工作都要用心、上心、细心、耐心，做到工作不在我这里延误、差错不在我这里发生、服务不在我这里淡化、形象不在我这里损害）的工作要求，切实维护巡察干部的良好形象。严格遵守巡察工作程序，严禁擅作主张，要加强请示报告，为巡察工作的有效开展提供坚强的纪律保障。

区委第×巡察组

××××年××月××日

【文书模板 10－10】

×届区委第×轮巡察第×巡察组
“常规直巡”社区党组织重点工作分工方案

根据武侯区委授权，由区委第×巡察组以“常规直巡”的方式对××街道××社区党委、××社区党委开展巡察。为进一步优化人员配置，明确岗位职责，确保圆满完成各项任务，制定此方案。

一、领导分工

组长：×××

主要负责区委第×巡察组直巡社区党组织的全面工作。一是主持日常工作，组织传达学习重要会议、文件精神及时研究、协调和处理巡察中的有关事项；二是负责对重要情况进行了解，按规定向领导小组报告重要情况和重大事项；三是审签、报送巡察工作方案、巡察报告、专题报告、反馈报告等工作文件；四是负责对全组人员的日常教育、管理和监督，为抽调人员出具工作鉴定意见；五是严格落实党建责任，抓好区委巡察组临时党支部工作，发挥支部战斗堡垒作用；六是完成区委巡察工作领导小组赋予的其他工作。

副组长：×××

主要负责带领第1小组（小分队）全体成员完成对××社区党委的巡察任务。一是协调和处理巡察任务中的有关保障工作；二是对巡察中发现的重要情况进行了解，及时向巡察组长报告重要情况和重大事项；三是带队做好走访了解和日常检查相关工作；四是完成巡察组赋予的其他工作。

副组长：×××

主要负责带领第 2 小组（小分队）全体成员完成对××社区党委的巡察任务，做好与审计事务所对接的相关工作。一是对巡察中发现的重要情况进行了解，及时向巡察组长报告重要情况和重大事项；二是带队做好走访了解和日常检查相关工作；三是核实、梳理问题线索，报送巡察问题线索报告等工作；四是完成巡察组赋予的其他工作。

二、任务分工

（一）第 1 小组（小分队）

组长：×××

成员：×××、×××、×××、×××

紧紧围绕“四个聚焦”，按照“常规直巡”社区重点监督清单及巡察××社区党委个性化清单，开展对××社区党委的巡察任务，做好对巡察××社区党组织过程中发现问题和问题线索的会商研判、梳理归档等工作，撰写直巡××社区党委的巡察台账。

×××、×××：负责重点了解聚焦基层贯彻落实党的路线方针政策和党中央、省委、市委、区委决策部署情况等工作。重点了解落实中央有关惠民利民政策和落实上级重点工作情况；重点了解扫黑除恶工作的落实情况；重点了解关于环境保护、集体经济发展、社区治理等有关部署落实情况。

×××、×××：负责重点了解聚焦群众身边不正之风和腐败问题以及群众反映强烈的问题。重点发现在落实各级惠民政策、服务群众生产生活过程中以权谋私、优亲厚友问题；重点发现在社区公共（集体）资产、资金管理过程中的违规问题；重点发现损害党群干群关系的作风问题；重点发现民生领域和群众关心的突出问题。

×××：负责重点了解聚焦基层党组织和党员队伍建设、巡察整改和成果运用等问题。重点了解社区党组织领导能力、落实党建主体责任、发挥政治功能情况；重点了解社区党组织建设、组织生活开展情况；重点了解基层党组织换届选举情况；重点了解社区党员教育管理；重点了解巡察整改落实情况等。

（二）第 2 小组（小分队）

组长：×××

成员：×××、×××、×××、×××

围绕“四个聚焦”，按照“常规直巡”社区重点监督清单及巡察××社区党委个性化清单，开展对××社区党委的巡察任务。重点关注社区在公共（集体）资产、资金、资源管理过程中存在的违规问题，做好对巡察××社区党组织过程中发现问题和问题线索的会商研判、梳理归档等工作，撰写直巡××社区党委的巡察台账。

×××：负责重点了解聚焦党中央和省委、市委、区委各项决策部署在基层的落实情况。重点了解学习贯彻习近平新时代中国特色社会主义思想情况；重点了解贯彻落实上级重点工作情况；重点了解关于环境保护、集体经济发展、社区治理等有关部署落实情况。

×××：负责重点了解聚焦群众身边的不正之风和腐败问题以及群众反映强烈的问题。重点发现在落实各级惠民政策、服务群众生产生活过程中以权谋私、优亲厚友问题；重点发现在公共（集体）资产、资金、资源管理过程中存在的违规问题；重点发现损害党群干群关系的作风问题；重点发现民生领域和群众关心的突出问题。

×××：负责重点了解聚焦基层党组织和党员队伍建设、巡察整改和成果运用等情况。重点了解社区党组织作用发挥情况；重点了解社区党组织引导群众性组织建设及作用发挥情况；重点了解社区党组织引导其他社会主体发挥作用情况；重点了解基层党组织换届选举情况；重点了解巡察及监督检查反馈问题整改情况。

×××：作为直巡社区巡察的联络员，负责与被巡察社区及区委巡察办的对接工作，负责信息文稿工作、日常临时党支部各项活动、会议记录以及“巡察在线网络平台”信访信息收集汇总、分类统计等工作。

（三）其他工作

1. 谈话工作根据实际情况灵活分组，每小组 2 人，谈话情况由各组负责汇总。

2. 信息、简报、经验材料、汇报稿由××、××、××组成。各类材料由组长××审核后，由××统一报区委巡察办。

3. 资料收集归档由各小组指定人员负责。

【文书模板 10－11】

社区有关情况统计表

（1）××社区工程项目清单

序号	项目名称	招标方式	代理机构	中标单位名称	参与单位	合同金额	合同签订时间	经手人	项目进展情况	项目付款情况	项目增量情况

（2）××社区自行采购项目清单

序号	项目名称	采购方式	合同金额	参加公司	成交单位名称	合同签订时间	经手人	项目进展情况	项目付款情况	备注

（3）××社区公共（集体）资产出租清单

序号	资产名称	资产类别	资产地址	资产面积	招租方式	是否评估	单价	承租方	参与单位	年租金	租赁期限	签约人	租金欠付

（4）××社区自有资金发放津补贴清单

序号	发放时间	补助类别	姓名	金额	事项	现金/银行	依据	备注

（5）××社区引进市场主体奖励资金发放清单

序号	时间	引进市场主体名单	领取奖励人员	金额	所引进市场主体		
					实缴资本情况	纳税情况	存续情况

（6）××社区民生专项补贴资金发放清单

序号	时间	类别	领取人	身份证号	事项	金额	依据

(7) ××社区×年度维稳、拆迁、办公耗材费用清单

序号	类别	综合概述	子目录	金额	经手人

(8) ××社区差旅费清单

序号	出差时段	出差类别	出差地点	事项描述	参加人员情况描述	出差总费用	费用子项情况	备注

说明：①本表由被巡察社区会计填写，社区党委书记、会计签字，对内容的完整性、真实性、客观性负责。
②统计时间从××××年×月至今。

第二节　巡察了解阶段文书模板

巡察了解阶段涉及的文书主要有巡察组进驻动员会议程、民主测评表、巡察公告、信访台账、信访呈批单、信访办理交接单、受理范围外事项报告、移交范围外信访事项函、走访调研方案、问卷调查表、走访计划表、走访记录表、走访入户谈话提纲、普遍谈话方案、普遍谈话计划表、普遍谈话提纲、个别谈话记录表、个别谈话提纲、情况说明书、整改通知书、社区党委自查问题台账、社情民意调查卷、问题底稿等，武侯区在对社区巡察中进行了一些探索，提供模板仅作参考（见文书模板10－12至10－36）。

【文书模板10－12】

区委第×巡察组“常规直巡”××社区党委进驻工作动员会议议程

（一体巡察社区与街道进驻动员会合并开展，常规直巡几个社区可合并召开）

一、时间地点

时间：××年×月×日×午××：××

地点：××××××××

二、参会人员

1. 区委巡察工作领导小组成员××。

2. 区委第×巡察组组长××、副组长××、××、××，区委第×巡察组其他人员。

3. ××街道党工委副书记××、纪工委书记××，联系社区党工委委员××。

4. ××社区“两委”成员。

5. 社区“两代表一委员”、社区居民代表×名。

三、主持人

××××社区党委书记。

四、会议议程

1. 区委第×巡察组组长××同志作动员讲话。

2. 区委巡察工作领导小组成员提出工作要求。

3. 被巡察社区主要负责人表态发言。

4. 民主测评。

（动员会后，巡察组组长做巡察宣讲培训。）

【文书模板 10－13】

区委第×巡察组巡察××社区党委领导班子及其成员评议测评表（模板）

项目 测评对象		履行全面从严治党主体责任				遵守政治纪律和政治规矩				遵守廉洁纪律				遵守组织纪律				遵守群众纪律、工作纪律、生活纪律			
		好	较好	一般	差	好	较好	一般	差	好	较好	一般	差	好	较好	一般	差	好	较好	一般	差
“两委”班子																					
班子成员																					
备注																					

填表说明：①遵守政治纪律和政治规矩，是指是否存在违背党的路线方针政策的言行，有令不行、有禁不止，阳奉阴违，拉帮结派等问题。遵守廉洁纪律，是指是否存在以权谋私、贪污贿赂、腐化堕落等问题。遵守组织纪律，是指是否存在违规用人、拉票贿选、买官卖官，以及独断专行、软弱涣散、严重不团结等问题。遵守群众纪律、工作纪律、生活纪律，是指是否存在搞形式主义、官僚主义、享乐主义和奢靡之风等问题。②在你认可的栏中划“√”。③如对“两委”班子及成员有具体意见，请填写在备注栏或另纸说明。

【文书模板 10－14】

巡察公告

根据×届区委第×轮巡察工作统一部署，区委第×巡察组从 20××年×月×日至 20××年×月×日，巡察××街道党工委及所辖社区党组织，对××社区、××社区和××社区开展“街道社区一体巡察”，对××社区、××社区开展“常规直巡”。巡察组将聚焦党中央决策部署在基层落实情况，聚焦群众身边不正之风和腐败问题，聚焦基层党组织和党员队伍建设情况，聚焦巡察整改和成果运用情况，对××街道党工委及社区党委开展“政治体检”，并重点了解××街道党工委领导班子及其成员、社区党委领导班子及其成员是否存在违反政治纪律、廉洁纪律、组织纪律、群众纪律、工作纪律和生活纪律等方面的问题。期间，区委组织部、区委宣传部、区委保密机要局还将分别对街道党工委选人用人工作、落实意识形态工作责任制、保密工作开展专项检查。其他非巡察范围内的个人诉求、涉法涉诉等信访问题，将按照分级负责、属地管理的原则，移交被巡察单位和有关部门处理。

为便于干部群众反映情况，巡察组设专门值班电话：××××××××（受理时间为工作日 9：00 至 17：00）；同时设置专门意见箱×个，分别位于××街道办事处（××路××号）及××社区、××社区、××社区入口处显著位置。专门电子邮箱：×××@××. com。也可通过扫描二维码，登录武侯巡察在线网络平台反映情况。

区委第×巡察组

××年×月×日

“码上巡”推送信息

根据×届区委第×轮巡察工作统一部署，区委第×巡察组对××街道××社区开展直接巡察，重点了解××街道党工委领导班子及其成员、社区党委领导班子及其成员是否存在违反政治纪律、廉洁纪律、组织纪律、群众纪律、工作纪律和生活纪律等方面的问题。为便于干部群众反映情况，巡察组开通了“巡察在线网络平台”系统，扫码即可反映问题，欢迎广大干部群众积极参与，实事求是反映情况。其他非巡察范围内的个人诉求、涉法涉诉等信访问题，将按照分级负责、属地管理的原则，移交被巡察单位和有关部门处理。

请将本推送信息及二维码发至社区党员联系群、工作联系群、网格员信息群等各种工作微信群，并张贴至小区院落显著位置。

【文书模板 10－15】

×届区委×轮第×巡察组信访事项台账

（××××年××月××日至××××年××月××日）

被巡察社区党组织：

序号	接收时间	信访来源	被反映人姓名	被反映人单位及职务	内容摘要	信访类别	承办单位	交接时间	办理结果

填表人：　　　　审核人：　　　　共×页，第×页

注：①信访来源包括来信、来电、来访等；②信访类别包括个人诉求、涉法涉诉、征地拆迁、劳动保障等。

【文书模板 10－16】

×届区委×轮第×巡察组信访事项摘报呈办表

被巡察社区党组织：　　　　　　　　　　编号：

信访时间			信访方式	
信访人情况	姓名		电话	
	单位		地址	
	身份证号			
被反映人情况	姓名		单位职务	
反映问题摘要				
承办人意见	签名：　　　年　月　日			
巡察组组长意见	签名：　　　年　月　日			
备注				

注：此表是区委巡察组内部呈办表。

【文书模板 10－17】

×届区委×轮第×巡察组信访事项办理交接表

共×页，第×页

移交单位		移交单位 主要负责人签字	×年×月×日
接收单位		接收单位 主要负责人签字	×年×月×日
移交信访事项清单			
备注			

注：此表为区委巡察组向街道党工委移交信访事项的办理交接手续。

【文书模板 10－18】

×届区委×轮第×巡察组
关于移交巡察受理范围外信访事项的报告

区委巡察工作领导小组：

×届区委×轮第×巡察组在巡察××社区党组织期间，收到×项反映群众诉求（或涉法涉诉）的信访事项，不属于巡察受理范围，建议由区委巡察办移交区信访局按程序办理（或相应政法机关依法处理）。

附件：信访事项相关材料

区委第×巡察组
20××年×月×日

注：此模板适用于区委巡察组向区委巡察办移交信访事项。

【文书模板 10－19】

关于移交巡察受理范围外信访事项的函

区信访局（区委政法委）：

×届区委×轮第×巡察组在巡察××社区党组织期间，收到×项反映群众诉求（或涉法涉诉）的信访事项，不属于巡察受理范围，现按程序移交你单位办理。

附件：信访事项相关材料

区委巡察办
20××年×月×日

注：此模板适用于区委巡察办向区信访局或区委政法委移交信访事项。

【文书模板 10-20】

×届区委第×轮巡察第×巡察组
“常规直巡”××社区走访调研工作方案

根据×届区委巡察工作的统一部署要求，为进一步圆满完成常规巡察社区党组织工作任务，推进全面从严治党向基层延伸，制定此方案。

一、时间安排

×年×月×日至×年×月×日

二、走访对象及方式

1. 走访对象。走访调研活动在区委第×巡察组的统一安排下实施。走访调查务必做到一“走”到底，务必严格落实“六必谈”“十必访”和“五进”要求。“六必谈”：街道联系社区领导必谈；街道负责党建、民生、民政、“三资”的科室负责人必谈；社区“两委”班子成员必谈；社区委派会计必谈；社区党风政风监督员必谈；社区网格员必谈。“十必访”：残疾孤寡老人家庭必访、社区退休干部必访、小区业委会主任必访、人大代表必访、政协委员必访、低保户必访、灵活就业困难户必访、社区商铺必访、域内重点企事业代表必访、下沉社区服务中心负责人必访。“五进”：进商铺、进社区、进院落、进家庭、进企业。

2. 走访方式。走访调研以问题为导向，重点了解主要人员和事项，关心关注群众反映强烈的焦点、堵点、痛点等问题，可采取多种方式开展，主要通过坝坝会、座谈会、拉家常、访谈、明察暗访等方式，广泛听取居民心声，收集居民民意。

三、重点内容

1. 重点了解社区贯彻落实上级重点工作情况。

2. 重点了解反映社区党委班子成员的突出问题。

3. 重点了解社区在公共（集体）资金、资产、资源管理，服务外包和项目建设过程中的违规问题。

4. 重点了解社区发展治理中存在的重难点问题。

5. 重点了解民生领域和群众关心的突出问题。

6. 重点了解社区党组织作用发挥情况。

7. 重点了解社区党组织换届选举情况。

8. 其他需要关注的重点问题。

四、有关要求

1. 统筹兼顾，科学安排。各小组要根据巡察工作实际，要统筹兼顾日常巡察任务和走访调查，合理安排人员开展走访调查活动。

2. 严肃纪律，维护形象。参与走访调查的巡察人员要规范着装，谨慎言行，严守纪律，坚决维护巡察干部形象。

3. 讲求方法，注重实效。根据巡察工作需要，分人员、分层次拟制谈话提纲或问卷调查，面向不同人群、不同特点，开展针对性的调查了解。

【文书模板 10－21】

武侯区委第×巡察组开展“街道社区一体巡”调查问卷

调查问卷（一）

适用类别：“两代表一委员”

填写对象：党代表、人大代表、政协委员

姓名：________　电话：______________　政治面貌：________

1. 您所在的社区选区是否建立了人大代表社区联络站？

□A. 建立了　□B. 未建立　□C. 不清楚

2. 您所在的社区选区党组织是否建立了“两代表一委员”联席会？

□A. 建立了　□B. 未建立　□C. 不清楚

3. 您所在的社区选区是否组织开展代表进家入站听取社情民意调研活动？（单选）

□A. 每季度一次　□B. 半年一次

□C. 一年一次　□D. 未开展过

4. 社区发展治理保障资金管理和使用中是否有征求过居民意见？

□A. 征求过　□B. 未征求　□C. 不清楚

5. 您作为党代表、人大代表、政协委员是否收集了居民意见建议，请举例说明。

答：____

____

6. 请您对所在选区的社区党组织在开展社区治理服务、文体服务、社会保障、“三务”公开、办事效率、社会治安、生态环境等方面做出简要评价？

答：____

____

调查问卷（二）

适用类别：基层党组织相关人员

填写对象：小区院落支部书记、“两企三新”党组织书记、党员、双报到党员、区域化党建单位负责人

姓名：________ 电话：______________ 政治面貌：________

1. 您对所在社区“两委”班子工作的总体评价？（单选）

□A. 好 □B. 较好 □C. 一般 □D. 差

2. 您认为所在社区党组织在发挥党建引领作用方面？（单选）

□A. 很好地发挥了战斗堡垒作用，群众很信任

□B. 较好地发挥了作用，能够维护群众利益

□C. 发挥作用一般，跟党员群众联系较少

□D. 未发挥作用

3. 您认为社区党委班子成员什么问题最突出？（可多选）

□A. 不关心群众“急难愁盼”问题 □B. 缺乏主动作为、怕担责

□C. 贪污腐败 □D. 弄虚作假、报喜不报忧

□E. 能力不强，工作方式单一 □F. 缺乏创新意识

□G. 不清楚

4. 您所在的社区党组织多久开展一次党员学习教育活动，如“三会一课”、固定党日活动等。（单选）

□A. 每月一次 □B. 每季度一次 □C. 半年一次

□D. 不定时组织开展 □E. 未开展过

5. 您所在的社区是否建立了党员志愿者队伍？（单选）

□A. 有 □B. 没有 □C. 不清楚

6. 您所在的社区党组织是否经常性开展党员志愿者服务活动？（单选）

□A. 经常性定期开展 □B. 根据需求不定期开展

□C. 很少开展　　□D. 不清楚

7. 您所在的社区党组织是否开展党风廉政建设、警示教育活动？（单选）

□A. 经常性定期开展　　□B. 根据需求不定期开展

□C. 很少开展　　□D. 不清楚

8. 您所在的社区党组织是否开展过关心、帮助困难党员相关活动？（单选）

□A. 经常性定期开展　　□B. 根据需求不定期开展

□C. 很少开展　　□D. 不清楚

9. 作为党支部书记，社区党委是否组织大家开展过党务工作业务培训，培训的内容有哪些方面，请举例说明？（仅针对党支部书记）

答：____

____

10. 社区党委是否建立了区域化党建联席会制度，是否每年定期组织区域化党建单位召开联席会？联席会多长时间召开一次？是否签订过共建共治共享责任书，主要开展了哪些项目，请举例说明？（仅针对区域化党建单位负责人）

答：____

____

调查问卷（三）

走访类别：商品房小区相关人员

走访对象：物业公司负责人、业主委员会主任、小区居民代表

姓名：________　电话：______________　政治面貌：________

1. 您所居住的小区是否成立了业主委员会？（单选）

□A. 是　　□B. 否　　□C. 不清楚

2. 您所居住的小区是否成立了基层党组织（党支部）？（单选）

□A. 是　　□B. 否　　□C. 不清楚

3. 您所在的社区是否经常进小区（院落）开展党的重大决策部署、惠民利民政策等宣传活动？（单选）

□A. 经常　　□B. 偶尔

□C. 从未　　□D. 不清楚

4. 您认为所居住小区（院落）存在哪些问题？（可多选）

□A. 绿化养护差　□B. 清洁卫生差　□C. 安保状况差

□D. 共用设施和房产共用部位的维修服务差

□E. 住宅装修管理差　□F. 其他（请说明）________

5. 您认为辖区内突出的热点、难点问题是什么？（单选）

□A. 安全　□B. 教育　□C. 医疗　□D. 交通

□E. 环境卫生　□F. 网络理政

□G. 其他（请说明）________________

6. 您认为所在社区党组织在协调业委会与物业管理公司矛盾纠纷的过程中是否发挥了作用？（单选）

□A. 是　□B. 否

□C. 有一定作用　□D. 不清楚

7. 您到社区办事时，社区干部及工作人员的态度如何？是否存在推拖绕躲、敷衍应付的情况？是否存在收受好处办事的情况？协调处理事情是否公平公正？

答：________________________________

____

8. 您对所在社区党组织的建设和履职有什么意见和建议？

答：________________________________

____

调查问卷（四）

走访类别：重点企业

走访对象：企业领导及员工

姓名：________　电话：____________　政治面貌：________

1. 社区在日常工作中是否主动宣传助企政策？（单选）

□A. 经常宣传　□B. 没有宣传　□C. 不清楚

2. 平时社区是否主动对企业党建工作开展指导？（单选）

□A. 经常指导　□B. 没有指导　□C. 不清楚

3. 社区是否主动与辖区企业开展区域化党建共建活动？（单选）

□A. 是　　　　　　□B. 否　　　　　　□C. 不清楚

4. 社区是否定期召开区域化党建会议？（单选）

□A. 是　　　　　　□B. 否　　　　　　□C. 不清楚

5. 社区在哪些方面对企业发展予以服务？

答：____

____

6. 希望社区在哪些方面加强与企业的沟通、对话、服务？

答：____

____

调查问卷（五）

适用类别：安置小区

填写对象：安置小区居民代表

姓名：________　电话：______________　政治面貌：________

1. 您对社区工作的总体评价是：

□满意　　　　　　□基本满意　　　　　　□不满意

如选“不满意”，请简要说明：________________________

2. 您对您所在小区现状满不满意？

□满意　　　　　　□基本满意　　　　　　□不满意

如选“不满意”，请简要说明：________________________

3. 您所在小区是否存在占道经营、车辆乱停乱放、随地乱扔垃圾、楼道堆放杂物等管理难环境差的现象？

□是　　　　　　□否　　　　　　□不清楚

如选“是”，请简要举例说明：________________________

4. 您所在小区停水停电停气的现象是否经常发生？

□是　　　　　　□否　　　　　　□不清楚

5. 您所在小区电梯故障是否经常发生？

□是　　　　　　□否　　　　　　□不清楚

6. 您所在小区是否存在住户人员混杂现象？是否存在安保设施缺失损毁、安保工作不到位、活动范围受限、小区维修养护不及时不规范等现象？

□是　　　　　　　□否　　　　　　　　□不清楚

如选“是”，请简要举例说明：______________________________

7. 您所在小区是否存在违章搭建现象？

□是　　　　　　　□否　　　　　　　　□不清楚

如选“是”，请简要举例说明：______________________________

8. 您认为您所在的社区在安置房小区管理方面是否还存在其他问题？

□是　　　　　　　□否　　　　　　　　□不清楚

如选“是”，请简要举例说明：______________________________

调查问卷（六）

适用类别：居民议事机构

填写对象：居民议事会成员

姓名：________　电话：______________　政治面貌：________

1. 您对社区工作的总体评价是：

□满意　　　　　　□基本满意　　　　　□不满意

如选“不满意”，请做简要说明：______________________________

2. 您清楚居民议事会的职能职责是什么？

□清楚　　　　　　□基本清楚　　　　　□不清楚

如选“清楚”，请对居民议事会的职能职责做简要说明：______________

3. 您是否清楚哪些议题（事项）必须由居民议事会讨论确定？

□清楚　　　　　　□基本清楚　　　　　□不清楚

如选“清楚”，请对这些议题（事项）做简要说明：________________

4. 您是否清楚居民议事会成员的组成情况？

□清楚　　　　　　□基本清楚　　　　　□不清楚

5. 您觉得居民议事会各成员的作用发挥如何？

□好　　　　　　　□较好　　　　　　　□不好

如选“不好”，请简要举例说明：______________________________

6. 社区党委在议题确定后，是否提前把确定的议题发到议事会成员手中，以便征求居民和有关方面的意见？

□是　　　　　　　□否　　　　　　　　□不清楚

如选“否”，请简要举例说明：______________________________

7. 您觉得社区党委和居委会议事程序规不规范？

□规范　　　　　　□基本规范　　　　　□不规范

如选“不规范”，请简要举例说明：__________________________

8. 您觉得居委会执行居民议事会决议情况如何？

□好　　　　　　　□较好　　　　　　　□不好

如选“不好”，请简要举例说明：____________________________

9. 近年来，您是否向社区提交过议题？

□是　　　　　　　□否

如选“是”，您提交的议题是否被研究采纳，请简要说明：__________

10. 您对居民议事会和社区党委及居委会的工作推进是否有相关意见和建议？

□是　　　　　　　□否

如选“是”，请简要说明：__________________________________

调查问卷（七）

适用类别：居务监督机构

填写对象：居务监督委员会成员

姓名：________　电话：______________　政治面貌：________

1. 您对社区工作的总体评价是：

□满意　　　　　　□基本满意　　　　　□不满意

如选“不满意”，请简要说明：______________________________

2. 您是否清楚居务监督委员会的职能职责是什么？

□清楚　　　　　　□基本清楚　　　　　□不清楚

如选“清楚”，请对居务监督委员会的职能职责简要说明：__________

3. 您是否清楚哪些事项必须由居务监督委员会进行监督实施？

□清楚　　　　　　□基本清楚　　　　　□不清楚

如选“清楚”，请对这些事项简要说明：______________________

4. 您是否清楚居务监督委员会成员的组成情况？

□清楚　　　　　　□基本清楚　　　　　□不清楚

5. 您觉得居务监督委员会的作用发挥如何？

□好　　□较好　　□不好

如选“不好”，请简要举例说明：________________

6. 您在执行居务监督过程中是否受到过外界的干扰？

□是　　□否

如选“是”，请简要举例说明：________________

7. 您觉得社区党委和居委会议事过程是否规范？

□规范　　□基本规范　　□不规范

如选“不规范”，请简要举例说明：________________

8. 您本人如何开展居务监督工作的？请简要说明

答：________________________________

____

9. 您对居务监督委员会和社区党委、居委会的工作推进是否有相关意见和建议？如有，请简要说明。

答：________________________________

____

调查问卷（八）

适用类别：低收入群体

填写对象：辖区低保居民、失独家庭、困难群众、孤寡老人等居民代表

姓名：________　电话：________　政治面貌：________

1. 您对社区工作的总体评价是：

□满意　　□基本满意　　□不满意

如选“不满意”，请简要说明：________________

2. 您是否清楚社区如何开展关心关爱弱势群体相关工作？

□清楚　　□基本清楚　　□不清楚

如选“清楚”，请对这些事项简要说明：________________

3. 社区工作人员是否到您家中走访并了解情况？

□是　　□否

4. 社区是否存在门难进、脸难看、事难办的现象？有无收受好处才办事

的情况？

□是　　　　　　　　□否

如选“是”，请简要举例说明：________________

5. 居民反映的事情能及时解决吗？社区处理事情是否公平公正？

□是　　　　　　　　□否

如选“否”，请简要举例说明：________________

6. 社区低保、扶贫等惠民政策是否公开、透明？各种补贴发放是否及时足额？

□是　　　　　　　　□否

如选“否”，请简要举例说明：________________

7. 评审低保户是否按程序和政策条件进行评审？是否存在社区工作人员在办理救助、补助等事项中搞暗箱操作、优亲厚友、收受贿赂等情况？

□是　　　　　　　　□否

如选“是”，请简要举例说明：________________

8. 您是否接受补助？

□是　　　　　　　　□否

如选“是”，请简要举例说明：________________

9. 社区对您本人进行过慰问吗？

□是　　　　　　　　□否

如选“是”，请简要说明：________________

10. 您对社区惠民工作推进是否有相关意见和建议？

□是　　　　　　　　□否

如选“是”，请简要说明：________________

注：各巡察组根据巡察社区的实际，对问卷进行适当调整和补充完善。

【文书模板 10－22】

巡察××社区走访计划表

走访对象		人数	走访次数	走访方式	走访时间	参加人员	拟了解的主要内容	收集的突出问题	备注
类别	对象								
党组织	小区院落支部书记			座谈会					
	“两企三新”党组织书记								
	党员								
两代表一委员	党代表			座谈会					
	人大代表								
	政协委员								
区域化党建单位	区域化党建单位负责人			实地走访					
驻区行政单位	驻区行政单位负责人			实地走访					
辖区重点企业	重点企业负责人			实地走访					
安置小区	自治小组成员			实地走访					
	院落骨干积极分子			坝坝会					
	居民＋楼栋长								
商品房小区	物业公司负责人			实地走访					
	业主委员会主任								
	业主＋楼栋长			调查问卷					

续表

走访对象		人数	走访次数	走访方式	走访时间	参加人员	拟了解的主要内容	收集的突出问题	备注
类别	对象								
社区“两委”及工作人员	党风政风监督员			座谈会					
	居民议事会成员								
	居务监督委员会成员								
	社区退休干部								
社会组织	社会组织（注册）			访谈					
	社会企业								
	自治组织								
双拥人员	“三属”家属			座谈会					
	现役军人家属								
	退役军人								
弱势群体	低保户			入户走访					
	困难群众								
	残疾人士及其家属								
	失独家庭								
	空巢老人								
	孤寡老人								
	高龄老人								
其他									

注：表中“收集的突出问题”在走访后立即填入。

【文书模板 10－23】

巡察××社区走访入户交流提纲

（本入户走访了解仅由巡察工作人员进行）

一、走访对象

本走访交流参考所包括的走访对象分别为商品房小区居民、安置房小区居民、辖区企业人员、生活困难群体、“两代表一委员”、基层党组织人员、居民议事会成员、居务监督委员会成员。

二、走访内容

（一）商品房小区居民

1. 重点围绕群众对辖区内教育、医疗、环卫、养老、社会保障、物业管理、党组织作用发挥等方面的热点、难点问题开展走访。

2. 小区是否成立基层党组织（党支部），小区党组织是否发挥战斗堡垒作用，小区党员是否担任楼栋长，是否参加志愿活动；是否建立小区党群服务站。

3. 社区有无宣传就业政策、惠民利民政策、组织就业培训、推荐就业等；日间照料中心是否开放；公益设施是否便利。

4. 是否知晓垃圾分类要求，社区有无开展宣传、效果如何，街道、公园和小区环境卫生情况如何。

5. 小区是否存在物业服务态度差、绿化养护差、清洁卫生差、安保状况差、共用设施和房产共用部位的维修服务差、住宅装修管理差现象。

6. 小区是否成立业主委员会、业委会是否发挥了作用。

7. 社区党组织在协调业委会与物业管理公司矛盾纠纷的过程中是否发挥了作用。

8. 辖区内安全、教育、医疗、交通、网络理政问题是否突出。

9. 到社区办事时，社区干部及工作人员的态度如何，是否存在推拖绕躲、敷衍应付的情况，是否存在收受好处才办事的情况，协调处理事情是否公平公正。

10. 小区是否存在建章搭建；是否存在“群租房”；是否存在消防安全隐患。

（二）安置房小区居民

1. 重点围绕群众交通出行、用水用电用气、房屋质量、环境卫生、违章搭建、社会保障等方面困难诉求以及热点、难点问题开展走访。

2. 对社区工作的总体评价如何；社区有没有公开党务、居务、财务，以何种形式公开的，是否存在问题。

3. 到社区办事是否容易，是否存在没有一次性告知办事所需资料的现象，是否存在不给好处就不办事的情况。

4. 社区有无宣传就业政策、惠民利民政策、组织就业培训、推荐就业等；日间照料中心是否开放；公益设施是否便利。

5. 小区是否存在占道经营、车辆乱停乱放、随地乱扔垃圾、楼道堆放杂物等管理难、环境差的现象。

6. 所在小区电梯故障是否经常发生，停水停电停气的现象是否经常发生。

7. 看病就医是否方便，医保报销是否便捷；日常出行是否方便，公共交通是否便利。

8. 所在小区是否存在住户人员混杂现象；是否存在安保设施缺失损毁、安保工作不到位、活动范围受限、小区维修养护不及时不规范等现象。

9. 所在小区是否存在违章搭建和私拉乱接、“三合一”、电瓶车违规充电现象。

10. 所在小区是否成立业主委员会或自治小组。

11. 所在小区是否存在房屋质量问题。

（三）辖区企业人员

1. 重点围绕社区服务企业、企业商圈党建和营商环境等方面开展走访。

2. 社区是否主动与辖区企业开展区域化党建共建活动，是否定期召开区域化党建会议，是否主动对企业党建工作开展指导。

3. 社区在日常工作中是否主动宣传助企政策，是否知晓纾困解难政策，政策是否落地见效。

4. 是否存在政务服务不便捷，是否存在多次跑腿、环节繁多、效率不高等情况。

5. 社区是否定期深入企业了解情况，加强与企业的沟通、对话、服务，是否及时了解并反馈企业存在的困难问题。

6. 社区在落户政策、纠纷处置、职业规划培训服务方面是否对企业开展服务。

7. 社区对就业创业支持政策是否宣传到位，落实效果如何，有何建议。

8. 企业职工医保社保转移、缴纳、申领是否顺畅便捷。

（四）生活困难群体

1. 重点围绕在各类救灾救助、补贴补助资金、物资使用分发过程中是否存在挪用侵占、截留私分、优亲厚友等问题开展走访。

2. 社区是否开展低保、扶贫等惠民政策宣传；社区工作人员是否定期入户走访并了解情况，多久来一次。

3. 低保户、困难群体是如何评定的，是否按程序和政策条件进行评审，有无不符合条件但享受相关补贴的情况，是否存在社区干部在办理救助、补助等事项中搞暗箱操作、优亲厚友、收受贿赂等情况。

4. 办理相关手续期间，工作人员是否详细讲解相关政策，是否存在政策未讲透、标准未说明就让签字的情况。

5. 是否享受到相关优待政策，相关补贴补助是否按时足额发放。

6. 社区对相关特殊困难人群是如何评定的，社区是如何开展关心关爱弱势群体相关工作，如何进行救助帮扶的。

7. 逢年过节有无收到街道、社区发放的慰问礼品或慰问金，收到了哪些慰问金或慰问品。

8. 社区是否存在门难进、脸难看、事难办的现象，有无收受好处才办事的情况。

9. 居民反映的事情是否及时解决，社区处理事情是否公平公正。

10. 对社区惠民工作推进是否有相关意见和建议。

（五）“两代表一委员”

1. 重点围绕人大代表联络站建设、“两代表一委员”联席会等方面开展走访。

2. 所在的社区选区是否建立了人大代表社区联络站，是否组织开展代表进家入站听取社情民意调研活动。

3. 所在的社区选区党组织是否建立了“两代表一委员”联席会，是否邀请“两代表一委员”参加社区发展治理工作推进会。

4. 作为党代表、人大代表、政协委员是否收集了选区居民意见建议，收集到有哪些意见建议。

5. 社区发展治理保障资金管理和使用中是否有征求过“两代表一委员”

意见。

6. 所在选区的社区党组织在开展社区治理服务、文体服务、社会保障、政务公开、办事效率、社会治安、生态环境等方面效果如何，是否按程序进行。

7. 对社区有无其他意见和建议。

（六）基层党组织人员

1. 重点围绕社区“两委”班子及成员履职情况、组织建设、党员教育、区域化党建、“三务”公开等方面开展走访。

2. 对所在社区“两委”班子工作的总体评价如何。

3. 社区“两委”换届程序是否符合规定，换届过程是否全程公开。

4. 社区党组织党建引领作用发挥如何，是否建立了区域化党建联席会制度并定期召开联席会，是否开展党建结对共建活动并开展共建项目。

5. 社区党委班子成员是否存在不关心群众“急难愁盼”问题，缺乏主动作为，怕担责，贪污浪费，弄虚作假，报喜不报忧，能力不强，工作方式单一，缺乏创新意识等问题。

6. 社区党组织是否开展党风廉政建设、警示教育活动，多久开展一次“三会一课”、固定党日活动等党员学习教育活动。

7. 社区是否建立了党员志愿者队伍，是否经常性开展党员志愿者服务活动。

8. 社区党组织是否开展关心、帮助困难党员相关活动。

9. 社区党委是否组织开展过党务工作业务培训。

10. 社区党务、居务、财务公开是否及时全面公开。

（七）居民议事会成员

1. 重点围绕议事会职能职责、议事规则等方面开展走访。

2. 是否清楚社区居民议事会的议事规则，社区党委和居委会议事程序是否规范。

3. 是否清楚社区居民议事会的职能职责。

4. 是否清楚哪些议题（事项）必须由居民议事会讨论确定。

5. 是否清楚居民议事会成员的组成情况。

6. 居民议事会成员的作用是如何发挥的，是否存在议事“走形式”情况。

7. 社区党委在议题确定后，是否提前把确定的议题发到议事会成员手中以便征求居民和有关方面的意见。

8. 居民委员会是否按要求执行居民议事会决议，效果如何。

9. 议事会成员是否向社区党委提交议题，提交的议题是否得到受理并上会表决。

10. 有无其他意见或建议。

（八）居务监督委员会成员

1. 重点围绕居务监督委员会职能职责、履行监督职责等方面开展走访。

2. 是否清楚居务监督委员会的职能职责。

3. 是否清楚居务监督委员会监督实施的事项范围。

4. 是否清楚居务监督委员会成员的组成情况。

5. 居务监督委员会如何开展居务监督工作，如何发挥监督作用，在执行居务监督过程中是否受到过外界的干扰，是否做到“真监督”。

6. 社区党委和居委会议事过程是否规范。

7. 是否就社区党委、居委会的工作推进情况提出意见建议，是否被采用。

8. 有无其他意见或建议。

三、走访工作要求

社区巡察工作是践行群众路线、密切党同群众血肉联系的有效途径。要坚持一线工作法，深入群众身边、发动群众参与巡察，汲取群众智慧，从“街谈巷议”“闲言闲语”中听民意、察民情、解民忧。

（一）做好走访前的相关准备工作

根据走访对象的身份、担负的工作、查阅资料发现及巡前准备收集的涉及走访对象的问题等情况，确定走访的内容、场地、制定走访方案。走访地点注重向群众熟悉的场合靠，比如，社区党群服务中心、小区院落、街边商铺、项目工地、农贸市场。

（二）选择有效方式方法

结合走访人数规模，受访人群属性，分类别通过坝坝会、茶话会、座谈会、个别聊天等沟通交流。同时，还可通过码上巡、小区微信群、政务微博、社区论坛留言以及电话咨询、短信回复、发放联系卡等方式收集情况。各种方式方法可交叉使用，注重向群众关心的节点靠，比如换届选举、拆迁安置、生病康复、子女入学、安置分房、发放补贴等。

（三）关注走访过程中安全问题

根据被走访对象的身体状况以及涉及问题的具体情况等，密切关注走访对象的情绪和身体状况，发现问题及时处置。

（四）及时整理走访记录

走访结束后，要及时整理走访记录，以免问题线索的遗失。确定属于问题的，及时收集底稿；需要进一步深入了解的，制定工作计划，为下一步了解做好准备。

【文书模板 10－24】

深入社区群众开展巡察谈话参考提纲

一、适用范围

本谈话参考适用于巡察组深入社区开展问询式谈话工作，问询对象为城市居民和重点群体，其中重点群体分为拆迁安置人员、信访重点人员、离退休党员干部。

二、谈话内容提要

问询谈话主要围绕以下 8 个方面展开，同时，为提升谈话质效，巡察组可以结合被巡察对象实际，从城市居民和重点群体谈话提纲中适当增加谈话内容。

1. 你所居住（从业）的社区是否对其承担的职能责任、服务事项进行过宣传宣讲、公开公示？

2. 你认为社区承担的职能责任、服务事项，是否与你的生活密切相关？

3. 你认为社区在为你办事的时候，是否合法合规？

4. 你在社区办事的时候，是否顺利？

5. 你在社区办事的时候，主要困难是什么？

6. 如果没有办成，是什么原因，是否一次性向你解释清楚？

7. 你在社区办事的时候，工作人员是否存在吃拿卡要的情况？

8. 你认为社区哪些方面工作做得好，哪些方面做得还不足？

三、城市居民谈话提纲

重点围绕教育、医疗、环卫、社会保障等方面设置 11 个问题开展谈话。

1. 近年来，社区实施了哪些工程建设，是否公开招投标；社区购买过哪些第三方服务，是否存在优亲厚友、利益输送等问题。

2. 低保、高龄津贴等各项政策是否公开、透明；五保户、低保户（抽取部分）家里情况如何，符不符合政策条件。

3. 对周边环境是否满意，近两年环境有没有比之前好；周边是否存在环境污染，是否存在农贸市场脏乱差等现象；河道整治成效如何，是否清洁；路灯、健身器材等设备是否完好、道路是否顺畅，是否存在断头路等现象。

4. 是否知晓学区划分政策，入学摇号是否公正公平，有无违规操作、徇私舞弊情况；学校老师有无打骂体罚学生，要求家长送礼品礼金、引导购买教辅资料情况，是否存在违规补课、有偿家教、向校外培训机构介绍生源情况。

5. 看病就医挂号是否方便，号源是否充足；医务人员工作态度如何，有无收受红包，是否存在开人情处方、开取只能定点购买药品处方的情况；医务人员有无介绍病人外出检查、就诊；医务人员有无开具非医学需要的胎儿性别鉴定或虚假医学文书，有无泄露病人及家属个人信息情况。

6. 是否知晓垃圾分类要求，街道、社区有无开展宣传，觉得效果如何；街道、公园和小区环境卫生情况如何。

7. 街道、社区有无宣传就业政策、组织就业培训、推荐就业等；日间照料中心是否开放；公益设施是否便利。

8. 社区有没有及时公开党务、居务、财务，主要以什么形式公开，是否存在问题。

9. 对社区成立的公司是否了解，公司运行是否正常。

10. 社区党建工作开展好不好，是否经常组织开展党员活动，党员发展、处分是否及时召开党员大会讨论或通报。

11. 对社区集体经济组织及其下属公司是否了解，是否获得分红。

四、重点群体谈话细目

（一）拆迁安置人员

重点围绕拆迁补偿标准、补偿面积以及过渡期间安置补助等方面设置 5 个问题开展谈话。

1. 是否知晓拆迁补偿政策，社区有没有宣传；安置房分配是否体现公平，有无公示公开。

2. 是否存在工作人员在拆迁安置中收受好处费的情况。

3. 拆迁补偿、过渡安置费是否及时、足额发放；过渡安置时间一般多久，有何意见建议。

4. 是否存在违规认定为集体经济组织成员的情况；有没有不符合条件的人被安置或者存在应补偿未补偿的情况。

5. 失地农民社保、医保办理是否及时；农转非人员认定是否合理，工作人员有没有优亲厚友的情况。

（二）信访重点人员

重点围绕信访诉求、办理情况等方面设置 5 个问题开展谈话。

1. 具体诉求是什么，通过哪些渠道、向哪些人反映过。

2. 反映问题时，工作人员态度如何，是否进行正面回应，是否进行政策解释等；有无受到恐吓或打击报复的情况。

3. 反映问题后，是否有工作人员到现场了解核实情况。

4. 对自身应该享受的政策，社区有无及时通知，是否按时办理。

5. 当前无法解决的问题，社区是如何回复的，有无采取相关措施和办法进行协调跟进。

（三）离退休党员干部

重点围绕“两委”班子及成员履职情况、“三务”公开、“三资”管理处置等方面设置 4 个问题开展谈话。

1. 社区“两委”换届程序是否符合规定，换届过程是否全程公开。

2. 社区党务、居务、财务公开是否及时全面公开。

3. 社区集体资金、资产、资源管理制度是否健全，处置是否符合程序，经营状态是否正常。

4. 社区民生项目推进是否顺利，有无“形象工程”。

【文书模板 10－25】

巡察××社区走访记录表

走访时间		地点	
走访人员姓名及职务			
走访对象基本情况			
走访问题记录			
问题总结			
现场图片 1			
现场图片 2			
现场图片 3			
现场图片 4			

【文书模板 10-26】

“常规直巡”××社区普遍谈话工作方案

按照区委巡察工作统一部署，区委第×巡察组于 20××年××月××日至 20××年××月××日，对××社区、××社区开展“常规直巡”。现按照相关规定，制定常规巡察谈话方案。

一、谈话时间

20××年×月×日至 20××年×月×日

二、谈话地点

1. ××社区××办公室。

2. ××社区××办公室。

三、谈话对象范围

社区“两委”成员、社区企业负责人、经联社理事长、监事长。

四、谈话分组

略

五、谈话提纲

针对不同谈话对象，单独拟制，印发各谈话小组。谈话提纲使用后请各组统一交回联络员处。

六、相关要求

1. 谈话期间由××社区、××社区各安排 2 名工作人员担任谈话联络员，主要负责联系被谈话人和维持好谈话过程中的场外秩序，确保各组的谈话进程严密紧凑，有紧急事务、开会和距离较远的同志原则上先安排谈话。

2. 若被谈话人在谈话过程中出现身体和心理方面的不适，则由相应的谈话小组直接联系××社区卫生服务中心××医生（联系方式×××、×××），并利用预备的急救箱开展前期救助，若情况紧急，应及时直接拨打 120 急救。

3. 谈话期间被谈话人原则上不请假，若确有特殊情况需要请假的，应由巡察组组长批准。

4. 被谈话人不得将手机带入谈话室，谈话时应严格遵守谈话纪律，不得做与谈话无关的事情，发表与谈话无关的言论。

5. 被谈话人进入谈话室后，谈话人了解被谈话人的相关信息，并向其告知相关的谈话纪律与注意事项，谈话结束后，记录员整理打印谈话内容，请被谈话人确认。

【文书模板 10－27】

巡察××社区普遍谈话分组计划表

谈话分组	成员	谈话对象	职务	社区联络人及电话
第一组			党委书记、居委会主任	社区副书记 ××× 联系电话×××
			党委副书记	
			党委副书记	
			纪委书记	
			党委委员、居委会副主任	
			党委委员、居委会委员	
			经联社理事长	
			经联社监事长	
第二组			居委会委员	
			居委会委员	
			会计	
			出纳	
			二级消防站负责人	
			安全员	

【文书模板 10－28】

巡察××社区党组织普遍谈话提纲

1. 本人何时任现职？担任何种职务？主要负责哪方面的工作？本社区“两委”存在哪些廉政风险点？

2. 请对社区党委班子领导作用发挥情况进行简要评价，重点谈存在哪些问题？请举例说明。

3. 请逐一对社区党委××××年×月以来主要负责人及“两委”班子成员进行评价，主要讲作用发挥和存在的问题。请举例说明。

4. ××年以来本社区开展了哪些主题教育和学习教育活动，最近一次学习的什么内容？

5. 党支部是如何开展活动的？形式都有哪些？你最近一次参加支部活动是什么时间，活动内容是什么？请举例说明。

6. 社区在规范权力运行上存在哪些问题？特别是在内控制度、服务外包和财务管理等方面有什么建议？

7. 社区理事会、监事会运行状况如何？公共（集体）资金、资产、资源使用是否经过集体讨论？请举例说明。

8. 社区干部职工有无违规违纪违法的问题？社区纪委多久开展一次廉政教育？对干部职工的管理教育还存在什么问题？请举例说明。

9. 社区在接待群众来电来访、化解矛盾纠纷，开展维权服务方面存在哪些问题？请举例说明。

10. 社区党群服务中心、综合文化中心、文明实践站是否发挥作用？是否经常性组织居民群众开展活动？请举例说明。

11. 社区是否完善紧急突发事件预案？是否开展过地震、火灾、水灾等方面的应急演练？请举例说明。

12. 社区走访队伍履职尽责是否到位？对辖区隐患排查、困难需求是否存在弄虚作假、走过场的情况？请举例说明。

13. 社区在老旧院落改造、拆迁安置、闲置土地使用等过程中是否违反规定要求？请举例说明。

14. 社区在解决民生服务、扶贫济困、消防安全、环境卫生、停车收费、拆违治违、老旧院落维修改造等方面存在哪些问题？

15. 需要向区委巡察组单独反映或补充的问题？

【文书模板 10－29】

巡察××社区谈话记录表

谈话对象		谈话日期	
谈话人		谈话时间	
记录人		谈话地点	
谈话内容	谈话对象确认：		××××年××月××日

【文书模板 10－30】 巡察××社区个别谈话提纲（举例）

专项巡察社区集体“三资”管理个别谈话提纲（A）

1. 你对社区集体经济组织总体上评价如何？就集体经济组织整体而言，主要还存在哪些问题和不足？对进一步加强集体经济组织“三资”管理，还有哪些意见建议？（主要说不足）

2. 请谈一谈你对社区集体经济组织理事长、监事长的评价，工作还存在哪些问题和不足，对理事长、监事长个人进一步改进工作还有哪些意见建议？

3. 你社区党委在落实上级“三资”管理文件精神的情况如何？（社区“两委”成员回答）

4. 街道、社区是否对集体经济组织的运行和发展进行过监督指导？（经联社、公司人员回答）

5. 社区集体经济组织财务管理是否存在不规范的情况？是否存在坐收坐支的情况？（财务人员回答）

6. 社区集体经济组织在管理集体“三资”时是否存在违反制度规定的情况？

7. 社区集体经济组织在近 3 年共召开过几次成员大会？分别因何事召开？（集体经济组织成员回答）

8. 集体资产处置、资金使用、项目招标等重大事项的程序中是否存在不合法不合规的情况？

9. 社区集体经济组织是否存在截留挪用、贪污侵占、故意长期拖欠集体资金的问题？

10. 社区集体经济组织是否存在违规违法出售、出租、出借集体资产的问题？

11. 社区的集体资产、集体资源收益是否存在流失的情况？

12. 社区集体经济组织收支是否按照规定逐笔公开？

13. 群众对集体经济组织运行是否有意见？反映的主要问题是什么？

14. 集体资金使用的流程是什么？由哪些组织审议？是否符合要求？

15. 社区是否存在某一个人“一言堂”的情况，是否存在“村霸”的情况。

16. 你是否还有其他需要向巡察组补充或反映的情况？

直巡××社区针对财务人员个别谈话提纲（B）

一、基本情况介绍

1. 请简单介绍个人简历。

2. 从事财务工作内容简介。

二、具体财务工作

1. 平时现金大额收支主要有哪些？（收入对象、缴款人，支出对象、内容、范围等）

2. 社区收入类型有哪些？（房租、物管、中介费）

3. 对外投资公司的财务状况是否监管？如何监管的？对外投资公司每年报表和分红是否审核？

4. 借款的审批流程、是否计息、计息比例和标准如何确定；是否存在借款给个人？（借款流程、是否有借款给外村村民的情况）

5. 每年的分红给村民的标准、比例、形式？（实物还是现金、范围、股权证范围内）

6. 大额物资采购、工程项目、购买服务确定供应商模式是什么？比选还是直接指定？审批流程是什么？

7. 会计和出纳对账时间、对账方式、会计是否会抽查核实银行存款余额、发生额是否真实、可靠？如何证明？

8. 社区“两委”成员及工作人员津补贴、加班费等发放范围、标准、是否有文件？内部审核流程是什么？

9. 往来款是否定期清理、定期核实？

10. 社区“两委”成员是否在各类集体经济组织中领取补贴及奖励？种类、领取标准（谁定的标准）、领取形式、领取时间？

11. 社区集体对外投资的公司是否按照协议或章程约定，合作方是否按期足额缴纳资本金，如未按期缴纳，原因是什么？

12. 目前个人在财务管理中是否存在不足？具体有哪些问题？

13. 是否存在账外资产？具体有哪些？为什么不入账？账外资产所涉经济收入是否足额入账，如何核定足额，是否存在账外账进行管理，本次巡察是否全部提交？

14. 社区党委、街道和区级部门对社区资产、资金管理指导监督是否到位？存在哪些问题？

15. 是否有其他需要补充说明的问题？

三、针对性提问

1. 针对巡察发现的×××问题，请予以说明。

2. 针对×××问题，回忆当时的具体经过。

3. ……

【文书模板 10－31】

情况说明通知书

×届区委第×轮第×巡察组第×号　　　　　　　　　　签发人：

××社区党委：

按照区委统一部署，我组于×月×日进驻你单位开展巡察。根据查阅资料（走访、谈话）发现，你单位存在以下问题。

1. ×××××

2. ×××××

3. ×××××

4. ×××××

请接到通知后，直接经手人和社区党委对以上问题作出书面说明，并于×月×日××：00前，将有关情况说明经社区党委和街道党工委主要负责同志签字后报送区委第×巡察组。区委第×巡察组将对该情况说明留存备查。

特此通知。

联系人：×××　　联系电话：×××××××××

区委第×巡察组

20××年×月×日

【文书模板 10－32】

巡察整改通知书

×届区委第×轮第×巡察组第×号　　　　　　　　　　　　签发人：

××社区党委：

按照区委统一部署，我组于×月×日进驻你单位开展巡察。根据审计（走访、谈话、查阅资料）了解，截至目前你单位存在×××、×××、×××问题，明显违反××××规定。

请你单位对上述问题采取有效措施，进行立即整改。并于×月×日××：00前，将整改情况经社区党委和街道党工委主要负责同志签字后报送区委第×巡察组。区委第×巡察组将对整改成效进行监督检查。

特此通知。

联系人：×××　　　　联系电话：××××××××

区委第×巡察组

20××年×月×日

【文书模板 10－33】

××社区自查问题台账

（上一轮接受巡察至今）

序号	自查内容	社区自查问题	备注
1	根据社区巡察监督重点“个体清单”填写	对照监督重点逐一自查问题，要求“见人见事见责任”	
2			
3			
4			
5			
6			
7			

【文书模板 10－34】

“直接巡察”××社区工作情况汇报会议程

一、会议时间

××××年×月×日（星期×）××：××签到，××：××开始。

二、会议地点

××社区会议室。

三、参会人员

1. 区委第×巡察组组长××、副组长××及直巡组全体成员；

2. ××街道党工委副书记××、街道纪工委书记××、街道联系××社区领导××；

3. ××社区“两委”成员、经联社负责人、集体公司管理层、社区“两代表一委员”××人、居民代表×人、企业（商铺）代表×人。

四、会议议程

会议由区委第×巡察组组长××同志主持。

1. ××社区党委书记、居委会主任××同志代表社区党委对自查问题台账进行汇报；

2. 参会群众代表、企业代表、“两代表一委员”分别就社区“两委”自查问题进行质询或提出新的问题，社区党委书记作出回答，街道相关领导作补充说明；

3. 巡察组全体成员分别针对工作汇报提出问题或建议，社区“两委”人员作出回答，街道相关领导作补充说明；

4. 区委第×巡察组组长××同志提出工作要求；

5. 街道纪工委书记××、街道党工委副书记××提出工作要求；

6. ××社区党委书记、居委会主任××同志作表态发言，并就自查问题中社区能整改的问题的整改措施、整改时限进行说明。

【文书模板 10－35】

巡察××社区社情民意收集办理台账

被巡察社区党组织：　　　　　　　　　　区委第×巡察组

序号	社情民意来源	社情民意内容	解决层面	办理意见	办理结果	联系人	备注
1							
2							
3							
4							
5							
6							
7							
8							

备注：解决层面可为社区本级解决，所属街道解决，上级部门解决；联系人主要为所在社区“两委”成员。

【文书模板 10－36】

×届区委第×轮第×巡察组巡察××社区党委问题底稿 00×（编号）

巡察报告问题底稿

<table>
<tr><td rowspan="4">了解情况</td><td>问题来源</td><td colspan="3">个别谈话、查阅资料、走访等</td></tr>
<tr><td>问题概述</td><td colspan="3">……（与台账对应）</td></tr>
<tr><td>了解内容</td><td colspan="3">××年××月，××和××了解发现，……</td></tr>
<tr><td>支撑材料目录</td><td colspan="3">1. ××谈话记录摘要第×－×页
2. 相关××资料复印件第×－×页
3. ……</td></tr>
<tr><td colspan="2">责任人及了解人签名</td><td>×××　×××（经手人签字）
年　月　日</td><td>复核人签名</td><td>×××（副组长签字）
年　月　日</td></tr>
<tr><td>组长签批</td><td colspan="4">×××
年　月　日</td></tr>
</table>

第三节　巡察报告阶段文书模板

巡察报告阶段涉及的文书主要有直巡×××社区情况综合报告、巡察专报、线索报告、线索台账、问题台账等，武侯区在对社区巡察中进行了一些探索，提供模板仅作参考（见文书模板10－37至10－41）。

【文书模板10－37】

中共成都市武侯区委第×巡察组
关于巡察××、××、××社区党委情况的综合报告

（直巡社区参考模板）

区委巡察工作领导小组：

根据×届区委第×轮巡察工作部署，区委第×巡察组于×年×月×日至×月×日对××××社区、××××社区开展常规直巡。其间，开展个别谈话×人（次），走访群众×人（次），收集群众意见和诉求×个，发出《情况说明通知书》×份，发出《巡察整改通知书》×份，收到信访×件，共发现面上问题×个，重要问题线索×件。现将巡察工作情况报告如下。

一、基本情况和总体评价

（一）被巡察社区基本情况

1. ××社区面积×平方公里，常住人口×万人，主要产业为×××，主要特征。

2. ××社区……

3. ××社区……

（二）对被巡察社区总体评价

对被巡察社区进行"政治画像"，要注意这部分内容不能和巡察发现的问题相矛盾。既要谈成绩，更要谈问题、差距，用动态化语言和差异化表述，把社区的主要问题概述出来。

二、巡察发现的主要问题

根据每个社区的监督重点"个体清单"进行共性问题整合和个性问题描述，要求有定性、有实例，从政治的高度剖析问题和明确责任，做到"六巡"。哪个问题最重要、最突出就写在前面。

（一）共性问题

……

（二）个性问题

……

三、巡察发现的问题线索

巡察发现重要问题线索××件。建议进一步了解关注类×件，建议了解关注类×件，建议参考类×件。

（此处简要体现数据，详细情况在线索报告中体现。）

四、巡察意见建议

（一）拟向街道和社区党组织反馈的意见建议

……

（二）拟向区级部门提出的意见建议

……

（三）拟向区委、区政府提出的意见建议

……

附件：1. 巡察发现各社区问题台账

2. 巡察发现各社区线索台账

【文书模板 10－38】

关于巡察××社区×××重要情况的专报

区委巡察工作领导小组：

区委第×巡察组于××年××月××日对××社区党委巡察期间，通过个别谈话、走访、查阅资料、实地查看，发现×××重要情况，现报告如下。

一、基本情况

……

二、主要问题

（一）……

……

（二）……

……

三、意见建议

（一）鉴于×××问题，建议……

（二）鉴于×××问题，建议……

区委第×巡察组

××××年××月××日

【文书模板 10－39】

关于×××涉嫌违反××纪律方面

问题线索情况的报告

区委巡察工作领导小组：

×届区委第×轮巡察第×巡察组对××社区党委开展巡察，通过调阅资料、走访、谈话等方式，发现×××涉嫌违反××纪律方面问题线索情况。现报告如下：

一、×××基本情况

×××，男（女），19××年×月出生，19××年×月参加工作，19××年×月入党，××年×月至××年×月任×××职务，……

（主要介绍线索涉及人员的基本信息）

二、巡察发现的线索情况

（一）……

……

（二）……

……

三、意见建议

巡察组认为，×××的×××行为违反××××规定第×条（具体描述条款内容），涉嫌违反工作纪律、廉洁纪律（按六大纪律表述），建议移交区纪委监委进一步核查。

附件：1. ××××

2. ××××

区委第×巡察组

××××年××月××日

【文书模板 10－40】

巡察××街道××社区线索台账

被巡察社区：　　　　　　　　　　　　　　　　制表时间：

序号	存在问题及具体表现	处理意见
1	（定性语言＋事例）	拟移交区纪委监委
2	……	
3		
4		
5		

【文书模板 10－41】

巡察××街道××社区问题台账

（适用于“街道社区一体巡”、“常规直巡社区”、“专项巡社区”，一社区一台账）

被巡察社区：　　　　　　　　　　　　　　　　制表时间：

序号	类别	存在的问题及具体表现	拟移交整改单位
1			
2			
3			
4			
5			
6			
7			
8			
9			
10			
11			
12			
13			
14			

拟移交整改单位具体填写××社区党委、××街道党工委、××局党组等。

第四节　巡察反馈阶段文书模板

巡察反馈阶段涉及的文书主要有反馈问题清单、反馈会议程、反馈信息公开等，武侯区在对社区巡察中进行了一些探索，提供模板仅作参考（见文书模板 10—42 至 10—44）。

【文书模板 10－42】

向××社区党委（××街道党工委
××局党组）反馈问题清单

类别	问题	具体问题描述及主要表现
		1. ……如，……
		2.
		3.
		4.
		5.
		6.

【文书模板 10－43】

巡察××社区反馈会议程

一、“街道社区一体巡”合并反馈

参加街道党工委巡察反馈会，一并反馈。

二、“常规直巡社区”单独反馈

（一）会议时间

××××年×月×日（星期×）××：××召开直巡××社区反馈会议。

（二）会议地点

×××社区会议室。

（三）参加人员

1. 区委巡察工作领导小组成员、区纪委副书记、监委副主任×××；

2. 区委第×巡察组组长××、副组长××及联络员×××；

3. ××街道党工委副书记××、街道纪工委书记××、街道联系××社区领导××；

4. ××社区“两委”成员、经联社负责人、集体公司管理层、社区“两代表一委员”××人、居民代表×人。

（四）会议议程

会议由××社区党委书记××同志主持。

1. 区委第×巡察组组长×××同志对直巡社区情况进行反馈；

2. 区委巡察工作领导小组成员、区纪委副书记、监委副主任×××同志讲话；

3. 街道纪工委书记××、街道党工委副书记××提出整改工作要求；

4. ××社区党委书记××同志代表作表态发言。

三、“专项巡察社区”集中反馈

（一）会议时间

××××年×月×日（星期×）××：××召开社区××××专项巡察集中反馈会议。

（二）会议地点

×××会议室。

（三）参加人员

1. 区委常委、区纪委书记、区监委主任、区委巡察工作领导小组常务副组长×××同志；

2. 区委巡察工作领导小组成员、区纪委常委、区委巡察办主任×××同志；

3. 区委第×巡察组组长××同志，副组长×××、×××同志，联络员×××同志；

4. ×××、×××、×××、×××街道党工委书记、街道纪工委书记、街道分管社区×××专项工作的领导；

5. 区农业农村和水务局、×××局主要领导及分管领导；

6. 协助副区长分管区农业农村和水务局、×××局的区政府办副主任；

7. 专项巡察××、××、××、××社区全体“两委”成员；

8. 区纪委监委相关室负责人；

9. 区委巡察办相关科室同志。

（四）主要议程

主持：区委巡察工作领导小组成员、区纪委常委、区委巡察办主任×××

1. 区委第×巡察组组长×××同志对社区××××专项巡察情况进行反馈；

2. 区委常委、区纪委书记、区监委主任、区委巡察工作领导小组常务副组长×××同志讲话；

3. ××、××、××、××街道党工委书记分别作表态发言。

【文书模板 10－44】

区委第×巡察组
向××社区党委反馈巡察情况
（向社会公开稿）

反馈会图片

根据区委统一部署，×年×月×日至×月×日，区委第×巡察组对××社区党委进行了巡察。×年×月×日，区委第×巡察组向××社区党委反馈了巡察意见。区委巡察工作领导小组××同志出席会议，区委第×巡察组、区纪委

监委、区委组织部、街道党工委有关同志，社区“两委”成员和集体经济组织负责人参加会议。

按照巡察工作有关要求，现将巡察反馈意见予以公布。××（区委巡察组组长）指出××××、××××。对被巡察社区党组织的正面评价是××××、××××。巡察期间，巡察组发现和群众反映的主要问题有××××、××××。(逐一对应巡察反馈台账中的主要问题)。

××（区委巡察组组长）提出×点意见建议：一要××××、××××，二要××××、××××。

××（带队反馈领导）对巡察整改工作提出明确要求，主要内容是×××、×××。(讲话摘录)。

××（社区党委书记）表示：×××、×××、×××。

第五节　巡察移交阶段文书模板

巡察移交阶段涉及的文书主要有线索移交清单、档案移交表、卷内目录等，武侯区在对社区巡察中进行了一些探索，提供模板仅作参考（见文书模板10—45至10—47）。

【文书模板 10－45】

×届区委第×轮巡察社区问题线索移交清单

巡察组	区委第×巡察组
被巡察社区	×××社区党委
问题线索目录	1. 关于×××涉嫌×××的问题线索（共××页）。
	2. ……
移交签收情况	巡察组移交人：　　年　月　日 巡察办签收人：　　年　月　日

说明：一式两份，由巡察组、巡察办各执一份。

【文书模板 10－46】

区委巡察卷宗档案移交、接收表

巡察情况	×届区委第×轮巡察第×巡察组巡察××社区党委 （×年×月×日至×年×月×日）
移交卷宗内容	卷一：①巡察××社区实施方案；②巡察××社区动员会相关材料（会议议程、主持词、表态发言、签到表）；③巡察工作动员会上巡察组组长的讲话材料；④巡察××社区党组织汇报材料 卷二：①集中谈话方案；②谈话记录表（注明具体谈话人员姓名、页码，一一列举，如张三 8 页，李四 7 页……）；③走访方案；④走访记录表（走访××记录表，一一列举）；⑤召开座谈会、坝坝会方案；⑥召开座谈会、坝坝会记录（一一列举）；⑦召开推进社区民生事项“边巡边改”会议及相关资料 卷三：①信访台账；②转交办信访件及办理情况（注明转、交办各几件，回复一一对应，没回复的特别标注）；③巡察情况说明书及回复情况报告（注明各几件，一一对应）④巡察整改通知书及回复情况报告（注明各几件，一一对应） 卷四：①巡察××社区工作情况报告（台账）及附件（注明附件名称）；②巡察××社区工作专报及附件（注明附件名称）；③巡察××社区发现的重要问题线索报告（台账）及附件（注明附件名称） 卷五：巡察报告问题底稿及佐证材料（注明底稿数，如 1～15） 卷六：巡察报告问题底稿及佐证材料（注明底稿数，如 16～35） 卷×：…… 卷×：巡察××社区反馈意见（台账）及相关材料（包括向××反馈问题清单、向××反馈问题清单签收表、共性问题反馈清单、反馈方式及相关资料、公示信息等）
移交卷宗内容	卷×：其他需要归档的材料（编序号，注明材料名称） …… 备注：此表格系移交确认清单，制作时可 A4 双面打印
巡察组意见	负责人（签字）：　　　　年　月　日
巡察科审核意见	负责人（签字）：　　　　年　月　日
综合科审核意见	负责人（签字）：　　　　年　月　日
其他移交情况	1. “金纪三期”巡察信息系统数据已移交 2. ×××

巡察组移交人：　　　　　　　　综合科接收人：

移交时间：　　　　　　　　　　接收时间：

【文书模板 10－47】

卷内文件目录（卷×）

序号	责任者	题目	组卷日期	页码
1	区委第×巡察组	巡察××社区党委实施方案	20××年×月×日	1～×
2	区委第×巡察组	巡察××社区党委工作动员会议议程		×～×
3	区委第×巡察组	巡察××社区党委工作动员会议主持词		×～×
4	区委第×巡察组	巡察××社区党委工作动员会议表态发言材料		×～×
5	区委第×巡察组	巡察××社区党委工作动员会议签到表、信息		×～×
6	区委第×巡察组	巡察××社区党委工作动员会巡察组组长的讲话材料		×～×
7	区委第×巡察组	巡察××社区党委巡察组组长宣讲材料		
8	区委第×巡察组	巡察××社区党委自查问题台账		
……	……			
……	……			
……	……			

第六节　巡察整改阶段文书模板

巡察整改阶段涉及的文书主要有整改台账、整改监督检查表、整改进展情况通报等，武侯区在对社区巡察中进行了一些探索，提供模板仅作参考（见文书模板 10—48 至 10—50）。

【文书模板 10－48】

××社区党委巡察反馈问题整改台账（三项清单）

序号	问题清单		任务清单				责任清单		
	反馈问题	具体情况	整改措施	完成时限	整改情况	整改状态	责任领导	牵头单位	责任单位
1									

续表

序号	问题清单		任务清单				责任清单		
	反馈问题	具体情况	整改措施	完成时限	整改情况	整改状态	责任领导	牵头单位	责任单位
2									
3									
4									
5									

说明：①“问题清单”应与反馈台账一一对应；②“完成时限”（巡察反馈大部分问题应在5个月内集中整改到位，一时难以解决的原则上不超过1年）；③“整改状态”（已立行立改/社区自行整改中/街道牵头整改中/部门系统整改中/整改完成/持续整改）。

【文书模板10－49】

××街道党工委对社区巡察反馈问题整改情况日常监督检查表

社区：　　　　　　　　　　　　　　　　　　　　时间：　　　年　月　日

巡察反馈问题	整改状态	未完成整改原因	下一步整改措施

【文书模板 10－50】

××社区党委关于巡察整改阶段性进展情况的通报

（向社会公开稿）

根据区委统一部署，×年×月×日至×月×日，区委第×巡察组对××社区党委进行了巡察。×年×月×日，区委第×巡察组向××社区党委反馈了巡察台账。按照巡察工作有关要求，现将巡察整改情况予以公布。

……………………（整改落实情况）……………………

欢迎广大干部群众对巡察整改落实情况进行监督。如有意见建议，请及时向我们反映。联系方式：电话×××；邮政地址×××；电子邮箱×××。

××社区党委

×年×月×日

附录　社区小微权力概要简化清单（仅供参考）

序号	权力类别	涉及领域	事项	权力清单
1	自有权力	基层党建	队伍建设	发展党员
2				不合格党员处置
3				党员组织关系转接
4				督促党费收缴
5				及时、完整公开党务
6				民主评议党员
7			换届选举	社区党组织换届选举
8				居民委员会换届选举
9				居务监督委员会换届选举
10				居民代表和村（居）民小组长选举
11				社区集体经济组织换届选举
12				社区配套组织选举
13		居务管理	制度建设	经济社会发展规划的制定
14				建设规划的编制
15				居民公约、居民自治章程的制订修订
16				集体经济组织章程、社区股份经济合作联合社章程及其他社区事务管理制度的制订修订
17				集体经济组织经济发展规划的制定
18				年度集体“三资”（资源、资产、资金）使用计划的制定
19			议事决策	股份经济合作联合社改制、集体企业、社会企业及重大经营事项的确定和变更
20				集体资源资产的处置
21				集体经济项目、工程项目的立项和招投标
22				集体土地的开发和使用
23				集体经济组织资金入股、投资、出借

续表

序号	权力类别	涉及领域	事项	权力清单
24	自有权力	居务管理	议事决策	集体建设用地流转和使用
25				土地流转方案及流转资金的分配
26				集体经济组织成员界定、备案
27				集体土地征用征收补偿费及收益分配使用
28				公益事业一事一议筹资方案确定
29				院落建设整治和拆迁改造
30				农村宅基地审核申报
31				村集体土地承包经营及集体经济项目的立项、承包
32				征地补偿费的使用、分配
33			项目管理	社区集体小微自建工程项目预算决算
34				社区集体小微自建工程项目招投标
35				社区集体小微自建工程项目质量管理
36				社区集体小微自建工程项目变更管理
37				社区物资、设备和服务采购
38			日常事务	公章使用管理
39				临时用工管理
40				网格人员管理
41				先进集体和优秀个人的推荐申报
42		财务管理	日常经费	集体大额资金的管理和使用
43				财务开支审批、资金管理
44				救灾款物的使用和发放
45				党内关爱基金的发放
46				困难党员和老党员的慰问帮扶
47				专项资金管理使用
48				按季度及时、完整公开财务情况
49				社区一般工作人员报酬补贴发放
50				社区“三资”（资金、资产、资源）管理
51			专项资金	社区发展治理专项保障资金预算
52				社区发展治理专项保障资金（含激励资金）使用

续表

序号	权力类别	涉及领域	事项	权力清单
53	委托权力	监督检查	规自委托	违法用地日常巡查
54				流转土地用途日常巡查
55				委托看护储备土地日常监督
56				自然资源管护日常巡查
57			城管委托	违法建设的发现和报告
58			应急委托	消防、安全生产等日常巡查
59			市场监管委托	协助食品小作坊、小经营店及摊贩的监督管理
60		民生服务	民政委托	社区日间照料中心运营
61				社区社会组织管理
62				计划生育家庭奖励扶助金申请
63				计划生育家庭特别扶助金申请
64				独生子女证补办审核
65				高龄补贴审核申报
66				二次医疗救助申请
67				社会救助申请
68				困难家庭的慰问和帮扶
69				低保、特困等困难群众医疗救助
70				医疗救助对象资格审核（含精神病人医疗救助对象资格审核）
71				孤儿、困境儿童、事实无人抚养儿童救助服务申请
72				临时救助对象资格审核
73				自然灾害救助资格审核
74				“自强助学金”帮扶审核
75				低收入资格审核
76				最低生活保障申请

续表

序号	权力类别	涉及领域	事项	权力清单
77	委托权力	民生服务	残联委托	残疾人证办理初审
78				残疾人大学生、高中生及贫困残疾人家庭子女大学生、高中生资助
79				困难残疾人生活补贴审核申报
80				重度残疾人护理补贴审核申报
81				残疾人居家托养补贴审核申报
82				残疾人用品用具申请
83			社保委托	居民、被征地农民养老保险办理
84				居民医疗保险和大病医疗互助补充保险参保登记。
85				提供城镇职工基本养老保险个人参保证明、个人账户查询单、个人参保缴费明细
86				慈善补助的申报
87				社区慈善帮扶基金的筹集和发放
88				大学生创业补助审核申报
89				就业困难人员资格审核
90				就业困难人员社会保险补贴审核申报
91				协助就业、失业登记及就业创业办理
92			住建委托	农房翻修重建、维修加固审核申报
93				公租房及租赁补贴审核申请
94				廉租房及租赁补贴审核申请
95				指导监督业主大会、业委会
96				经济适用住房申购审核
97			司法委托	居民矛盾纠纷调解
98				推选产生社区人民调解委员会专职调解员；罢免或解聘专职调解员
99				协助开展社区矫正
100				司法救助、援助咨询

续表

序号	权力类别	涉及领域	事项	权力清单
101	委托权力	涉农领域	农业委托	社区提灌站日常维护和管理
102				耕地保护补贴审核申报
103				耕保基金补贴审核申报
104				退耕还林补贴审核申报
105		军人服务	军人事务委托	协助开展征兵对象、军婚对象政治审查
106				退役军人优待证办理
107				优抚对象救助补贴核实
108				60 岁以上农村籍退役士兵享受军龄补贴申请

后　记

超大城市中心城区社区巡察实践与探索，是深入推进巡视巡察向下延伸的必然要求。本书以成都市武侯区社区巡察实践研究为支撑，重在“接地气”实践应用、突出“可视”“有感”的社区巡察实在效果，推进社区治理和社区发展更上台阶。通过“在实践中总结、在总结上再实践”形成本书，意在能起到“抛砖引玉”的作用，作为与巡察同行交流的内部资料，也可以作为从事社区巡察的新手学习借鉴的读物，亦可以作为开设纪检监察专业院系在校学生的课外读本。

本书是成都市武侯区委巡察工作领导小组和巡察机构全体参加试点人员集体研究成果，得到四川省委巡视工作领导小组、成都市委巡察工作领导小组的领导和省委巡视办、市委巡察办各处室的大力指导，得到武侯区委各巡察组的大力支持，得到武侯区纪委监委机关、区委组织部、区委社会工作部、区农业农村和水务局、区民政局等区级部门和各街道的大力帮助，在此表示感谢！

本书是集体智慧的结晶，除编委和编写成员外，参与试点工作的巡察组各位副组长及专员、试点期间抽调到办上的人员及本书编写时在巡察办工作的刘科、蔡莎为本书做了贡献，在此一并致以谢意。

本书出版，得到四川大学出版社领导及相关工作人员的大力支持，在此特别感谢。

编写组

2024 年 12 月